"碳达峰"与 "碳中和"目标下

可再生能源产业 助推乡村振兴 问题研究

//马 征 柴 娟 编著//

甘肃科学技术出版社

甘肃·兰州

图书在版编目（ＣＩＰ）数据

"碳达峰"与"碳中和"目标下可再生能源产业助推
乡村振兴问题研究 ／ 马征，柴娟编著. －－ 兰州：甘肃
科学技术出版社，2023.8
　ISBN 978-7-5424-3123-3

　Ⅰ．①碳… Ⅱ．①马… ②柴… Ⅲ．①再生能源－能
源发展－作用－农村－社会主义建设－研究－中国 Ⅳ.
①F320.3②F426.2

　中国国家版本馆CIP数据核字(2023)第147563号

TANDAFENG YU TANZHONGHE MUBIAO XIA KEZAISHENG NENGYUAN CHANYE ZHUTUI XIANGCUN ZHENXING WENTI YANJIU

"碳达峰"与"碳中和"目标下可再生能源产业助推乡村振兴问题研究

马征　柴娟　编著

责任编辑　史文娟
封面设计　史春燕

出　　版　甘肃科学技术出版社
社　　址　兰州市城关区曹家巷1号　　　730030
电　　话　0931-2131570（编辑部）　　0931-8773237（发行部）
发　　行　甘肃科学技术出版社　　　印　刷　兰州万易印务有限责任公司
开　　本　787毫米×1092毫米　1/16　印　张　16.5　插　页　2　字　数　260千
版　　次　2023年11月第1版
印　　次　2023年11月第1次印刷
书　　号　ISBN 978-7-5424-3123-3　　定　价：68.00元

图书若有破损、缺页可随时与本社联系：0931-8773237
本书所有内容经作者同意授权，并许可使用
未经同意，不得以任何形式复制转载

前　言

党的十八大以来，党中央团结带领全党全国各族人民，把脱贫攻坚摆在治国理政突出位置，充分发挥党的领导和我国社会主义制度的政治优势，采取了许多具有原创性、独特性的重大举措，组织实施了人类历史上规模最大、力度最强的脱贫攻坚战。经过8年持续奋斗，我们如期完成了新时代脱贫攻坚目标任务，现行标准下农村贫困人口全部脱贫，贫困县全部摘帽，消除了绝对贫困和区域性整体贫困，近1亿农村贫困人口实现脱贫，取得了令全世界刮目相看的重大胜利。

2021年3月，中共中央、国务院印发的《关于实现巩固拓展脱贫攻坚成果同乡村振兴有效衔接的意见》指出，脱贫摘帽不是终点，而是新生活、新奋斗的起点。要在巩固拓展脱贫攻坚成果的基础上，做好乡村振兴这篇大文章，接续推进脱贫地区发展和群众生活改善，做好巩固拓展脱贫攻坚成果同乡村振兴有效衔接，举全党全国之力，让包括脱贫群众在内的广大人民过上更加美好的生活，朝着逐步实现全体人民共同富裕的目标继续前进，彰显党的根本宗旨和我国社会主义制度优势，实现全面建设社会主义现代化国家和第二个百年奋斗目标。

《关于实现巩固拓展脱贫攻坚成果同乡村振兴有效衔接的意见》提出目标，脱贫攻坚目标任务完成后，设立5年过渡期。脱贫地区要根据形势变化，理清工作思路，做好过渡期内领导体制、工作体系、发展规划、政策举措、考核机制等有效衔接，从解决建档立卡贫困人口"两不愁三保障"为重点转向实现乡村产业兴旺、生态宜居、乡风文明、治理有效、生活富裕，从集中资源支持脱贫攻坚转向巩固拓展脱贫攻坚成果和全面推进乡村振兴。到2025年，脱贫攻坚成果巩固拓展，乡村振兴全面推进，脱贫地区经济活力和发展后劲明显增强，乡村产业质量效益和竞争力进一步提高，农村基础设施和基本公共服务水平进一步提升，生态环境持续改善，美丽宜居乡村建设扎实推进，乡风文明建设取得显著进展，农村基层组织建设不断加强，农村低收入人口分类帮扶长效机制逐步完善，脱贫地区农民收入增速高于全国农民平均水平。到2035年，脱贫地区经济实力显著增强，乡村振兴取得重大进展，农村低收入人口生活水平显著提高，城乡差距进一步缩小，在促进全体人民共同富裕上取得更为明显的实质性进展。

几乎与此同时，在积极应对全球气候变化问题上，中国向世界又一次作出庄严承诺。习近平主席在第七十五届联合国大会上郑重宣布："中国将提高国家自主贡献力度，采取更加有力的政策和措施，二氧化碳排放力争于2030年前达到峰值，努力争取2060年前实现碳中和"。他强调："实现'双碳'目标是一场广泛而深刻的变革，不是轻轻松松就能实现的。"当前，我国发展不平衡不充分问题仍然突出，经济发展和民生改善任务还很重，能源消费仍将保持刚性增长。同时，我国产业结构偏重，能源结构偏煤，时间窗口偏紧，技术储备不足，碳排放法律法规、交易机制尚不健全，技术、标准、人才等基础支撑薄弱，实现碳达峰碳中和的任务相当艰巨。

实现"双碳"是一个涉及价值观念、产业结构、能源体系、消费模式等诸多层面的复杂系统工程，核心是减少碳排放和增加碳吸收。其中，科学有序推进能源转型、提升产业升级优化结构性调整是实现碳达峰碳中和的有效方式和必要路径。如，以太阳能、风能等可再生能源，逐步替代减少化石能源的比例。其中，光伏扶贫是我国应用可再生能源产业扶贫的一种新探索、新方式。资源普及、运维简便、收益稳定三个特点让它成为在扶贫当中受到广泛欢迎的一种扶贫方式，也成为我国产业扶贫的精品工程和十大精准扶贫工程之一。

地处西北内陆的甘肃省，自然条件严酷，一直以来因基础设施瓶颈制约和基本公共服务供给短缺，造成了产业结构的相对落后，同时又与保护好生态环境绿色发展存在一定矛盾。但甘肃的太阳能、风能资源丰富，近年来通过光伏扶贫等可再生能源产业扶贫，取得了丰硕成果。如，甘肃定西市通渭县是六盘山区集中连片特困地区，依托光伏扶贫，通渭县近 2 万户贫困户全年都有了稳定收入，198 个贫困村集体经济实现了从无到有、从弱到强，有效解决了村集体经济空壳问题，也让全县走上了一条可持续发展的脱贫攻坚大路。

产业振兴是乡村振兴的根基。在"双碳"战略目标下，我国的可再生能源产业将迎来千载难逢的发展机遇。"十四五"时期，甘肃必将充分利用自身风、光富集资源优势，将可再生能源产业的转型发展作为重要抓手，进一步深化可再生能源产业结构调整，助推乡村振兴的同时，实现自身高质量发展。

本书以甘肃为例，辅以部分其他省份城市经典案例为对比，从一些企业和社会组织积极参与脱贫攻坚和乡村振兴的情况，到以光伏扶贫为代表的产业发展和能源变革面临的时代机遇、成功经验与发展瓶颈，全书紧扣"双碳"目标和乡村振兴战略规划，深入分析"十四五"时期如何将可再生能源产业深度融入并支持甘肃脱贫地区作为乡村特色产业进行科学规划并发展壮大，为有关决策者提供可参考的思路与方向。全书共分为四章，共 26 万字。其中，第一章与第三章由马征编写，约 13.5 万字；第二章和第四章由柴娟编写，约 12.5 万字。研究成果由甘肃省科学技术厅技术创新引导计划软科学专项项目（21CX6ZA054）支持完成。

由于作者水平有限，提出的部分观点有待进一步研究验证，且难免挂一漏万，对部分引用成果未能在参考文献中列出的，在此特向诸位作者表示诚挚歉意。书中不足或错误之处亦敬请广大读者批评指正。

编者

2023 年 6 月

目　录

第一章　乡村振兴战略及发展情况

第一节　巩固脱贫攻坚成果要同乡村振兴有效衔接

党的十八大以来，以习近平同志为核心的党中央把脱贫攻坚摆在治国理政的突出位置，并作为实现第一个百年奋斗目标的重点任务，纳入"五位一体"总体布局和"四个全面"战略布局，作出了一系列重大部署和安排，全面打赢了脱贫攻坚战，困扰中华民族几千年的绝对贫困问题历史性地得到了解决，脱贫攻坚成果举世瞩目。到2020年，我国现行标准下农村贫困人口全部实现脱贫、贫困县全部摘帽、区域性整体贫困得到解决。"两不愁"质量水平明显提升，"三保障"突出问题彻底消除。贫困人口收入水平大幅度提高，自主脱贫能力稳步增强。贫困地区生产生活条件明显改善，经济社会发展明显加快。脱贫攻坚取得了全面胜利，提前10年实现《联合国2030年可持续发展议程》减贫目标，实现了全面小康路上一个都不掉队，在促进全体人民共同富裕的道路上迈出了坚实一步。完成脱贫攻坚这一伟大事业，不仅在中华民族发展史上具有重要里程碑意义，更是中国人民对人类文明和全球反贫困事业的重大贡献。

脱贫攻坚的伟大实践，充分展现了中国共产党领导亿万人民坚持和发展中国特色社会主义创造的伟大奇迹，充分彰显了中国共产党领导和我国社会主义制度的政治优势。脱贫攻坚的伟大成就，极大增强了全党全国人民的凝聚力和向心力，极大增强了全党全国人民的道路自信、理论自信、制度自信、文化自信。

这些成就的取得，归功于以习近平同志为核心的党中央坚强领导，习近平总书记亲自谋划、亲自挂帅、亲自督战，推动实施精准扶贫精准脱贫基本方略；归功于全党全社会众志成城、共同努力，中央统筹、省负总责、市县抓落实，省市县乡村五级书记抓扶贫，构建起专项扶贫、行业扶贫、社会扶贫互为补充的大扶贫格局；归功于广大干部群众辛勤工作和不懈努力，数百万干部战斗在扶贫一线，亿万贫困群众依靠自己的双手和智慧摆脱贫困；归功于行之有效的政策体系、制度体系和工作体系，脱贫攻坚政策体系覆盖面广、含金量高，脱贫攻坚制度体系完备、上下贯通，脱贫攻坚工作体系目标明确、执行力强，为打赢脱贫攻坚战提供了坚强支撑，为全面推进乡村振兴提供了宝贵经验。

脱贫摘帽不是终点，而是新生活、新奋斗的起点。接续推进脱贫地区发展和群众生活改善，做好巩固拓展脱贫攻坚成果同乡村振兴有效衔接，关系到构建以国内大循环为主体、国内国际双循环相互促进的新发展格局，关系到全面建设社会主义现代化国家全局和实现第二个百年奋斗目标，让包括脱贫群众在内的广大人民过上更加美好的生活，朝着逐步实现全体人民共同富裕的目标继续前进，彰显中国共产党的根本宗旨和我国社会主义制度优势。

党的十九大首次提出实施乡村振兴战略，这是以习近平同志为核心的党中央着眼党和国家事业全局，深刻把握现代化建设规律和城乡关系变化特征，顺应亿万农民对美好生活的向往，对"三农"工作作出的重大决策部署，是决胜全面建成小康社会、全面建设社会主义现代化国家的重大历史任务，是新时代做好"三农"工作的总抓手。在随后的中央农村工作会议中，进一步明确了我国乡村振兴战略的实施将分三步走：到 2020 年，乡村振兴取得重要进展，制度框架和政策体系基本形成；到 2035 年，乡村振兴取得决定性进展，农业农村现代化基本实现；到 2050 年，乡村全面振兴，农业强、农村美、农民富全面实现。

2021 年 3 月，《中共中央　国务院关于实现巩固拓展脱贫攻坚成果同乡村振兴有效衔接的意见》（以下简称《意见》）公开发布。《意见》出台意义重大，有助于进一步统一思想认识，明确和落实巩固拓展脱贫攻坚成果责任，形成脱贫地区乡村振兴合力。《意见》聚焦脱贫地区，部署做好脱贫攻坚与乡村振兴领导体制、工作体系、发展规划、政策举措、考核机制等有效衔接，集中资源和力量，接续推进脱贫地区发展和乡村全面振兴。

《意见》着重从建立健全长效机制方面，对巩固拓展脱贫攻坚成果进行部署，坚决守住不发生规模性返贫的底线，并聚焦改善脱贫地区发展条件、增强发展内生动力进行了重点部署：一是支持脱贫地区乡村特色产业发展壮大。注重产业后续长期培育，尊重市场规律和产业发展规律，提高产业市场竞争力和抗风险能力；二是促进脱贫人口稳定就业。搭建用工信息平台，培育区域劳务品牌，加大脱贫人口有组织劳务输出力度。支持脱贫地区在农村人居环境、小型水利、乡村道路、农田整治、水土保持、产业园区、林业草原基础设施等涉农项目建设和管护时广泛采取以工代赈方式。延续支持扶贫车间的优惠政策；三是持续改善脱贫地区基础设施条件。继续加大对脱贫地区基础设施建设的支持力度，重点谋划建设一批高速公路、客货共线铁路、水利、电力、机场、通信网络等区域性和跨区域重大基础设施建设工程；四是进一步提升脱贫地区公共服务水平。继续改善义务教育办学条件，加强乡村寄宿制学校和乡村小规模学校建设。过渡期内保持现有健康帮扶政策基本稳定，完善大病专项救治政策，优化高血压等主要慢病签约服务，调整完善县域内先诊疗后付费政策。逐步建立农村低收入人口住房安全保障长效机制。继续加强脱贫地区村级综合服务设施建设。

考虑到脱贫地区整体上与其他地区相比发展差距仍然较大，需要继续给予特殊帮扶。《意见》提出，按照应减尽减原则，在西部地区处于边远或高海拔、自然环境相对恶劣、经济发展基础薄弱、社会事业发展相对滞后的脱贫县中，确定一批国家乡村振兴重点帮扶县，从财政、金融、土地、人才、基础设施建设、公共服务等方面给予集中支持，增强其区域发展能力。坚持和完善东西部协作和对口支援、社会力量参与帮扶机制。

2021年4月29日，《中华人民共和国乡村振兴促进法》由中华人民共和国第十三届全国人民代表大会常务委员会第二十八次会议通过，公布后自2021年6月1日起施行。

实施乡村振兴战略，是新时代做好"三农"工作的总抓手。制定乡村振兴促进法，是贯彻落实党中央决策部署，保障乡村振兴战略全面实施的重要举措；是立足新发展阶段，推动实现"两个一百年"奋斗目标的重要支撑；是充分总结"三农"法治实践，完善和发展中国特色"三农"法律体系的重要成果。

坚持乡村全面振兴。统筹推进农村经济建设、政治建设、文化建设、社会建设、生态文明建设和党的建设，整体部署促进乡村产业振兴、人才振兴、文化振兴、生态振兴、组织振兴的制度举措。坚持农业农村优先发展。按照干部配备优先考虑、要素配置优先满足、资金投入优先保障、公共服务优先安排的要求，建立健全实施乡村振兴战略的组织保障、资金投入、政策支持等制度政策体系。

坚持农民主体地位。将维护农民主体地位、尊重农民意愿、保障农民合法权益摆在突出位置、贯穿法律始终，真正使农民成为乡村振兴的参与者、支持者和受益者。坚持城乡融合发展。顺应农业农村发展要求和城乡关系变化趋势，协同推进乡村振兴战略和新型城镇化战略的实施，促进城乡要素有序流动、平等交换和公共资源均衡配置，坚持以工补农、以城带乡，推动形成工农互促、城乡互补、协调发展、共同繁荣的新型工农城乡关系。

在社会保障方面，完善城乡统筹的社会保障制度，确保城乡居民基本养老保险待遇随经济社会发展逐步提高；加强对农村留守儿童、妇女和老年人以及残疾人、困境儿童的关爱服务；保障进城落户农民和农民工的合法权益。在乡村建设方面，加强农村住房建设管理和服务，严格禁止违法占用耕地建房；严格规范村庄撤并，严禁违背农民意愿、违反法定程序撤并村庄；加强乡村生态保护和修复，采取措施加强农业面源污染治理，持续改善农村人居环境。

乡村建设行动既是实施乡村振兴战略的重要任务，也是国家现代化建设的重要内容。乡村振兴促进法主要从四个方面作出规定：

规划引领。明确要坚持因地制宜、规划先行、循序渐进，顺应村庄发展规律，安排村庄布局，依法编制村庄规划，分类有序推进村庄建设。同时，针对个别地方合村并居中损害农民利益的现象，规定要严格规范村庄撤并，严禁违背农民意愿、违反法定程序撤并村庄。

建强硬件。要求地方政府统筹规划、建设、管护城乡道路、垃圾污水处理、消防减灾等公共基础设施和新型基础设施,推动城乡基础设施互联互通;建立政府、村级组织、企业、农民各方参与的共建共管共享机制,综合整治农村水系,治理农村垃圾和污水,推广卫生厕所,持续改善农村人居环境。

抓好软件。要求发展农村社会事业,促进公共教育、医疗卫生、社会保障等资源向农村倾斜;健全乡村便民服务体系,培育服务机构与服务类社会组织;完善城乡统筹的社会保障制度,支持乡村提高社会保障管理服务水平,同时还要提高农村特困人员供养等社会救助水平,支持发展农村普惠型养老服务和互助型养老等。

保护传统村落。法律要求,地方政府应当加强对历史文化名城名镇名村、传统村落和乡村风貌、少数民族特色村寨的保护,开展保护状况监测和评估,采取措施防御和减轻火灾、洪水、地震等灾害,鼓励农村住房设计体现地域、民族和乡土特色等。

制定出台乡村振兴促进法,为全面实施乡村振兴战略提供有力法治保障,对促进农业全面升级、农村全面进步、农民全面发展,全面建设社会主义现代化国家,实现中华民族伟大复兴中国梦,具有重要意义。

第二节 企业和社会组织参与乡村振兴状况的调研与分析

2018年9月,中共中央、国务院印发了《乡村振兴战略规划(2018—2022年)》。按照产业兴旺、生态宜居、乡风文明、治理有效、生活富裕的总要求,为实施乡村振兴战略擘画了时间表、路线图。实施乡村振兴战略,离不开企业资本与社会组织的参与。《中共中央 国务院关于实施乡村振兴战略的意见》明确提出,要加快制定鼓励引导工商资本参与乡村振兴的指导意见,充分发挥财政资金的引导作用，撬动社会资本更多地投向乡村振兴战略；同时，要大力培育服务性、公益性、互助性农村社会组织，积极发展农村社会工作和志愿服务。科学有序推动乡村产业、人才、文化、生态和组织的振兴，稳步推进乡村振兴战略实施，离不开党和政府的坚强领导、科学决策，同时也需要凝聚全社会振兴乡村的强大合力，扩大市场和社会参与。其中，社会组织具有非营利性和专业性，其独特的价值将为实现产业兴旺、生态宜居、乡风文明、治理有效、生活富裕的美丽乡村奠定更坚实的基础。

课题组通过对有关权威统计数据进行检索，在全国范围内考察调研大量企业与社会组织参与乡村振兴的情况，选取部分具有代表性的案例，并进行整理分析，以差异化的视角，力求探寻各自在参与乡村振兴过程中的关注焦点及行动路径。

一、企业参与乡村振兴的情况

（一）鼓励参与的有关文件政策

党的十九大报告提出实施乡村振兴战略，要求加快推进农业农村现代化，培育新型农业经营主体，促进农村三次产业融合发展。实施乡村振兴战略的重大部署首次将农业农村工作上升为国家战略，标志着我国乡村发展将进入一个崭新的阶段。2017 年 12 月召开的中央农村工作会议提出，要鼓励引导工商资本参与农村振兴，鼓励社会各界人士投身乡村建设。

2018 年 1 月 2 日，中共中央、国务院发布的《中共中央 国务院关于实施乡村振兴战略的意见》正式实施。明确强调要"鼓励社会各界投身乡村建设。吸引支持企业家等通过下乡担任志愿者、投资兴业、包村包项目、行医办学、捐资捐物、法律服务等方式服务乡村振兴事业"。同时，要"加快制定鼓励引导工商资本参与乡村振兴的指导意见，落实和完善融资贷款、配套设施建设补助、税费减免、用地等扶持政策"。

2018 年 4 月 19 日，文化和旅游部、财政部发布《关于在旅游领域推广政府和社会资本合作模式的指导意见》(文旅发〔2018〕3号),意见指出,优先支持符合意见要求的全国优选旅游项目、旅游扶贫贷款项目等存量项目转化为旅游PPP项目。

乡村振兴战略的实施,为民间资本进入农业农村提供了更有力的政策环境和更广阔的发展空间。同时,民间资本的进入也将为乡村振兴战略提供更充裕的资金保障,为实现产业兴旺、生态宜居、乡风文明、治理有效、生活富裕的美丽乡村奠定更坚实的基础。2018年6月19日,包括刘永好等在内的34位知名民营企业家共同向广大民营企业家发起了《民营企业积极参与乡村振兴战略倡议书》。这份倡议指出,实施乡村振兴战略,需要社会各界共同参与,民营企业家义不容辞。

为贯彻落实党的十九大、中央经济工作会议、中央农村工作会议精神和政府工作报告要求,2018年9月,中共中央、国务院特编制《乡村振兴战略规划(2018—2022年)》。强调"引导激励社会各界更加关注、支持和参与脱贫攻坚。鼓励工商资本到农村投资适合产业化、规模化经营的农业项目,提供区域性、系统性解决方案,与当地农户形成互惠共赢的产业共同体"。

2018年9月27日,财政部印发《贯彻落实实施乡村振兴战略的意见》(财办〔2018〕34号),意见提出,公共财政将更大力度向"三农"倾斜,落实涉农税费减免政策,鼓励地方政府在法定债务限额内发行一般债券用于支持乡村振兴、脱贫攻坚领域的公益性项目。确保投入力度不断增强、总量持续增加。2018年9月30日,农业农村部办公厅印发《乡村振兴科技支撑行动实施方案》,方案还提出将打造1000个乡村振兴科技引领示范村(镇);科技部结合《关于创新驱动乡村振兴发展的意见》,编制《乡村振兴科技创新专项规划(2018—2022年)》,细化实化政策措施,分类有序推进创新驱动乡村振兴实施。

2018年10月12日,国家发展改革委印发《促进乡村旅游发展提质升级行动方案(2018—2022年)》,方案提出,要补齐乡村建设"短板",加大对贫困地区旅游基础设施建设项目推进力度,鼓励和引导民间投资通过政府和社会资本合作（PPP）、公建民营等方式参与有一定收益的乡村基础设施建设和运营等规划，扩展乡村旅游经营主体融资渠道等。

2019 年 1 月，江苏省政府办公厅率先出台了《关于引导社会资本更多更快更好参与乡村振兴的意见》，"明确社会资本重点投资的方向，明确细化支持政策，健全社会资本投资服务平台"，这不仅为企业参与乡村振兴提供了行动指南，也为国家和其他省市更大力度推进社会资本参与乡村振兴积极探路。

2019 年 2 月，中央一号文件《中共中央　国务院关于坚持农业农村优先发展做好"三农"工作的若干意见》提出，聚力精准施策，决战决胜脱贫攻坚。重大工程建设项目要继续向深度贫困地区倾斜。完善县乡村物流基础设施网络，支持产地建设农产品贮藏保鲜、分级包装等设施，鼓励企业在县乡和具备条件的村建立物流配送网点。

2019 年 9 月，中央农办、农业农村部等 11 个部门和单位联合印发《关于开展农民合作社规范提升行动的若干意见》，对开展农民合作社规范提升行动作出总体部署。提出支持金融机构结合职能定位和业务范围，对农民合作社提供金融支持。鼓励全国农业信贷担保体系创新开发适合农民合作社的担保产品，加大担保服务力度，着力解决农民合作社"融资难、融资贵"问题。

2021 年 4 月，农业农村部印发《关于推动脱贫地区特色产业可持续发展的指导意见》，对带动脱贫人口稳定增收的龙头企业继续给予认定与扶持，继续实施脱贫地区企业上市"绿色通道"政策。优化东西部协作、对口支援帮扶方式，引导东部地区企业到脱贫地区投资兴业，鼓励东西部共建产业园区。

（二）媒体对企业参与乡村振兴的报道情况

媒体要当好乡村振兴的政策宣传员、通讯报道员、信息服务员、文化建设者，做好民生报道、书写乡村振兴美丽画卷，为推进乡村振兴战略作出更大贡献。乡村要振兴，媒体责无旁贷。要助力乡村振兴，就要在全媒体的传播中融入乡村，融入农业，融入农民当中去。2018 年 8 月，习近平总书记在全国宣传思想工作会议上发表重要讲话，要求"扎实抓好县级融媒体中心建设，更好引导群众、服务群众"，从国家战略层面提出了县级融媒体建设的发展方向。县级融媒体中心建设是加速乡村振兴战略进程、加快农村脱贫步伐、加强农村精神文明建设的重要抓手。

2018 年 11 月 24 日，由新华报业传媒集团携手江苏省农业资源开发学会联合主办、《扬子晚报》承办的"2018 江苏乡村振兴百镇高峰论坛"在南京举行。同时，由《扬子晚报》倡议发起的"乡村振兴全国主流媒体宣传联盟"也在此次论坛上正式成立，联盟得到《齐鲁晚报》《钱江晚报》《大河报》《华西都市报》《羊城晚报》《新安晚报》《新民晚报》以及腾讯网、新浪网等多家媒体的大力支持。主流媒体的影响力、公信力和传播力，为实施乡村振兴战略营造良好的舆论氛围，提供了强大的精神动力。

2019 年 1 月 25 日，中央政治局在人民日报社就全媒体时代和媒体融合发展举行第十二次集体学习。这次学习把"课堂"设在了媒体融合发展的第一线。在人民日报社"中央厨房"的移动报道指挥平台前，习近平和在河北省承德市滦平县平坊满族乡于营村采访的记者以及驻村第一书记进行连线交流，了解这个村脱贫攻坚工作的进展情况，这是媒体参与并见证乡村振兴的真实写照。

2019 年 8 月，《农民日报》依托自身的优势设立"中国乡村振兴研究院"，旨在搭建智库型媒体和媒体型智库，为乡村振兴提供权威、专业、可靠、管用的信息服务，成为乡村振兴的"智慧之源""得力参谋"和"决策助手"。

研究数据显示，截至 2020 年 3 月，我国农村网民规模为 2.55 亿人，占网民整体的 28.2%，较 2018 年底增长 3308 万人。城镇网民规模为 6.49 亿人，占网民整体的 71.8%，较 2018 年底增长 4200 万人。从媒体融合角度看，全媒体传播在农村将有广阔的前景和坚实的阵地。

因此，各级媒体要切实重视全媒体在乡村振兴战略中发挥的作用，真正把乡村振兴纳入媒体融合发展的重要环节、纳入从中央到地方各个媒体融合发展的战略规划中，依循国家在乡村振兴战略中的总体规划。把自身摆进去、融进去，引入新思想、新手段、新平台来推动、引领、补位，促进乡村振兴战略的实施。

1. 关注企业参与乡村振兴的媒体类型及平台

根据课题组采集的数据发现，按媒体的类别进行分类，关注企业参与乡村振兴的新闻信息来自网站的比例最大，占 42%，报纸、APP 和微信公众号所占比例平分秋色，分别为 22%、20% 和 16%（见图 1-1）。进一步研究发现，网站的占比之所以最高，是因为地方的门户网站和地方政府的官网关注度占了非常大的比例。基于地缘因素，地方门户网站更为关注本地的发展，对企业参与本地乡村振兴建设往往也更为关注。与此同时，地方政府也基于脱贫攻坚和乡村振兴的现实考量和宣传需要，对有关招商引资和企业投资建设方面的信息也更为看重，因而会在官网上报道相关信息。

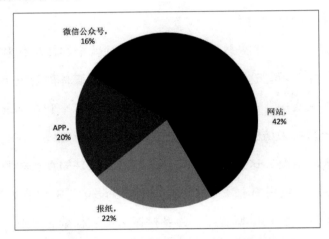

图 1-1　关注企业参与乡村振兴的媒体类型占比

随着媒体格局和传播方式的变化，客户端成为人们获取资讯的重要渠道。根据新闻来源媒体进行词频统计发现，今日头条、趣头条、网易新闻、新浪新闻等媒体对企业参与关注乡村振兴的关注度最高。

得益于"人工智能＋海量信息"的优势，今日头条全面覆盖"三农"政策、农业技术、农资农机、农贸行情、农产购销、惠农服务等资讯类别。一方面，可以凭借精准的信息分发，帮助特色农产品找到需要的消费者，从而创造经济价值；另一方面，可以通过"三农"专家带动技术下乡，让"三农"广大用户平等免费获取"三农"技术和知识。

据今日头条官方发布的最新数据显示，2021年，今日头条"三农"创作者数量达6.7万人，同比增长47%，粉丝累计增长超过3亿人，发文总量高达730万篇，年阅读量预计超800亿次。

2. 不同媒体对乡村振兴不同维度的关注情况

在乡村振兴二十字方针中，媒体对企业参与"产业兴旺"的报道居首位。统计发现，无论是纸质媒体、APP、网站，还是微信公众号，四大媒体类型中，对产业兴旺的关注度均最高，生态宜居均位居第二，比较而言，各类媒体对企业参与治理有效、乡风文明的关注度最低，这可能与企业在产业兴旺、生态宜居领域的投入有关，也与企业的专长有关。在产业兴旺领域，企业比政府、社会组织更擅长，更有优势，在这一领域投入的资金与精力多，因此，被媒体报道的频率也高，而在乡风文明与治理有效方面，企业并没有特长，更多扮演的是补充性、辅助性的角色，参与的程度相对更低，因此被不同类型媒体报道的频率较低。

3. 媒体对参与乡村振兴企业的关注情况

近年来，不少企业积极响应党和国家号召，参与精准扶贫，主动通过投资带动当地经济发展，并吸引其他企业进驻贫困地区，形成可持续发展的产业。在乡村振兴战略大背景之下，越来越多的企业积极投身于"三农"领域。检索发现，2018—2021年，农行、碧桂园、京东、阿里巴巴、华侨城集团、建行、华润集团、华为、中邮集团、国开行、新希望集团、温氏集团等企业在乡村振兴领域的表现十分活跃。

（三）企业参与乡村振兴的总体概况

通过以乡村振兴作为关键词进行检索，可以发现企业参与乡村振兴最多的地区依次是广东、山东、江苏、山西、福建、湖北、黑龙江、内蒙古、四川、山西、河南、辽宁、浙江、贵州等地。

依据所有活跃企业对乡村振兴不同维度的关注度，阿里巴巴、京东、农行、碧桂园、华侨城集团这些大型企业最活跃，在乡村振兴领域表现最为抢眼，它们基本都关注了乡村振兴所有的维度。从省份来看，广东的乡村振兴是企业参与程度最高的省份，其次是山东、江苏以及福建等沿海地区。可以说，乡村振兴的程度越高，投资力度更大、项目更多、覆盖面更广。

从地域来看，华东地区企业参与乡村振兴的程度最高，其次是华南地区。所有地区对产业兴旺这个维度最为重视。比较而言，东北、华东、西北和西南这四个区域主要关注产业兴旺和生态宜居；华北地区关注的依次是产业兴旺、生态宜居和生活富裕；华南地区主要关注产业兴旺、生态宜居和治理有效。

根据企业参与的具体情况，再进一步分类与编码，可以绘制出企业参与乡村振兴的具体行动词云图。如前所述，在乡村振兴中，金融、电商和房企这三个领域的企业表现最为活跃，参与度也最高。总体而言，企业以项目的形式参与比例最高，其次是金融领域的贷款、投资。电商领域则在平台和物流方面发挥作用，各扬其长，各美其美。

1. 金融领域企业

解决城乡发展不平衡、不协调问题，金融是重要助力。党的十八大以来，中央农村工作会议多次提出，要"加快农村金融创新，健全农村创业创新机制""健全适合农业农村特点的农村金融体系，强化金融服务方式创新，提升金融服务乡村振兴能力和水平""把'三农'作为财政优先保障领域和金融优先服务领域"。随着国家乡村振兴战略的深入实施，推动农村三次产业加速融合，涉农新主体、新业态不断涌现。农村经济运转、农民生产生活和农业加工流通的网络化变革促进了各类新主体互联网化的金融需求，为金融机构提供了坚实的客户基础。

2019 年 2 月，为切实提升金融服务乡村振兴效率和水平，人民银行、银保监会、证监会、财政部、农业农村部联合印发《关于金融服务乡村振兴的指导意见》，强调要以习近平新时代中国特色社会主义思想为指导，紧紧围绕党的十九大关于实施乡村振兴战略的总体部署，坚持以市场化运作为导向、以机构改革为动力、以政策扶持为引导、以防控风险为底线，聚焦重点领域，深化改革创新，建立完善金融服务乡村振兴的市场体系、组织体系、产品体系，促进农村金融资源回流。

根据统计，金融企业参与产业兴旺被媒体报道的频率最高，占金融企业乡村振兴报道总量的62.14%，其次是生态宜居和生活富裕，分别占25.65%和12.21%。金融企业参与乡风文明和治理有效两个维度被媒体报道的比例最低（见图1-2）。金融企业在产业兴旺这个维度被媒体报道的程度之所以高，部分原因在于无论是企业其他投资还是项目建设，都需要金融的支持。

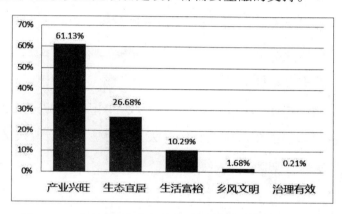

图1-2 金融领域对乡村振兴不同维度的关注程度

【中国农业银行】

中国农业银行（以下简称农行）作为"三农"金融服务的国家队和主力军，服务好乡村振兴战略是义不容辞的政治责任。2018年2月，农行出台了《关于全面做好乡村振兴金融服务工作的意见》，全面对接中央实施乡村振兴战略阶段目标任务，制定了农业服务乡村振兴战略的总体目标和具体工作目标，提出了实施金融服务乡村振兴七大行动：一是实施金融服务农村产业融合行动；二是实施金融服务农村产权制度改革行动；三是实施金融服务国家粮食安全行动；四是实施金融脱贫攻坚行动；五是实施金融服务美丽宜居乡村行动；六是实施金融服务县域幸福产业行动；七是实施金融服务"三农"绿色发展行动。

作为肩负服务"三农"使命的国有大行，农行在乡村振兴、脱贫攻坚中的表现可圈可点。农行通过聚焦精准扶贫、深度贫困地区扶贫和定点扶贫这三大重点领域，积极探索"小额信贷扶贫模式""特色产业扶贫模式""互联网金融扶贫模式""政府增信扶贫模式"等金融扶贫模式。

【国家开发银行】

2018年1月，中共中央、国务院印发的《关于实施乡村振兴战略的意见》要求明确国家开发银行（以下简称国开行）、中国农业发展银行在乡村振兴中的职责定位，强化金融服务方式创新，加大对乡村振兴中长期信贷支持。

在乡村振兴的实践中，国开行以打赢脱贫攻坚战、农业农村基础设施补短板、推动农业供给侧结构性改革为重点，加强融资模式创新，切实发挥开发性银行在支持乡村振兴中的主力银行作用。

通过发挥自身"融资、融智、融制"的优势和作用，国开行积极探索实施开发性金融支持乡村振兴战略新模式、新方法，有力地支持产业扶贫、脱贫攻坚、乡村产业、绿色发展、基础设施等领域。

【中国建设银行】

在支持乡村振兴上，作为中国四大银行之一的中国建设银行（以下简称"建行"）通过"从上至下"形式积极参与乡村振兴。建行总行与农业农村部签订战略合作协议，各省分行也与省农业农村厅签署战略合作，市、区层面协议也签订协议，通过加强源头部门的合作，整合各方资源支持乡村振兴战略。

建行从城乡融合发展的角度出发，以金融科技为支撑，创新金融产品，跨界整合资源，搭建乡村服务平台，引入城乡服务场景，推进普惠金融，精准滴灌"三农"，走出了一条可持续、可推广的特色发展之路。运用"农业大数据＋金融科技"，通过整合涉农数据与信息平台功能，创新贷款产品，实现贷款全流程线上办理，大幅降低涉农贷款融资成本，成为破解农村小微企业和农户"融资难、融资贵"的有效途径。运用"互联网思维"，在县城乡镇农村地区"裕农通"助农金融服务点，打通金融服务"最后一公里"。依托自由善融商务电商平台，以开辟绿色通道、减免相关费用等措施大力开展电商精准扶贫，带动建档立卡贫困人口稳定增收脱贫。通过对农村赋信、农民赋能、农业赋值，将极大地推动精准扶贫的落实。

2. 电商领域企业

电商企业是农村电商发展的关键推动者，是促进农村经济发展的重要角色，在推进脱贫攻坚和乡村振兴方面可以发挥巨大作用。目前农村电商主体主要有阿里巴巴、京东、苏宁和拼多多等电商企业。研究发现，电商企业参与乡村振兴被媒体报道最多的领域就是产业兴旺，占所有媒体报道的57.91%；其次是生态宜居，占21.49%；生活富裕和乡风文明旗鼓相当，分别为10.75%和9.55%；治理有效最低，仅占0.30%（见图1-3）。可见，电商企业参与乡村治理有效方面的工作较少，被媒体报道也最少，而电商企业参与产业兴旺、生态宜居、生活富裕、乡风文明的程度相对较高，被媒体报道的频率也较高。

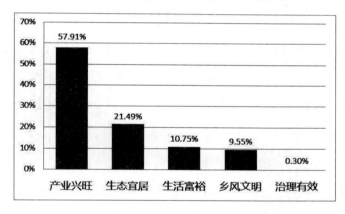

图1-3　电商企业在不同领域被报道的比例

2018年3月14日，山东省商务厅与供销、邮政、阿里巴巴、京东、苏宁共同发布《发展农村电商助推乡村振兴倡议书》。倡议书提出："一是勇于担当，做发展电商助力乡村振兴的参与者。二是突出重点，做发展电商助力乡村振兴的实践者。三是创新驱动，做发展电商助力乡村振兴的引领者。四是优化环境，做发展电商助力乡村振兴的服务者。"

2018年8月，在商务部电子商务和信息化司指导下，中华思源工程扶贫基金会与阿里巴巴、京东等18家单位共同发起成立中国电商扶贫联盟，致力于挖掘贫困地区优质农特产品，打造农特产品明星品牌，促进农特产品产销对接，助推贫困地区农特产品生产与加工的转型升级，帮助贫困地区脱贫致富。目前，中国电商扶贫联盟成员单位共计29家。

2019年，中国电商扶贫联盟发挥各成员单位平台广、类型多、专业化等优势，与地方商务主管部门深度合作，年度对接帮扶及销售贫困地区农产品超过28亿元，覆盖22个省（区、市）478个贫困县842家企业，带动农户8万户，其中建档立卡贫困户超5.6万户；免费为14个省份533家企业开展"三品一标"认证培训，资助120家企业获得"三品一标"认证证书，产品包括米面杂粮、蔬菜水果、禽畜药材等农作物60余种。

2019年4月30日，财政部、商务部等联合颁发《关于开展2019年电子商务进农村综合示范工作的通知》，鼓励各地优先采取以奖代补、贷款贴息等支持方式，通过中央财政资金引导带动社会资本共同参与农村电子商务工作。2019年，全国共有215个县（市）上榜，其中，江苏、浙江共有9个县（市）上榜；福建、安徽示范县数量也达5个以上，依次是山西4个，河北、内蒙古、辽宁、吉林和黑龙江各3个。2019年8月，国务院办公厅印发了《关于加快发展流通促进商业消费的意见》，指出要扩大电子商务进农村覆盖面，优化快递服务和互联网接入，培训农村电商人才，提高农村电商发展水平，扩大农村消费。

最新数据显示，2020年全国2083个县域网络零售额达35 303.2亿元，比上年增长14.0%，占全国网络零售额的比重为30.0%，提高0.9个百分点，其中县域农产品网络零售额为3507.6亿元，同比增长29.0%，县域农业农村电子商务保持高速增长。特别是2020年新冠疫情期间，农村电商凭借线上化、非接触、供需快速匹配、产销高效衔接等优势，在县域稳产保供、复工复产和民生保障等方面的功能作用凸显，直播带货、社区团购等新业态新模式不断涌现，跨境电商开启了县域融入国际市场的大门。

【阿里巴巴】

阿里巴巴运用"新零售"促进乡村振兴、"新金融"支撑乡村振兴、"新技术"

驱动乡村振兴、"新农人"服务乡村振兴,要建设数字时代的"新乡村基础设施"。阿里巴巴集团农村淘宝数量持续增长,迄今已在全国 30 个省(区、市)、近 900 个县域落地,其中包括 217 个国家级贫困县,上线了 500 多个兴农扶贫产品,建设了 33 个淘乡甜种植示范基地。2017 年 8 月 22 日,开始上线兴农扶贫服务站。2018 年 3 月,阿里巴巴升级农村淘宝兴农扶贫业务,并启动"亩产一千美金计划",该计划将覆盖全国 800 个贫困县。截至 2019 年 2 月 22 日,阿里兴农扶贫帮扶了全国 25 个省(区、市)的 559 个县域,孵化品牌超 2500 个,产业覆盖贫困县人口超过 300 万人,带动贫困县就业超 20 万人。

2019 年,阿里巴巴"村播计划"累计举办 160 多万场公益直播,为农民主播提供培训课程,通过不同形式已经培育涉农主播达 10 万名。目前,"村播"计划已覆盖全国 27 个省(区、市),计划在百县落地脱贫直播,形成综合性、规划、可持续的为农服务体系,打造农产品上行最高效平台,提升农民生产、服务能力,推动农业现代化建设。

研究发现,作为几大电商企业之一,阿里巴巴在其最擅长的领域表现最为耀眼,作为电商平台被媒体报道的比例最高,占阿里巴巴参与乡村振兴媒体报道的 51.95%;其次是产业扶贫,16.23%;最后是乡村物流、农村金融、农业发展、精准扶贫和乡村产业,分别为 9.74%、6.82%、5.84%、4.87% 和 4.55%。

【京东】

作为国内电商行业的引领者,京东集团通过发展农村电商,推进智慧物流和智慧农场,全方位助力乡村振兴。京东将"原产地直采 + 自营"模式与打造"互联网 + 扶贫"示范区相结合,利用平台优势助力贫困地区企业品牌的发展。由京东、地方政府和当地企业三方共建的地方特产馆,已成为农特产向外输出的特色平台,有效地衔接了农产品的售前、售中和售后三个环节,帮助贫困地区构建起农产品输出的特色产业链。

截至 2020 年年底,京东线上扶贫馆已超过 250 家,上线特色产品数万个。扶贫特产馆的经验模式,有效地实现了信息流到商流再到资金流的转变,准确地切中了地方农业发展的"任督二脉",在如何盘活贫困地区农业产业链、全线激发生产活力与品牌势能上蹚出一条可供借鉴的路径。

2018年4月9日,京东宣布将以无人机农林植保服务为切入,整合京东集团物流、金融、生鲜、大数据等能力,搭建智慧农业共同体,与地方政府、农业上下游龙头企业、农业领域专家等共同合作,构建开放、共生、共赢的农业合作平台,同时打造旗下首个农场品牌"京东农场"。

目前,京东农场已经在全国范围内完成了17家高标准合作示范农场的建设,京品源旗舰店也在京东商城主站上线,在2019年重点扶持了以"呼伦贝尔呼垦源芥花油""五常大米""蒙清小香米""辛集皇冠梨""陕西黄陵桥山红苹果"等为代表的一批高品质农产品品牌,取得了丰硕成果。京东农场项目利用京东集团在人工智能、大数据、物联网、区块链等方面的技术能力、营销渠道能力和品牌建设能力,正在积极推动以数字化、智能化、绿色化、生态化为代表的农业可持续发展之路。

京东旗下除了7FRESH、生鲜、干货食品、新通路等零售业务和京东企业业务直接支持农产品全渠道销售之外,更拓展出京东农牧、京东数字农贷、京东众筹、京东农场、京东农业云等众多业务板块,分别从互联网种养殖、互联网金融、数字产业园、农业大数据产业联盟等入手,以产业互联网手段为农业提供技术赋能。

研究发现,在参与乡村振兴的实践中,京东表现最显眼的自然是其优势领域——销售平台。产业扶贫、智慧物流、塑造品牌、现代农业、农村金融、精准扶贫和乡村旅游的关注度较低。

【拼多多】

作为利用互联网技术把农产品从农村生产地销售到全国各地的第一大平台,拼多多以"拼购"模式迅速裂变并聚集消费需求,通过商品流和社交裂变对接产需。在供给端,通过C2B(消费者到企业)预售聚集海量订单分拆给产区,精准到贫困户,并提高流通效率;在需求端,3亿用户接力分享的社交力量,让农货订单实现裂变式增长。2018年4月25日,拼多多正式启动"一起拼农货"计划,在全国范围内投入 100 亿元的营销资源，挑选 500 处农产品产地，扶持 1 万人成为"新农人"，解决农业供应链的货源与交付难题。2019 年 4 月，拼多多创新扶贫助农模式"多多农园"，计划在未来 5 年内在云南等 8 个省落地 1000 个多多农园示范项目，主要覆盖西南和西北两大区域。这被认为是一场互联网巨头助力中国农业变革的创新实验。

2019 年，拼多多进一步提出"两台四网"目标，将创建中国最大的农产品上行平台以及中国最大的互联网农业数据平台，以"市场＋科技"为核心，探索更契合中国现代化农业发展需求的完整体系。截至 2019 年年底，拼多多平台注册地址为 584 个国家级贫困县的商家数量达 36 万家，年订单总额达 372.6 亿元。其中，注册地址为"三区三州"地区（"三区"是西藏、新疆南疆四地州和青海、四川、甘肃、云南四省藏区；"三州"是甘肃临夏州、四川凉山州、云南怒江州）的商家数量达 157 152 家，较上年同比增长 540%；年订单总额达 47.97 亿元，较上年同比增长 413%。

【苏宁】

作为全国领先的智慧零售企业，苏宁一直聚焦农村市场发展，把助力乡村振兴列为核心的战略工作之一。依托智慧零售的模式优势和资源优势，苏宁围绕乡村振兴逐步形成了"一二三四五"发展战略（一个目标：聚焦乡村振兴、聚力精准扶贫；二轮驱动："输血、造血"结合、线上线下联动；三化兴农：农业产业化、农品品牌化、农人专业化；四扶脱贫：产业扶贫、就业扶贫、教育扶贫、捐资扶贫；五当落地：投资、纳税、就业、服务、造富在当地），打造"七位一体"电商精准扶贫（一是中华特色馆：打通贫困县特色商品上行新通路；二是拼基地：渠道创新拓销路，促农产品上行；三是苏宁易购零售云门店：拉动贫困县县域经济繁荣；四是村级加盟服务站：实现精准到户的扶贫目标；五是物流云：打通贫困县市场服务的"最后一公里"；六是农村电商学院：解决贫困地区电商人才缺失痛点；七是电商扶贫实训店：真正从"授人以鱼"到"授人以渔"）。

截至 2019 年 11 月，苏宁全国从事扶贫工作的人员超过 1000 人，用于公益慈善扶贫事业的累计投入超 17 亿元。2019 年，苏宁在 112 个国家级贫困县开设 116 个苏宁易购扶贫实训店，解决了 5000 多名贫困人员就业；线上开设约 400 家中华特色馆，惠及了 1082 个县市，全渠道累计助农销售近 115 亿元。此外，聚焦县镇市场的苏宁零售云店也成为苏宁深耕"三农"市场、服务乡村振兴的主力产品，目前门店数突破 4400 家。

2019 年 12 月 26 日，苏宁对外发布面向未来十年的"521"公益战略——"乡村振兴 521 计划"：未来十年将在乡村地区布局 5000 个苏宁村、2000 个县级苏宁易购中华特色馆、10 万家苏宁零售云门店。

3. 房地产领域企业

乡村振兴战略为房企开拓了一片新的发展领域，顺应了房企突破"瓶颈"、提高自身多元业务竞争力的战略需求。在乡村振兴导入社会资本的过程中，房企作为城市建设的重要主体，凭借自身积累的资源以及建设运营经验具备一定优势。以碧桂园、万科、绿地为代表的部分房企率先投身到乡村振兴的工作中。

研究发现，房地产领域企业在参与乡村振兴的实践中，参与产业兴旺的比例最高，也是被媒体报道比例最高的，其次为治理有效、生态宜居以及生活富裕，而乡风文明这个维度的关注度最低。但是，在各类企业中，只有房地产企业比较关注乡村治理有序问题，其原因在于房企主要以项目的形式参与，而项目实施的过程中，需要多方协作，在这个过程中自然也融入到社会治理之中。

【华侨城】

华侨城构建"文化产业、新型城镇化、全域旅游"三大定位。按照共享、共治、共赢的发展理念，充分整合农业生产、乡土文化、农垦资源，实现了政府、企业和村民互惠共赢。通过政府与社会资本合作的 PPP 模式，建成若干个大型新型城镇化示范项目，并以"100 个美丽乡村"计划，投资建设一百座具有中国传统民俗文化特色小镇，创造数十万个创业和就业岗位，与城镇居民共同创业实现共同富裕。在项目建设上，华侨城为当地创造就业岗位，农民将获得土地流转金、土地流转股权分红、房屋租金、合作社经营股权收益以及工资收入等，在项目内容设计上，华侨城通过 IP 化包装，带动当地农业资源销向游客，丰富当地农业产品消费客群结构，最终实现以"三产带二产、二产带一产"的乡村振兴目标。

人才扶贫、基金扶贫、旅游扶贫、产业扶贫、短板扶贫、文化扶贫，是华侨城集团的精准帮扶"六大路径"。在实践中，探索"文化旅游＋美丽乡村""产业扶贫＋乡村振兴"特色之路。研究显示，在参与乡村振兴实践中，华侨城投入最多的领域是乡村旅游，依次是农业发展、基础设施建设、乡村产业等领域，这与华侨城自身的战略密切相关。

（四）企业参与乡村振兴的典型案例分析

1. 碧桂园集团参与乡村振兴的做法及成效

碧桂园集团作为一家世界 500 强的民营企业，一直积极响应国家号召，参与社会扶贫事业，做党和政府的有益补充。回顾碧桂园集团 20 多年的扶贫历程，从单个项目帮扶到试点驻村帮扶，再到由点及面开展大规模驻村扶贫，到目前全国 9 省 14 县全面推进，集团立足贫困地区实际，充分发挥自身优势，因人因地施策，形成了脱贫攻坚与乡村振兴领域的"4+X"模式，即党建扶贫、产业扶贫、教育扶贫、就业扶贫，并结合帮扶地区的实际自主选择田园综合体建设、美丽乡村建设等其他帮扶措施。"4+X"模式为民营企业参与脱贫攻坚与乡村振兴提供了有益借鉴。

2018 年，碧桂园集团设立了乡村振兴基金，成立精准扶贫乡村振兴领导小组并下设办公室，将扶贫与乡村振兴提升到主业高度，进一步推动脱贫攻坚与乡村振兴的有机衔接，并在全国 9 省 14 县开展精准扶贫和乡村振兴工作，继续深化完善"4+X"模式，探索"可'造血'、可复制、可持续"的乡村振兴道路。

①党组织结对共建夯实乡村组织基础

碧桂园集团在脱贫攻坚与乡村振兴事业中高度重视党建的引领作用，在具体实践层面主要体现在三个方面：

一是与贫困村党组织结对共建。集团将党支部设立在扶贫一线，脱贫攻坚与乡村振兴工作队前往帮扶县的第一件事就是建立党支部,与村党组织开展党建共建活动,举办特色党课、发展扶贫队员、乡村积极分子入党,发挥党管农村工作的优势和党员的先锋模范作用。截至 2020 年 7 月,集团已经在 14 个帮扶县设立了一线党支部,与 155 个村党支部结对共建,共同开展了约 470 场党群活动,惠及群众约 12 万多人次。

二是链接多方资源开展各类学习与培训活动。集团与县组织部门合作,组织贫困村党组织书记前往清华大学学习,邀请专家开展入村专题讲座等,学习培训的内容主要包括基层党组织建设、乡村产业发展、乡村治理、矛盾调解等。截至 2020 年 7 月,已举办村支书研学班基础班 14 期、提升班 26 期,有效提升了基层党组织书记的带动发展能力与基层治理能力。

三是发挥"老村长"的桥梁作用与带动作用。"老村长"是集团设立的协助工作队开展当地工作的"公益岗位",选聘德高望重、有公心、村民信服的当地人担任项目部党支部副书记,主要负责对接村民,做好集团与帮扶点的双向沟通,宣讲党的思想,国家相关政策,以及碧桂园"4+X"帮扶模式等,帮助项目组向村民普及新技术、新理念,发挥党在思想上的引领作用,破除部分村民"等靠要"思想。截至 2020 年 7 月,集团已在 14 个帮扶县选聘了 140 名"老村长",开展"老村长"百日攻坚行动、"老村长接待日"、走访帮贫贫困户、脱贫励志报告会等活动,累计覆盖贫困人口 5.9 万人次。

②依托碧桂园平台助力产业发展

产业发展是带动贫困户脱贫致富的核心,也是实现乡村振兴的重中之重。集团立足帮扶地实际情况,依托集团优势,重点做了两大模块的工作:一是帮助当地进行产业链升级、传授新技术、培训管理经营人才、支持专业合作社发展等;二是优化市场,打通产品销售渠道,建立长期稳定的农产品产销机制,集团通过自身的优势,链接相关企业进行产品的深加工、转化、销售推广,通过"碧优选""碧乡""碧家"等线上平台和展览会等线下销售渠道拓展产品的销售市场,截至 2020 年上半年,已累计转化 30 个帮扶县 208 种优质扶贫农产品,实现销售金额约 1.2 亿元，帮助超 10 万名贫困户增加收入。如集团对口帮扶的甘肃省东乡有东乡羊、东乡土豆与东乡刺绣三大传统产业，但是因为技术落后、销售渠道有限等原因，一直没能发展起来。在前期调研后，帮扶队伍按照"强主体、抓两端"的帮扶思路，成立专业化的消费扶贫运营主体"碧乡农业公司"，开展市场化运营帮扶，一手抓帮扶农产品供应水平和质量，一手抓市场端销售，不断提高运营主体的市场经营能力，强化合作社带动能力、延长产业链，提升产品的附加值。项目队伍与农民专业合作社共建了东乡羊养殖场，由集团旗下的农业公司专家进行指导，提升东乡羊的养殖技术与品质。在销售方面，联合"碧乡农业"等线上平台共同助力东乡羊拓展销售渠道，2018 年和 2019 年"双 11"期间，共计销售 20 000 多只东乡羊，累计收入 2000 万元，受惠贫困户约 3000 名，平均每户增收约 3000 元，销售有了保障之后，村民开始增加养殖数量，规模养殖有效促进了农户增收。在土豆产销方面，集团出资 320 万元为东乡 12 个乡镇 50 多个贫困村 5000 多户提供了技术迭代之后的马铃薯种子，并邀请专家进行种植方面的技术指导，联合马铃薯淀粉企业开发淀粉产品，如鲜薯条、土豆榴莲曲奇、土豆芥末海苔饼干等，通过电商平台和展会等线上线下销售渠道，已助力销售东乡土豆 3000 多吨。为提升东乡刺绣的工艺，集团联合北京服装学院开展东乡刺绣设计合作，进行工艺上的改进，通过集团采购等形式支持刺绣产业的发展。据统计，集团联合县妇联累计培训了 260 多名东乡绣娘，2019 年共完成订单 18 000 多件，发放绣娘工资总计约 60 万元，有效带动了穆斯林妇女解放思想、勤劳致富。2020 年，集团将联动中国妇女发展基金会，在东乡县落地 1 个东乡刺绣产业枢纽，集生产、运营、培训、展示、交流于一体，打造为展示东乡文化和扶贫成果、东乡刺绣产业的示范和交流体验基地。同时，协助开发披肩、香包、环保袋等刺绣产品，对接销售渠道，预计可以帮扶增收 100 万元。共同推动东乡刺绣产业规模化、品牌化发展。

③促进就业助力稳定增收

就业是贫困户增收脱贫、防止返贫的重点，在就业帮扶方面，集团以农村需要、市场需求及实现就业为导向，结合当地实际情况，为贫困户提供就业岗位，实现培训、就业"一站式"服务，帮助其掌握致富门路和技术，实现稳定脱贫致富。

一是以需求为导向开展技能培训。集团联合旗下企业为贫困劳动力提供在集团内部就业的机会，完成岗前培训即可上岗。开展菜单式、订单式技能培训，有针对性地培训目标工作所需要的技能，如电工、保洁、保姆、月嫂培训等，确保有工作意愿的贫困劳动力能够胜任期望的工作。同时，集团考虑到乡村就近、就地就业的问题，采取了送教下乡、送技术到家门口，以及远程培训等形式，让贫困劳动力就地学技能，做到"生产、生活、培训"三不误，推动劳动力培训与就业无缝对接。这一形式也提高了一些行动不便的特殊人群学习技能，帮助其进行就业。2012年至2020年7月，累计培训66 148人，就业355 820人，其中粤菜师傅培训已开展31期，该项目预计培训学员总数达3000余人；星级保姆培训1436人，月薪基本在5000元以上，集团各单位、合作伙伴提供了约10 000个就业岗位。此外，为提升农村弱势群体的就业能力，集团在贫困地区农村特别开办了残疾人云客服培训班，为残疾人群体提供互联网和电商技能培训。

二是培育就业带头人。培训是快速就业的主要措施，但是要做到可持续，就需要培育积极就业、努力奋斗的文化氛围。为此，集团特别重视就业带头人的培育，发挥带头人的示范效应和带动作用，选出一批具有号召力、有组织能力、肯奋斗的村民作为乡村的就业带头人和就业培训中心的骨干成员，为村民链接就业信息，提供就业指导，必要时进行思想教育和典型事迹宣传，改变村民的思想观念，塑造价值感，提升村民就业的积极性。同时，集团围绕乡村人才回流，开展了"青创10万+"项目，支持青年返乡创业，截至2020年上半年，通过实地走访、乡镇政府推荐等方式，集团在14县已支持2000多名返乡青年扎根创业，带动了超30000名贫困人员增收，有效地促进了当地发展，增加了村庄活力。

④发展教育阻断代际贫困

抓教育是从根本上切断贫困代际传递的重要手段，同时也是乡村组织振兴的人才保障，从精准扶贫到乡村振兴，一代人又一代人，教育是根本，是需要一直做下去的。早在 1997 年，集团及创始人就开始通过捐赠助学、开办慈善学校等方式持续开展教育扶贫，通过多年的实践深耕，积累了深厚的助学经验。

一是创办非营利的慈善学校。2002 年 9 月，捐资 2.6 亿元，创办了国华纪念中学，免费招收家庭困难、品学兼优的初中毕业生。创办至今，国华纪念中学共接收了 3096 名处于辍学边缘的学生，截至 2019 年，在校学生 518 人，已毕业2045 人，毕业后取得硕士学位的有 707 人，取得博士学位的有 120 人，出国深造 91 人。2013 年，国强公益基金会捐资 4.5 亿元创办了针对贫困生免费的广东碧桂园职业学院，通过校企合作的方式精准培养专业技术人才与管理骨干，通过技术改变贫穷的命运，为集团、社会输送有需要的人才。截至 2019 年，学院累计招收高中毕业生 2472 人，其中贫困家庭学子 2043 人，累计已毕业 1007 人，毕业生就业率达 100%，约 72% 的毕业生成为基层技术骨干和一线管理干部，实现了"一人成才，全家脱贫"的目标，更重要的是向学子传达了一种靠奋斗改变命运，学会感恩奉献社会的正能量。2019 年，习近平总书记在甘肃考察期间强调："西北地区因自然条件限制，发展相对落后。区域之间发展条件有差异，但在机会公平上不能有差别。要解决这个问题，关键是要发展教育，特别是职业教育。"国强公益基金会积极响应，捐赠约 3 亿元，参照广东碧桂园职业学院，在甘肃省东乡县达板镇投资新建临夏国强职业技术学校，预计建成后将容纳 2500 名学生就读，学校坚持公益属性，将对贫困家庭学生免除一切费用，以帮助其掌握就业技能，实现"一人成才，全家脱贫"。

二是设立助学基金，开展"一对一"帮扶。助学基金主要是帮助因学致贫的贫困生完成学业，基金主要来自集团员工的资金捐赠，2018 年，国强公益基金会共收到集团员工 27 930 人的捐款，累计金额约 1150 万余元。同时，集团鼓励员工与贫困学生结对，帮助其完成学业，并给予学习生活、职业规划等方面的指导，目前已结对帮扶了 6724 名贫困学生。2019 年，中国光华科技基金会、碧桂园集团、国强公益基金会合作发起"碧桂园·光华助学金"网络众筹项目，通过"心愿100"教育扶贫助学捐款行动、公益徒步等多种方式，向集团员工、全社会爱心人士发起助学捐款活动，截至活动结束，共有176个单位、爱心团体参与，累计捐款人次142 204人，筹集到善款1060.25万元，碧桂园集团另捐赠289.6197万元，用于资助7500名建档立卡贫困学子完成学业及微心愿。

三是改善办学条件，扩大教育规模。主动改善帮扶县学校的办学条件，如在甘肃东乡县捐赠建设龙泉学校，扩大招生规模180名学生，并解决了316名学生的住宿问题，打造成县级"教育示范基地"。在河北对11所学校开展"3+3"教育扶贫行动，即为学校配备操场、厕所、水井"三大件"和冰箱、微波炉、净水设备"三小件"，改善学生的学习生活环境，完善配套附属设施。

为了满足贫困地区留守儿童的成长需要，国强公益基金会捐赠540万元，在全国留守儿童问题较为突出的12省（区、市）44县（市、区）开展了首批114个"童心港湾"关爱留守儿童项目，动员集团员工、楼盘业主，结合当地教育部门、共青团和妇联等资源，开展留守儿童陪伴关怀活动，保证孩子身心健康成长。

⑤田园综合体建设探索乡村全面振兴

早在2017年，碧桂园集团在广东省政府办公厅的引导下，便开始构思社会主义新农村示范村建设，提出了"产业发展、人居环境提升、打造新乡风"的发展思路，累计投入帮扶资金超过5600万元，陆续开展了"韶关市黄塘村新农村示范项目""乐昌市和村新农村示范项目""生水塘新村扶贫项目""英德市连樟村项目"等，取得了显著成就，积累了丰富的经验。

2019年，碧桂园在新农村建设的基础上提出田园综合体的理念，田园综合体是集现代农业、自然教育、休闲旅游、生活体验、田园社区于一体的乡村综合发展模式，通过平台化运营，整合土地、资金、科技、人才等资源，为农业综合开发转型升级、创新发展打开突破口，实现从农民到经营者的身份转变，通过旅游助力农业发展、促进三产融合，完善农民充分参与、充分受益的有效机制，探索"可'造血'、可复制、可持续"的乡村振兴模式。

目前，集团正在岳阳市平江县丽江村进行田园综合体实践，项目总投资2.3

亿元，分三期开发，一期投资 7000 万元，重点解决吃、住、行、游、娱的问题，同时配套涵盖乡村振兴学习中心、文化艺术展示、农产品加工体验、休闲平台于一体的美丽乡村艺术馆，打造精品院落民宿、现代农业园等特色项目。通过对丽江村整村开发，以丽江村为中心，辐射周边旅游景点、乡村产业，发挥田园综合体的带动作用。

⑥模式与经验

党建扶志、产业扶贫、教育扶智、就业扶技，以及融合了美丽乡村建设、乡村综合体建设的创新机制，对应了乡村振兴战略中的"五大振兴"措施。党建帮扶助力组织振兴和乡村有效治理，通过村书记研学班、党建结对共建、发掘"老村长"等方式，完善党组织对农村工作的引领，打造党性强、有公心、能力突出的农村基层党组织队伍，在乡村振兴战略中充分发挥主心骨的作用。

产业帮扶助力产业振兴与文化振兴，集团发挥在现代农业发展方面的优势，帮助提升产品转化率与品质，拓宽产品的市场销售渠道，如依托旗下农业公司开展种子改良、科技创新、技术培训等，提升农户的生产效率，帮助农民专业合作社链接相关企业提升产品市场竞争力。同时，挖掘产业背后的文化意涵，弘扬乡村传统文化，因势利导发展乡村特色文化旅游产业，实现产业发展与传统文化的有机融合。如平江县的"谷雨烟茶"项目，通过挖掘当地传统烟茶文化，形成了集烟茶产业链、茶文化体验、乡村旅游为一体的发展模式。目前，有茶园 1300 多亩，厂房 803 平方米，两家实体旗舰店，带动了当地 1300 人就业，人均增收 2200 元，"谷雨烟茶"也正在进行非物质文化遗产申请。

就业帮扶与教育帮扶助力人才振兴，人才是乡村振兴的基石，乡村振兴的主体是农民，当下农村的发展需要通过多种形式培育新型职业农民，碧桂园集团开展了一系列入村进户的技能培训与技术普及活动，同时，吸引和鼓励外出能人、大学生等返乡就业创业。长远来看，人才教育是乡村发展的不竭动力，碧桂园集团的教育助学项目为家庭困难的农村学生提供全方位的帮助，为未来乡村的发展积累坚实的人才基础。

田园综合体建设助力生态振兴。田园综合体建设对乡村整体的改变首先体现在生态环境改善和人居环境提升方面，帮扶小组通过"三清三拆三整治"、"厕所革命"、污水处理及其他公共设施改造和基础建设项目等，改变农村"脏乱差"的现象，在充分保护当地自然生态环境，挖掘优秀传统文化的基础上，开展嵌入田园综合体的康养项目及乡村旅游相关业态，田园综合体的建设改善了乡村的人居环境，美丽的自然风光让村民对家乡产生了更加浓厚的归属感与参与感。

总结"4+X"模式，有三点经验特别值得参考与学习：一是企业在参与脱贫攻坚与乡村振兴事业时，同样需要重视党组织建设工作。"乡村振兴落到实际上还需要基层组织去做，建好党组织队伍，乡村振兴就有了得以长存持续稳定推进的基础"，一方面是做好企业帮扶队伍自身的党组织建设，另一方面是做好和帮扶地的党建共建。尤其是"老村长"的角色与功能值得重视，企业前往地方首先需要解决融入和信任的问题，"老村长"既是帮扶工作队党支部的副书记，也是村民信任的当地人，双重身份很好地降低了帮扶队与村民之间的陌生感，便于工作队尽快了解当地情况，开展帮扶工作，同时，有"老村长"的帮助，极大地降低了沟通成本，提升了帮扶工作的效率。

二是产业帮扶两手抓，既要扶持产业本身，也要打造产业链，两者相结合，产业才能可持续发展。乡村振兴工作中，产业兴旺是重点，但是现实情况往往是企业、政策撤离之后，产业就倒了，出现这一现象的原因之一是只关注产业扶持，缺少对产业链的打造，产业缺少可持续性。同时，多数产业，农户只在生产端，而没有参与到价值创造更大的产品加工端与市场销售端。因此，需要从整个产业链视角入手，在生产端通过技术普及等提高农户的种植、养殖能力，培育现代化职业农民；在产品转换端，积极支持当地合作社发展，通过"合作社+企业""农户+企业"等形式，进行产品深加工，提升产品转换率；在销售端，通过挖掘产品背后的文化价值打造品牌，通过线上、线下等多种平台为产品打开销售渠道。全产业链视角下的产业发展使村民可以获得每个生产阶段的收益，每一个阶段的参与也在培养农户发展产业的能力，即使在各方支持抽离的情况下，产业也可以持续发展。

三是整体布局，系统规划，重视各帮扶模块的有机融合。在精准扶贫、精准脱贫的过程中，主要以户为单位进行帮扶，政策与项目资源的投入具有精准性。乡村振兴是一个全方位提升的战略，具有系统性、整体性，要求从整体乡村出发全盘谋划，整合资源，挖掘潜力，展现乡村的特色和优势。碧桂园集团实践探索的田园综合体建设便是从乡村整体出发，将产业、生活、文化、生态、就业等内嵌于其中，使各个部分形成聚合力，从而达到乡村全面的发展与振兴。

2. 华润集团参与乡村振兴的做法及成效

自 2004 年以来，"中央一号"文件已经连续 20 年聚焦"三农"问题，"三农"问题已经成为制约国家实现全面现代化和可持续发展的突出问题之一。党的十九大报告也明确提出，"当前我国社会主要矛盾已经转化为人民日益增长的美好生活需要和不平衡不充分的发展之间的矛盾"。而其中"不平衡"最突出的表现就是城市与农村发展不平衡；"不充分"最突出的表现就是农业、农村发展不充分。为此，党的十九大报告从全局和战略高度，明确提出乡村振兴战略，加快推进农业农村现代化。而华润作为一家在港央企，一直高度关注国家，"三农"问题和贫困革命老区的脱贫攻坚工作。自 2008 年以来，华润充分发挥自身多元化经营的资源优势，不忘初心，主动回报社会，创新性地构建了"华润希望小镇"模式，在全国的革命老区捐建了 12 座华润希望小镇，为央企积极参与乡村振兴贡献了华润经验。

自 2008 年以来，华润积极响应中央扶贫开发的号召，提出利用华润企业和员工捐款，到贫困地区和革命老区的贫困乡村建设华润希望小镇的创想。截至 2019 年年底，华润累计捐资超过 8 亿元，精准对接革命老区、贫困地区，以"环境改造、产业帮扶、组织重构、精神重塑"为四大目标愿景，在全国范围内建成了广西百色、河北西柏坡、湖南韶山、福建古田、贵州遵义、安徽金寨、江西井冈山、宁夏海原八座华润希望小镇，贵州剑河、湖北红安、陕西延安、四川南江四座华润希望小镇也正在规划和建设中。十余年来，华润希望小镇直接受益农民总计 3024 户、11420 人，辐射带动小镇周边 10 万余人脱贫致富奔小康。华润希望小镇的建设既是华润不忘初心、主动回报社会、履行央企社会责任的创新之举，更是华润利用企业多元化经营资源优势，积极参与国家乡村振兴的实践与探索。

党的十九大报告明确提出了乡村振兴的国家战略，号召我们要按照产业兴旺、生态宜居、乡风文明、治理有效、生活富裕的五大总要求，加快推进农业农村现代化。从 2017 年年底开始，华润联合中国社科院社会责任研究中心，结合希望小镇建设经验，对"乡村振兴"进行了政策研究。中国社会科学院专家用了 8 个月时间，研究了 11 个小镇的发展模式，发现希望小镇的"四大愿景"全面响应了"乡村振兴"的五大总要求。

①以环境改造为基础，实现希望小镇生态宜居

环境改造，是华润希望小镇建设的基础。华润对希望小镇统一开展的环境改造主要聚焦在"和谐的民居改造""生态环保的市政基础建设"和"功能齐备的公共配套设施"三大方面。在民居建设过程中，华润主要实施了"改厨、改水、改房、改厕、改圈、改院"六大工程；在改造市政基础设施时，华润本着生态环保的理念，对乡村水、电、路、气进行彻底改造，并通过三格化粪池、生态湿地等设施低成本、高效益地解决了农村排水难的问题。在全为旱厕的海原希望小镇，华润还发起了一场"厕所革命"，通过引入一体化污水处理设备，彻底解决了当地原有旱厕粪污排放难的问题，处理后的水质可达到一级 B 标准，可直接用于农户家庭的蔬菜灌溉和牲畜喂养；在公共配套设施方面，华润除了捐建希望小学、幼儿园、卫生院、党群服务中心、村民文化站、健身广场以外，还在希望小镇为村民改建新建了祠堂、公屋等专门的公共活动场所，方便村民集会和婚丧嫁娶使用。完善的教育、卫生、养老等市政及公共配套弥补了乡村基础设施严重匮乏的"短板"。通过环境改造，乡村的人居环境彻底改变，希望小镇村民享受到了城市文明所带来的舒适、卫生与便利，在小镇内基本实现了生态宜居。

②以产业帮扶为抓手，实现希望小镇产业兴旺、生活富裕

在乡村产业振兴方面，华润主要通过建立"企业 + 合作社 + 农户"的基本

模式，利用企业自身资源优势，帮助希望小镇农民成立润农农民专业合作社，并以合作社为平台开展土地流转，充分发掘每个小镇的资源禀赋，因地制宜地发展现代特色农业和特色乡村旅游业。目前，华润已经帮扶七个希望小镇成立了润农农民专业合作社，形成了能够发挥自身特点的特色种植业、养殖业和乡村旅游产业。在井冈山华润希望小镇，华润建设了第一座米兰花乡村民宿示范酒店，并以此为龙头，引导村民将闲置房屋改造成为乡村民宿，大力发展红色旅游。从2017年6月井冈山米兰花乡村酒店开业至2019年年底，营业额已突破480万元；为希望小镇当地村民提供了18个就业岗位，已累计支付职工薪酬约196万元；带动村民发展了9家民宿，共计73间客房129张床位，接待游客近26 000人，酒店盈利则全部用于井冈山希望小镇的可持续发展或作为当地民政领域的救助资金。从第一产业到第二产业再到第三产业，华润充分发挥了各个小镇的资源禀赋，有效地推动了小镇三次产业的深度融合发展，激发了农村创新创业活力。经过十多年持续的产业帮扶，希望小镇"一镇一品"的产业格局已基本形成，产业兴旺、生活富裕的目标已基本实现。

③以组织重构为依托，实现希望小镇有效治理

华润每建设一个希望小镇，都会将希望小镇原来的村委会升级为新型的农村社区居民管理委员会；在润农农民专业合作社的章程中，明确规定润农农民合作社的一部分利润将用于希望小镇集体开支，为希望小镇社区居委会开展公共服务、行使管理职能提供了稳定的经费来源。每个希望小镇建设伊始，华润都会从各个利润中心抽调七八名优秀年轻员工组成项目组，全面参与小镇建设。环境改造建设任务完成以后，华润还会继续派出产业帮扶小组，继续帮助村民发展特色产业。与此同时，华润还以润农农民专业合作社为突破口，帮助希望小镇加强基层党组织建设，积极培育村里的经济带头人和基层优秀党员，支持他们成为润农合作社理事或骨干，提升他们的综合素质，支持他们参加村"两委"的选举，从而实现小镇党、政、企三位一体交叉任职。通过华润的帮扶，把真正政治意识强、综合素质高的"乡村经济带头人"扶持成为村"两委"的领导人，真正实现

村民"自治"。在当地政府的支持下，华润项目组和希望小镇的村"两委"紧密配合，乡村民主自治的治理能力和治理结构日益稳固，基本实现对小镇各项事务的有效治理。

④以精神重塑为目标，实现希望小镇乡风文明

在扎实推进产业帮扶工作的同时，华润还注重物质文明和精神文明一起抓。在百色希望小镇，华润通过制定《居民社区公约三字经》，用村民喜闻乐见的方式宣传社会主义核心价值观。同时，华润非常注重保护发展农村优秀传统文化，高度重视对公屋、祠堂的保护性修缮，在有条件的希望小镇专门建设了文化站，并以公屋、文化站为基地，通过树乡贤、立乡约、整乡风、塑乡情，大力倡导以乡贤文化为核心的优秀农耕文化，充分发挥乡约、家训等凝聚人心、教化群众、淳化民风的重要作用。在金寨希望小镇，华润对已荒废多年的徐氏祠堂进行了保护性修缮，对徐氏家训进行了发掘整理并张贴在祠堂最显著的位置。修葺一新的祠堂不仅将整个徐氏家族的46户宗亲凝聚到了一起，也成为小镇开展公共事务、村民活动的场所。在华润和当地政府的积极引导下，希望小镇村民已经开始自觉摒弃赌博、迷信活动等不良生活习惯，乡风文明、积极健康的生活方式逐渐成为小镇村民精神生活的主流。

⑤模式与经验

在华润希望小镇的建设过程中，华润创新扶贫机制，将华润的企业资源与贫困乡村的综合建设全面对接，将华润的业务发展与贫困乡村的可持续发展全面对接，将华润单方面的资金捐助和智力支持，变成华润、地方政府、受助村民携手脱贫，共建美好家园，充分发挥受助地区基层政府、村民在脱贫攻坚中的作用。同时，华润集团从"环境改造、产业帮扶、组织重构、精神重塑"四大帮扶愿景出发，强力推动贫困乡村全面改造人居环境，从改善生活环境上扶贫；形成"一镇一品"的乡村产业，从提升经济收入上扶贫；建立党、政、企三位一体的乡村治理模式，从组织建设上振兴乡村，提升乡村的治理能力；重塑乡土文化，从增强乡村活力上扶贫。每个华润希望小镇，经过3~5年的帮扶改造，都已经彻底改

变了原本贫穷落后的乡村面貌，实现了农民"走平坦路、喝干净水、用清洁灶、上卫生厕、住安全房"的梦想，成为具有农业发展活力、鲜明地方特色的社会主义美丽乡村。

乡村振兴，产业帮扶是关键。在希望小镇发展初期，华润进行产业帮扶时，主要聚焦在特色种植业和养殖业，随着希望小镇建设持续推进，华润认识到单靠发展传统的第一、第二产业不足以支撑小镇产业帮扶工作的可持续全面快速发展。在近年来红色旅游快速发展的行业红利和政策红利引导下，华润致力于结合各地不同的资源禀赋，探索小镇产业扶贫的创新转型发展之路。因此，从第七个希望小镇——井冈山华润希望小镇开始，华润便开始探索"民宿酒店 + 小镇物业管理 + 乡村旅游"的产业扶贫模式。而在即将竣工落成的红安华润希望小镇，华润将利用红安希望小镇距离武汉仅 1.5 小时车程的区位优势，在引入米兰花乡村民宿示范酒店的同时，还将利用小镇内有限的土地资源，发展红色共享休闲农业，以"科技引领 + 创新发展"为理念，通过"互联网 + 农业"的模式，把红安希望小镇范围内有限的土地资源分割成小块建成"共享农庄"，农庄内的小块土地将按年租赁给武汉市民作为家庭菜园。农庄则由希望小镇统一集中种植管理，家庭菜园收获的果蔬全部归租赁者所有。"共享农庄"建成后，武汉市民可以通过互联网线上随时观察到家庭菜园的种植情况，也可在假期来到红安希望小镇所在的七里坪镇进行红色旅游，在小镇影戏馆欣赏红安非遗项目皮影戏和荡腔锣鼓，还可以在"共享农庄"家庭菜园内体验采摘种植，最后在米兰花乡村酒店内体验民宿和红安特色农家乐餐饮服务。未来，华润还将不断发现培育自身资源优势与其他在建小镇资源禀赋之间的结合点，将一镇一品的产业内容从单一种养业向乡村旅游、休闲观光农业、共享农业扩充，切实推进小镇发展模式的持续创新与转型升级，为乡村振兴贡献华润智慧和力量。

（五）影响企业参与乡村振兴的十项原因分析

一是，在企业社会责任方面，当企业认识到逐利性是企业的本质属性之外，对社会价值的追求是企业内在价值的重要构成部分，此时企业会将践行社会责任作为企业的一种自觉行为。处于认知导入期的企业对农村公共产品供给的参与度较低，处于认知萌芽期的企业主要以慈善方式参与农村公共产品的供给，处于认知发展期的企业则会将核心业务的发展与农村公共产品的供给有效结合起来，处于认知成熟期的企业则会将农村公共产品的供给视为企业自身发展的理念。随着企业社会责任认知水平的提升，企业对农村公共产品供给的角色认知从被动参与向价值体现转变。在上述案例中，不乏一些企业将商业成功与社会责任看作是一体的，在发展过程中，企业一直在探索与企业发展阶段相匹配的可持续社会责任体系，其创始人捐赠成立了专门的乡村振兴基金会，将乡村振兴纳入企业社会责任体系当中。

二是，相较于民营企业更倾向于通过企业社会责任表达企业对社会价值的认同，国有企业因其特殊的企业性质与政治属性，决定了社会价值成为企业使命的一部分。在扶贫阶段，在各级国有企业管理部门的动员下，各级国有企业通过定点帮扶等形式积极参与到农村脱贫攻坚工作中，随着乡村振兴战略的提出，国有企业也将乡村振兴作为企业使命的重要内容。

三是，在乡村振兴重要性认知方面，企业对乡村振兴重要性的认知程度在很大程度上决定了企业是否参与乡村振兴，如何参与乡村振兴，在什么水平参与乡村振兴。企业对乡村振兴重要性的认知，除了通过传统媒体渠道的自我学习之外，更主要的是通过各种政策动员渠道和平台的方式，通过观察别的企业对乡村振兴采取的行为或行为的结果学习，从而形塑企业自身的认知，并在此基础上选择自身的行为模式。例如，广东省为推进企业参与乡村振兴，建设了"万企帮万村"乡村振兴对接信息平台，在一个共同的平台中，不同的企业可以观察、模仿和学习其他企业的行为模式，从而不断强化自身对乡村振兴重要性的认知。

四是，在政策激励方面，自从党的十九大报告提出乡村振兴战略以来，无论是在中央层面的《中共中央 国务院关于实施乡村振兴战略的意见》《乡村振兴战略规划（2018—2022 年）》，还是各地方出台的《关于引导社会资本更多更快更好参与乡村振兴的意见》都明确提出鼓励企业积极参与到乡村振兴，并为企业参与乡村振兴，从财政、金融、税收等方面提供一系列的支持。在政府表率方面，政府作为乡村振兴的主要力量，在乡村振兴中扮演着政策制定者、方向引领者、资源供给者、服务监督者等多重角色，因此，为推动企业、社会组织等社会力量参与乡村振兴，需要政府做出表率，从而提升企业参与的信心。如上述案例中，企业在参与乡村振兴的过程中，需要政府的大力支持，当地政府主动承担了企业负责项目村的"三清三拆"、道路硬化等基础设施建设，表明了政府在乡村振兴中的决心和态度。

五是，企业业务与乡村振兴存在内在一致性是企业深入介入乡村振兴的直接驱动力。相较于扶贫工作，乡村振兴需要更长的时间，因此，要求企业从可持续发展的角度来规划乡村振兴的参与度。企业履行企业社会责任不仅出于成本、约束或慈善的需要，通过践行社会责任，能够为未来创造机遇，带来创新和产生竞争的优势。而且，企业如果能够将企业的发展战略、资源优势、管理经验与扶贫事业有效融合，那么参与乡村扶贫等可以为企业带来声誉、竞争力方面的回报，从可持续的角度而言，企业参与乡村扶贫的行为选择应当符合企业的战略方向或选择与企业核心业务具有关联性的项目。因此，企业的业务能够与乡村振兴产生内在一致性，决定了企业能否可持续参与。

六是，在平台基础方面，强调企业要想实现乡村振兴的深度参与，并在产业化中处于有利的位置，需要在乡村建设乡村振兴平台，该平台既可以是销售农产品的电商平台，也可以是培训乡村振兴所需人才的人才培育平台，还可以是农业金融平台等。如互联网企业，其在平台构建方面具有强大实力，推出的如 TDC 数字农村平台，借助云平台、感知技术、智能交互技术等，建设农村综合管理平台、农村生产监督平台和农村惠农服务平台，可实现平台在乡村治理和精准脱贫方面的深入应用。

七是，在技术支撑方面，技术是实现乡村振兴创新的主要要素。乡村振兴的根本是产业振兴，要实现农业产业从传统向现代的转型，需要科技的支撑。互联网技术、物联网技术、工业互联网、云计算、大数据、供应链技术、移动互联网技术等缩短了农产品产销地之间的距离，提升了农产品的品质。

八是，在农村扶贫基础方面，扶贫的经验能够为企业参与提供渠道、人才和经验等方面的支持。相较于初次参与乡村工作的企业，从扶贫时代开始就参与农村扶贫的企业在渠道建设、乡村工作人才和乡村工作经验等方面，具有较大的优势，可以迅速推动乡村振兴工作方案的实施。特别是在人才方面，乡村振兴的关键是人才振兴，但是乡村振兴所需要的人才是懂农业、爱农村和爱农民的人才，这类人才需要长时间的培育。如果企业较早介入乡村扶贫工作，可以获得乡村振兴所需要的人才，从而有效实践企业的乡村振兴战略。

九是，在乡村资金方面，主要是强调企业参与乡村振兴需要有相应的资金支持。同时，在企业公益慈善网络方面，强调企业可以选择捐赠成立专门的公益慈善机构，形成"企业＋社会"组织的乡村振兴模式，企业通过资金捐赠，发挥社会组织的专业性。

十是，在企业组织体系方面，组织体系是企业资源下沉的渠道，也是乡村需求上传的渠道。企业参与乡村振兴，除了直接捐赠之外，企业如果希望通过产业参与等方式，直接参与乡村振兴，需要构建能够延伸到乡村的组织体系。

二、社会组织参与乡村振兴的情况

在我国，社会组织主要包括社会团体、具有公益慈善性质的基金会以及民办非企业单位。随着我国社会经济的发展，社会组织参与乡村发展是农村经济社会发展的必然要求，是社会治理重心向基层下沉的过程，已经成为基层治理的重要一环，是连接国家和社会的桥梁。多年来，伴随社会组织参与乡村振兴的力度逐步加大，也呈现出一系列问题，如社会组织定位不清晰、乡建能力不足以及组织间协作机制欠缺等，严重影响了参与效果。从属性上来看，社会组织一般具有非政府性、非营利性、志愿性、组织性、自主性等特点，在基层社会治理中发挥着不可或缺的作用。

（一）鼓励参与的有关文件政策及解读

2022 年 3 月，民政部和国家乡村振兴局联合发布关于动员引导社会组织参与乡村振兴工作的通知。通知要求各级民政部门和乡村振兴部门要将社会组织参与乡村振兴纳入重要议事日程，推动社会组织积极参与乡村振兴。5月，两部委又联合印发了《社会组织助力乡村振兴专项行动方案》，进一步动员社会组织积极参与巩固脱贫攻坚成果和全面推进乡村振兴，加大对国家乡村振兴重点帮扶县的支持力度，搭建社会组织助力乡村振兴工作平台，更好发挥示范带动作用。

脱贫攻坚取得胜利后，全面推进乡村振兴，是"三农"工作重心的历史性转移。乡村振兴不仅是农民的事，也不仅是农业部门的事，还需要全社会的共同努力。乡村振兴战略的实施需要久久为功，健全保障措施，使社会组织的参与行动既高效、有序，又具有可持续性。

据经济日报等众多主流媒体报道，截至2022年年中，全国各类社会组织通过自身的影响力和专业优势，为乡村发展汇聚了不少能量。例如，有的社会组织推动成立农民专业合作社、开展对口帮扶服务，培养农村实用人才，助力农民共享全产业链增值收益；有的则推广绿色生产生活和消费理念，并提供组织和资金支持；有的则为乡风文明建设献计出力，为互助养老、互助救济、互助合作等提供组织载体。我国在2021年如期打赢脱贫攻坚战，创造了"人类减贫史上的伟大奇迹"，在这一过程中，社会组织也发挥了重要作用。

此次文件的出台既为社会组织助力乡村振兴提供了发力方向，也给予了相关政策支持，未来会有更多的社会组织参与到乡村振兴中来。各类社会组织应按照"产业兴旺、生态宜居、乡风文明、治理有效、生活富裕"的要求精准发力。

产业方面，相关社会组织应发挥连接各方资源、广纳专业人才的优势，起到联结乡村居民与城市居民、农业技术人才与普通农民的媒介和桥梁作用，助力培育"土专家""田秀才"，同时为提供农技指导、产品营销、资金服务等创造条件。各类生产技术服务型组织应以农村产业为抓手，激活资源、加大培训，在提供服务、推广和传播科技知识之余，推动传统农民向现代农民转变。

生态方面，环保社会组织具有的民间性、自治性特点，与公众有着天然的亲和力，能够通过宣讲与示范，使环保理念、环保意识、环保法律政策更好地深入人心。环保社会组织应在城乡积极推广绿色生产生活和消费理念，并提供组织、资金支持。近几年，浙江环保社会组织投身美丽浙江建设，从"五水共治"的"嘉兴探索"到参与政府购买服务的"温州经验"，树立了很好的标杆。

乡风方面，公益文化机构、体育组织、科普组织等社会组织可探索帮助农民建立科学丰富的休闲方式，巩固传统美德、民俗、礼仪，挖掘文化资源的价值，摒弃"薄养厚葬、高额彩礼、相互攀比"等陋习，培养"让他三尺又何妨"的精神境界，为互助养老、互助救济、互助合作等提供组织载体，共同营造淳朴文明的生活风气。

治理方面，通过不同类型的社会组织共同参与、自我管理、民主议事，形成党委引领、社会协同、公众参与、法治保障的现代乡村社会治理体制，走出一条中国特色社会主义乡村善治之路。比如，群团组织可对留守妇女进行就业和技术指导，让她们主动参与到乡村振兴中来；村务监督组织能有效遏制村级"小微权力"任性的风险，助力乡村社会充满活力又和谐有序。

所有的努力，都是为了生活富裕。在迈向共同富裕目标的过程中，应防止"因病返贫""因残致贫"现象出现。医疗卫生社会组织、特殊群体服务组织要及时宣传相应的保健、医疗知识，提供一定的医疗公益服务，对农村残障人士等群体，要根据其实际需求提供一对一服务，让他们切实得到有效关照。

社会组织参与乡村振兴，不仅是自身责任，也是服务国家、服务社会、服务群众的重要价值体现。在巩固拓展脱贫攻坚成果、全面推进乡村振兴的进程中，社会组织必将创造出更大的价值。

（二）部分基金会参与乡村振兴的典型案例分析

1. 智慧与健康产业发展公益项目

2015 年 8 月，中国初级卫生保健基金会设立"智慧与健康产业发展公益项目"，致力于建立智慧城市平台系统，科学管理并均衡推进卫生健康产业与城镇化建设增长协调发展；根据人民群众对卫生健康需求不断快速增长与地方政府投入相对困难这一矛盾所产生的问题，找出行之有效的方法予以解决。多年来，项目服务于基层医疗卫生服务机构，改变了当地医疗设备落后的面貌，为当地节省了设备购置经费，有效地缓解了政府财政投入的资金压力，提升了基层医疗卫生单位的服务能力，实现了"小病不出村，常见病、多发病、慢性病不出乡，大病不出县"。

①项目特点

根据地方政府财力不足、群众收入较低的实际情况，基金会将公益项目运作方式定为"政府主导、支持，基金会规划、培训、捐赠设备"的模式。地方政府组织项目实施，基金会制订三级医疗网络发展规划，实施政策理念、技术的培训，捐赠医疗设备和项目督导，提升基层医疗机构的综合服务能力。"公益力量＋政府投入"的合作理念，保证了公益项目的实施能力，加大了向社会开放的力度，改善了项目目标群体的综合实力，撬动了更多社会资源和力量参与公共卫生公益事业的发展。

②项目成效

该公益项目设立至今，项目覆盖全国45个地区，累计公益规模10多亿元，受益百姓近3000万人。一是通过提升基层医疗机构服务能力，有效解决了当地百姓"小病不出村，常见病、多发病、慢性病不出乡，大病不出县"的问题，从实质上缓解了"因病致贫、因病返贫"。二是先进设备及适宜技术的资助，大大提升了服务能力，使基层医疗卫生单位在取消药品加成、实行药品"零差率"销售的背景下仍能以医疗服务增收，实施项目的医疗机构营业收入都有不同程度的提升。三是帮助地方规划区域卫生协调发展，推进卫生改革。四是帮助地方发展康复养老产业，特别是做好失能老人的养老、临终关怀；数字中医和中医适宜技术推广，光大我国中医文化瑰宝。五是推动中国初级卫生保健事业发展，提高人民群众健康水平，带动地方卫生健康产业发展。

③社会影响

公益项目自设立至今，服务于基层医疗卫生服务机构，改变了当地医疗设备落后的面貌，为当地节省了设备购置经费，有效缓解了政府财政投入的资金压力，提升了基层医疗卫生单位的服务能力。

捐赠设备投入使用后，老百姓在当地就能享受到同市区医院一样的医疗卫生服务，省时、省力，又省钱，大大方便了当地群众。

公益项目的项目实施引起了社会的广泛关注，多地区分别在当地人民政府网站对此项目做出了充分的肯定。

2. 红十字天使计划

中国红十字基金会的"红十字天使计划"，是 2005 年 8 月以来中国红基会推动的重点公益项目，其宗旨是关注贫困农民和儿童的生命与健康，广泛动员国内外的社会资源，募集资金和医疗物资，资助贫困农民和儿童参加新型农村合作医疗，对患有重大疾病的贫困农民和儿童实施医疗救助，协助政府改善贫困乡村的医疗卫生条件，捐建农村博爱卫生院，培训农村医务人员，促进我国农村医疗卫生事业健康发展。已形成包括援建乡村博爱卫生院（站）、红十字救护站、培训乡村医生、设立各种专项基金开展贫困农民和儿童大病救助三个方面的内容，是中国红基会的骨干公益项目，该项目及其子项目多次荣获"中华慈善奖"。

目前，该计划核心的基金项目有小天使基金（白血病）、天使阳光基金（先天性心脏病）和嫣然天使（唇腭裂）基金。2019 年 7 月 15 日，中国红十字基金会小天使基金彩票公益金项目进行 2019 年度第三批资助款拨付，资助款总额为 3068 万元，来自全国 30 个省（区、市）的 968 名贫困白血病患儿获得了救助。自设立起，小天使基金累计在全国范围内资助贫困白血病患儿 3 万余人，累计资助总额超过 10 亿元。以小天使基金为蓝本，该计划还复制启动救助先天性心脏病患儿的天使阳光基金，对患有先心病的贫困家庭儿童实施医疗救助。

"红十字天使计划"由中国红十字基金会主导，但项目申报、审核和执行离不开各级红十字会的配合和支持。例如，山东省淄博市红十字会的"天使阳光"贫困先心病少年儿童救助项目依托中国红十字基金会"天使阳光"基金，认真推进摸底登记、筛选救助、经费拨付、回访跟踪等各个环节。历经 11 年，该项目已形成市、县（区）、乡（镇）、村（居）四级高效便捷畅通的救助流程，已救助贫困先心病患儿 356 人，成为当地家喻户晓的救助品牌。再如，西安市红十字会自实施"红十字天使计划"项目以来，为使更多患儿家长知晓项目，不让患儿家长多跑冤枉路，工作人员创新工作思路，1：1 手绘申报所需资料样图，通过市红十字会微信公众号、各区县政府门户网站、微信公众号等向外推送。此外，还举办 13 个区县"红十字天使计划"项目擂台赛，分享工作中的经验与不足，学习其他区县在实施项目中的好做法，使"红十字天使计划"项目在各区县百花齐放，助推项目开展。

3. 山村幼儿园计划

"山村幼儿园计划"是中国发展研究基金会于 2009 年发起的一项反贫困与儿童发展项目，目的是结合政府和社会资源向农村地区 3~6 岁儿童提供全覆盖的早期教育，试验"一村一园"并广泛推广，提高中西部贫困地区及偏远地区的早期教育机会公平和质量。目前，项目已经覆盖青海、云南、湖南、四川、山西、新疆、贵州、甘肃和河北 9 个省（区）21 个贫困县，设立山村幼儿园近 1800 所，累计惠及 17 万个贫困地区儿童。

"一村一园计划"利用的是农村小学撤点并校后的空置教室、村委会空置办公室、闲置民房等，原则上一个村子里有 10 名及以上幼儿就开班，人多开设分层班，人少开设混龄班。项目聘用本地中职以上学历的中青年为幼教志愿者老师，提供持续、高频、高质量的在岗培训以提高其教学水平。办园经费则主要通过"公办 + 公益"的方式筹集。项目测评显示，"一村一园计划"是一种成本低、见效快的可行模式，它有效缩小了城乡儿童之间的能力差距。入园儿童的认知、语言、健康和社会性有明显改善。这对于打通农村学前教育"最后一公里"具有示范意义。

（三）仍存在的部分突出问题

1. 定位模糊

社会组织作为参与乡村振兴的重要力量，在乡建过程中还存在定位不清晰问题，主要体现为治理主体错位、治理目标错位以及治理手段错位等。根据中共中央办公厅和国务院办公厅印发的《关于加强和改进乡村治理的指导意见》,要建立健全党委领导、政府负责、社会协同、公众参与、法治保障、科技支撑的现代乡村社会治理体制,以自治增活力、以法治强保障、以德治扬正气,健全党组织领导的自治、法治、德治相结合的乡村治理体系,构建共建、共治、共享的社会治理格局,走中国特色社会主义乡村善治之路,建设充满活力、和谐有序的乡村社会,不断增强广大农民的获得感、幸福感、安全感。要建立以基层党组织为领导、村民自治组织和村务监督组织为基础、集体经济组织和农民合作组织为纽带、其他经济社会组织为补充的村级组织体系。显然,社会组织在参与乡村振兴的过程中,要发挥自身的补充作用,清晰定位。治理目标错位主要体现为社会组织的项目与社会需求不一致或不能与政府、企业形成互补作用。社会组织在参与乡村振兴的过程中,其目标与政府是一致的,因此,要发挥自身的优势,弥补政府与市场的不足,发挥拾遗补阙性的作用。在治理手段层面,社会组织的优势在于其创新性和灵活性,能够为农村发展提供"软"服务,诸如乡村教育、乡村文化重塑以及环保理念宣传等,比较而言,政府治理的优势在于整合资源,为乡村提供诸如基础设施建设等"硬"服务。

2.人才培养及专业能力提升等问题亟待解决

乡村振兴是一个系统性工程,包含农村产业系统、生态系统、文化系统、社会系统以及人才系统,是多个系统协同发展的过程。社会组织参与乡村振兴的过程也是社会组织自身能力提升的过程。目前,我国社会组织存在人才匮乏、内部治理效率低下和本地化组织培育滞后等问题。人才问题是制约社会组织发展最关键的因素。社会组织人才问题主要体现为人才招聘难、留住人才难和培养人才难。

社会组织公益性属性要求其员工对社会组织的工作具有较强的价值认同感和公益奉献精神,对其思想认识和觉悟层面有较高的要求。此外,乡村具有较强的乡土性,乡村振兴过程中社会组织员工还需从人文关怀的视角去开展相关工作,对社会组织员工的综合能力有较高要求,不仅需要对其从事的工作有较高的价值认同，还应具备相应的专业技能和道德素养。相反，社会组织的所得利益和利润不可在组织内部分配，只能用于维持组织存续发展和开展符合发展宗旨的活动，内部薪酬体系存在较强的平均主义倾向，薪酬体系激励效果较弱，2017—2020年，社会组织员工的平均薪酬增加约 1000 元，年增长 8%，显著低于企业员工的平均薪酬增速，导致人才素质与薪酬不匹配，存在招人难、留住人才难的问题。2009—2019 年，社会组织全国从业人员年均增长 5.5%，低于社会组织机构数年均 6.4% 的增幅，人才供不应求。

社会组织的内部治理问题始终是制约社会组织发展的难题，是导致社会组织运行效率低下的关键因素。社会组织治理能力低效的主要原因为社会组织人员较少，无法形成有效的治理结构。

3. 组织间协作程度弱，无法形成规模效应

社会组织间协作程度较弱主要体现为两个方面：从资助和被资助角度来看，存在资助方和被资助方协作程度弱的问题；从组织间协同发展角度来看，社会组织存在组织间信息交流不充分的弱协同。

①资助方与被资助方存在弱协同

资助方与被资助方协同较弱主要体现为：资助方项目资助的短期性与社会组织参与乡村振兴的长期性之间的弱协同；资助方对社会组织创新的低容忍度与创新的高风险性之间的弱协同；资助方资助能力的有限性与资助项目的多样化和复杂化之间存在弱协同。

乡村振兴是我国未来发展的重要战略任务之一，社会组织参与乡村振兴的过程也具有长期性和持久性。相反，社会组织资助方追求的更多是短期效益，并采用传统的商业逻辑来判断项目的价值，导致资助方和被资助方存在目标不匹配，削弱了社会组织的工作效果。社会组织参与乡村振兴的过程也是社会组织自我调整、自我创新的过程。我国乡村差异化程度较大，乡村振兴不具有普适性的模式，社会组织参与乡村振兴过程中需因地制宜、因村施策，项目实施过程中存在较高的不确定性。若资助方过度追求项目的成功率，对于项目失败的容忍度较

低，则会抑制社会组织的创新性，不利于乡村发展。此外，社会组织在申请项目资助时，资助方项目官员作为连接资助方和被资助项目的纽带，其素质高低对于项目资助的成效有决定性作用。我国乡村多样化发展的格局导致社会组织申请的项目具有多样化和复杂性的特征，对资助方项目官员具有较高的要求。我国目前的资助体系下，资助方项目官员的资助能力普遍较弱，资助体系存在弱资助能力与项目多样化、复杂化之间的弱协同。

②社会组织间协作机制欠缺

我国社会组织生产知识的能力较弱，社会组织间的信息交流不充分，呈现单打独斗的局面。目前，我国从事乡村振兴的社会组织间缺乏有效的沟通协作机制。乡村振兴过程中，社会组织分别从乡村教育、环境保护、乡村医疗以及乡村养老等角度参与相关领域的工作，工作领域呈现点状或带状分布，不同社会组织间缺乏有效的协作机制，未能形成一张完整的社会组织网。乡村振兴是一个综合的复杂系统，包含产业系统、生态系统、社会系统、组织系统以及人才系统等各个子系统，各个子系统间并非孤立地存在，而是彼此关联，相互作用，单独一个系统的发展均无法实现乡村的全面振兴。只有当各个社会组织通过沟通协商，形成一张发达的网络时，其对乡村振兴产生的影响效果才能呈级数式上升。因此，社会组织在乡村振兴过程中应秉持系统观思维，加强各个组织间的横向协作，发挥不同类型组织的比较优势，形成组织间的联动机制，实现乡村全面发展。

4. 乡村社会组织的小、穷、散问题

相对于外部社会组织，真正植根于农村内部、以农民为主体的乡村社会组织主要存在数量少、规模小、管理散等问题。究其原因，既有自身能力方面的原因，也有外在环境方面的原因，主要体现在以下三个方面：

一是组织能力有限，无法承接服务职能。调研发现，乡村社会组织时下更像是一个时髦用语，作为对"社会治理"理念的回应，基层政府也出台了一系列措施助力乡村社会组织的发展，使乡村社会组织的数量在短期内有了较大增长，但多数乡村社会组织规模小、活动松散、活动场所不固定、缺乏可持续运营所需的资金、没有专职工作人员，甚至不乏一些群众自发组织，虽经村委会批准成立，却未到民政部门登记注册，也未到所在地的街道办事处或乡镇人民政府备案。乡村社会组织自身发育水平低下，直接影响了内部治理结构的完善和外部服务能力的提升。

二是结构不均衡，与农民的需求之间存在较大差距。一方面，很多地区的乡村社会组织类型比较单一，主要集中在文化娱乐、宗族组织等几个类别，这些社会组织植根于乡村内部，在乡村治理中不同程度地发挥着协商、议事和监督等作用，在村民心中有一定威望，然而，能够承接养老、医疗、教育等公共服务的现代社会组织和推动农民互助的社会组织相对比较缺乏；另一方面，以农业技术服务中心为代表的发展型社会组织无疑可助力乡村"产业兴旺"的实现，但此类经济组织的受益人群主要是青壮年农民，其社会性和公益性还有待提升，难以为乡村公共服务、社会治理和精神文化建设带来新气象。

三是政策法规不完善。一方面，尽管 2013 年初中央政府对行业协会商会、公益慈善类、科技文化类和城乡社区服务类四类社会组织放开登记注册，但成立社会组织在人数、财产数额等方面有限制，例如，《社会团体登记管理条例》规定，成立社团必须有 50 个以上的个人会员或 30 个以上的单位会员，个人会员、单位会员混合组成的，会员总数不得少于 50 个。全国性社会团体需有 10 万元以上的活动资金，地方性社会团体和跨行政区域的社会团体需有 3 万元以上的活动资金，这对于人口大量外流的农村来说，门槛过高，条件过严。另一方面，对备案制乡村社会组织而言，由乡镇政府、街道办事处作为业务主管单位并履行指导监督职责，可以将无法满足登记条件而活跃在广大农村的乡村社会组织，纳入乡镇、街道党工委的工作范围。但我们也要看到，长期以来，我国乡村公共服务主要由政府来提供，乡村社会组织的作用处于边缘地位，县乡政府部门也习惯于以行政管理来代替基层社会治理，并不擅长与社会组织打交道，因此，县乡政府更需要在工作指导、宣传组织、人才培养和资金支持等各个方面，认真研究新形势提出的新问题，既要避免忽视、轻视乡村社会组织让其自生自灭，又要避免对乡村社会组织过多干预，导致后者行政色彩过于浓厚。

（四）加快培育乡村社会组织，致力乡村振兴

将社会组织培育纳入乡村治理体系的组织架中，形成在党组织的领导下，以农村社区自治组织为主要载体，各类农村社会组织广泛参与，德治、法治与自治相结合的农村善治机制。否则，游离于正式的治理网络之外，尤其是在重要公共产品配置、秩序调适中处于无足轻重的位置，也就很难发挥治理主体的功能和作用。为进一步推动乡村社会组织发展激发社会组织活力，促进不同类型的社会组织有效参与乡村振兴战略，探索乡村社会组织的培育模式，便显得尤为重要。

乡村振兴战略实施以来，中央及各地政府通过加大对资金、项目、人才、场所等方面的扶持力度，支持社会组织开展社会服务项目和各项培训工作，引导乡村社会组织积极参与社区治理，使乡村社区治理由政府"独唱"向多元主体"合唱"转变，主要表现在两个方面：一是建立孵化基地，特别是涵盖乡村的社区孵化基地，例如，截至 2017 年年底，江苏省共建社会组织孵化培育基地 692 个，其中，市级 22 个、县（市、区）级 131 个、乡镇（街道）级 305 个、社区级 234 个。各级各地政府依托孵化基地，为包括乡村社会组织在内的社区社会组织提供办公场地、人才培训、交流展示、信息共享、能力建设、项目策划督导、党建指导等"一条龙"便捷式服务，促进社区社会组织健康成长。二是政府购买服务，开展社区营造。"社区营造"一词起源于日本，我国台湾省 20 世纪 80 年代正式提出"社区总体营造"的概念，其"整合多种资源、打造社区共同体"成为当前正热门的基层社区治理实践，比较著名的如始于 2013 年的广东顺德社区营造，已经形成比较完整的支持体系，即区社工委负责政策制定和统筹指导，各个街镇有资源和资金配套，顺德社会创新中心在智力支持和业务指导上进行推动，各个村居、社会机构、社区组织负责实施。2018 年，顺德社会工作委员会制定了《顺德区深化拓展社区营造工作方案》，力争到 2020 年全区建成不少于 30 个成效明显、特色鲜明的社区营造示范点。类似的典型案例还包括成都市 2016 年试点实施的"三社联动"社区营造计划、厦门市 2013 年试点实施的"美丽厦

门·共同缔造"计划中的"美丽乡村"行动等。

第三节　甘肃的乡村振兴情况及部分代表性案例

甘肃是"三西"扶贫重点地区，是全国脱贫攻坚任务最艰巨的省份之一。党的十八大以来，经过 8 年艰苦卓绝的顽强奋战，甘肃省现行标准下 552 万农村建档立卡贫困人口全部脱贫，7262 个贫困村全部出列，58 个国家片区贫困县和 17 个省定插花型贫困县全部摘帽，历史性地告别了困扰甘肃千百年的绝对贫困问题，胜利书写了脱贫攻坚的甘肃篇章，向党和人民交出了一份满意答卷。

2021 年以来，甘肃省认真贯彻落实中央和省委省政府决策部署，坚持把巩固拓展脱贫攻坚成果、防止规模性返贫作为头等大事，把促进农民增收作为根本之举，把实施乡村建设行动作为重要抓手，着力在巩固、拓展、衔接上下功夫、见实效。在国家 2021 年度巩固脱贫成果后评估、东西部协作考核评价中，甘肃省均为"好"等次。

一、把防止规模性返贫作为头等大事

在深入推进巩固拓展脱贫攻坚成果同乡村振兴有效衔接中，甘肃省于 2021 年先后召开 7 次省委常委会会议、4 次省政府常务会议、2 次省脱贫攻坚领导小组会议、5 次省委农村工作领导小组（省实施乡村振兴战略领导小组）会议、5 次全省有效衔接现场推进会。出台《关于全面推进乡村振兴加快农业农村现代化的实施意见》《关于实现巩固拓展脱贫攻坚成果同乡村振兴有效衔接的实施意见》等政策文件，细化有效衔接政策措施。把甘肃省在脱贫攻坚战中形成的五级书记一起抓的组织领导体系、横向到边纵向到底的条块责任体系、真督实战定期调度的工作推进体系、财政投入金融支持的资金保障体系、优先倾斜合力推进的政策支持体系、东西协作齐帮共扶的社会帮扶体系、较真碰硬奖惩分明的考核评估体系 7 个行之有效的体制机制和制度体系，有效衔接和有机转换到巩固脱贫成果和推进乡村振兴上来，确保各项工作平稳过渡、有力展开。

为了守住不发生规模性返贫这条底线，甘肃省健全防止返贫动态监测帮扶机制，聚焦脱贫不稳定户、边缘易致贫户、突发严重困难户"三类户"，紧盯"两不愁三保障"、劳务输转、易地搬迁等重点领域，采取人盯人、网格化动态监测办法，根据致贫返贫风险因素针对性落实帮扶措施，做到迅速发现响应、及时评估核查、精准实施帮扶、动态清零风险。按照"不少一村、不漏一户、不留死角"原则，在全省组织开展 3 次巩固成果防止返贫大排查和督查检查，对重点人群实行"六必访""六必查"，符合条件的农户随时发现随时纳入，做到应纳尽纳，为急需落实帮扶措施的农户开通"绿色通道"，简化识别纳入程序；对标注风险消除监测对象做到"七不消"，全面开展"回头看""回头帮"，确保返贫风险稳定消除。截至 2021 年年底，甘肃省 10.3 万户 41.9 万人监测对象全部落实产业、就业、综合保障等有针对性"一户一策"帮扶措施，85% 以上落实了产业、就业等 2 项以上帮扶措施，7.5 万户标注消除风险，做到发现一户、监测一户、帮扶一户、动态清零一户。

甘肃省建立低收入人口常态化帮扶机制，先后印发改革完善社会救助制度、临时救助工作、困难群众基本生活保障工作等专门意见，调整优化最低生活保障、特困人员救助供养政策，构建政府主导、社会参与、制度健全、政策衔接、兜底有力的综合救助格局。搭建信息平台和数据库，瞄准因病、因学、因残、因失业等主要返贫致贫因素，对低保对象、低保边缘家庭等 10 大类 413.7 万人实时监测预警，对 3.7 万户符合条件的对象落实相应救助政策。筹集下拨 123.8 亿元困难群众救助资金，持续提高保障标准，农村低保标准达到 4788 元，特困人员基本生活标准达到 6216 元，有效保障全省 142.5 万农村低保对象、9.1 万农村特困人员、1.7 万孤儿和事实无人抚养儿童的基本生活，向 63 万困难残疾人和重度残疾人及时发放两项补贴。指导督促各地区进一步完善主动发现机制，为 113.6 万人次基本生活陷入困境的家庭和个人发放临时救助 16.6 亿元。为巩固"两不愁三保障"成果，采取定期普查和随机抽查等形式，第一时间发现并解决义务教育、基本医疗、住房安全、饮水安全等方面问题，实行动态清零。特别是在基本医疗方面，补齐卫生健康领域短板弱项，持续巩固提升脱贫地区医疗服务能力。脱贫人口 30 种大病专项救治病种救治覆盖率、四种重点"慢病"救治管理率均达 99.96%；住房安全方面，持续开展住房安全动态监测，统筹推进地震高烈度地区农房抗震改造，积极做好陇南等地农房灾后恢复重建，完成危房改造148 户，抗震改造 2 万户，灾后重建和维修加固 3.46 万户；安全饮水方面，强化农村饮水安全动态监测，持续加强工程运行管理，将 100 处农村水源保障工程作为甘肃省政府为民办实事项目，实际建成 144 处，农村供水保障水平持续提升；在加强易地扶贫搬迁后续扶持方面，甘肃省制定全省实施意见，从促进搬迁群众稳定就业、发展特色产业、提升办学条件、强化社区治理、健全基层组织、促进社会融入等方面发力。组织有搬迁任务的 70 个县（市、区），以县为单位逐一编制后续扶持工作方案，形成任务清单、项目清单、责任清单、时限清单。谋划实施后续产业发展项目 281 个，调整新建行政村（社区）124 个，建成基层党组织154 个，成立社区自治组织 164 个，对 1857 户 8031 人脱贫不稳定人口及时开展针对性帮扶，落实应急过渡救助措施，有劳动能力且有就业意愿的搬迁脱贫群众户均至少 1 人实现就业。国家发展改革委对甘肃省易地扶贫搬迁工作成效予以通报表扬。

二、把促进农民增收作为根本之举

甘肃省把脱贫攻坚中形成的七个体系有机衔接到乡村振兴上来。出台《关于全面推进乡村振兴加快农业农村现代化的实施意见》《关于实现巩固拓展脱贫攻坚成果同乡村振兴有效衔接的实施意见》等政策文件，细化有效衔接政策措施。

聚焦农民增收，甘肃省举全省之力做好产业倍增、就业促进、创业培育。下好从产业扶贫向产业振兴转变先手棋，启动实施现代丝路寒旱农业优势特色产业三年倍增行动计划，制定指导意见、总体方案和分产业方案，以"牛羊菜果薯药"等 18 个优势特色产业为重点，力争用 3 年左右时间实现质量提升、规模扩大、效益倍增。在全省开展抓点示范行动，建成抓点示范种养基地 786 个，绿色标准化种植基地面积达到 925 万亩，打造特色产业大县 14 个。积极推进农业园区提质扩面强基，启动创建省级现代农业产业园 61 个。实施龙头企业"2512"提升行动，对在延链补链强链中发挥引领作用的龙头企业实施分级达标奖补，新引培农业龙头企业 139 家，总数达到 3235 家，农产品加工转化率达到 56%。资金保障方面，甘肃省明确将年度到县有效衔接资金和涉农整合资金的 50% 以上用于产业发展，用于产业的资金 70% 以上用于三年倍增行动计划，全年用于农业生产项目资金 150.62 亿元，较上年增长 6.51%。

甘肃省深入实施"甘味"品牌体系建设，举办"甘味"农产品进京、进央企、进中粮集团对接活动。联合农业农村部举办第四届"甘味"特色农产品洽谈会，累计签约金额 170 多亿元。推进农业保险增品扩面提标降费，参保农户 185.23 万户，为 122.96 万户次农户因灾等赔付 16.68 亿元，为脱贫群众发展产业筑起了安全网。加大对脱贫群众和边缘易致贫户发展产业的小额信贷支持力度，新增发放 13.1 万户 61.83 亿元，累计 159.13 万户 717.44 亿元，贷款总量和贷款余额均居全国首位。目前，甘肃省牛羊存出栏量和高原夏菜、苹果、马铃薯、中药材、油橄榄产量均居全国前列。

甘肃省千方百计扩大脱贫人口务工就业，制定实施促进务工就业政策措施，开展各类职业技能培训 84.19 万人次，其中脱贫劳动力 10.5 万人次。人社、乡村振兴、林草和农业农村四个部门共开发乡村公益性岗位 29.54 万个，其中脱贫人口和边缘易致贫人口 22.2 万个。持续加强光伏扶贫规范管理，2893 个确权村每村收益平均超过 25 万元，累计收益资金达 20 亿元，村级电站发电效率达 120%。脱贫村村均集体经济收入增长 2.6 万元，增幅超过全国平均水平一倍。鼓励支持有条件的地方发展农村电商、乡村旅游等创业项目，目前已创建乡村旅游示范县 8 个，文旅振兴村 60 个。加快农村电商发展方面，甘肃省级电商同城配送平台"臻品甘肃"已正式上线运营，全省农产品网上销售 198.32 亿元，带动全省农民人均增收 342 元。国家防贫监测信息系统显示，2021 年甘肃省脱贫人口人均收入首次突破万元大关，达到 10 079 元、同比增长 18%，脱贫地区农村居民人均可支配收入达到 10 458 元、同比增长 11.4%，分别比全省农村居民人均收入增幅（10.5%）高出 7.5、0.9 个百分点，达到了"两个高于"的目标。

聚焦农民生活品质提升，甘肃省推动农村物质文明、精神文明、生态文明建设，印发《关于加强乡村规划建设的指导意见》，结合市县国土空间规划编制在县域层面完成三轮村庄分类工作，选取 73 个村庄开展两轮省级村庄规划编制试点，完成 1920 个"多规合一"实用型村庄规划编制。着力实施"5155"乡村建设示范行动，制定指导意见和实施方案，计划分别用 5 年、3 年、2 年、1 年时间完成 5 个乡村建设示范市（州）、10 个示范县（市）、50 个示范乡（镇）、500 个示范村建设任务，带动全省乡村建设行动有序开展、梯次推进。目前，甘肃省已落实乡村建设示范行动奖励资金 5.8 亿元，完成投资 159.98 亿元，顺利完成 500 个省级示范村建设。接续推进农村改厕等"三大革命"和"六大行动"，实施改厕 50 万座，全省行政村卫生公厕覆盖率达到 97%。常态化开展村庄清洁行动，指导各地因地制宜拓展优化"三清一改"内容和范围，农村生活污水治理率达到 21.49%，农村黑臭水体整治率达到 60.29%，90% 的行政村生活垃圾得到有效处理。

三、把实施乡村建设行动作为重要抓手

甘肃省把乡村振兴重点帮扶县作为巩固拓展脱贫攻坚成果、全面推进乡村振兴的发力重点，制定实施支持重点帮扶县实施方案，投入上重点保障、政策上倾斜支持、力量上优先安排，从金融、土地、项目、基础设施等 14 个方面给予集中倾斜支持。采取重点帮扶县提政策"需求"、省直行业部门强化政策"供给"的办法，编制县级工作方案，细化支持政策、强化政策集成。安排包括所有重点帮扶县在内的 58 个脱贫县每县新增建设用地计划指标 600 亩，专项用于巩固脱贫成果和推进乡村振兴。

坚持齐帮共扶，甘肃省已与天津市、山东省开展省级领导互访，签订

"十四五"东西部协作框架协议,编制完成"十四五"协作发展规划。2023年,东部协作省市和中央定点帮扶单位援助甘肃资金38亿元,其中天津、山东援助资金32.23亿元,实施帮扶项目1697个。甘肃省引进落地东部企业193家、到位投资20.57亿元,帮助转移就业农村劳动力13.59万名,其中脱贫人口11.79万名。通过东西部协作直接采购和帮助销售甘肃省以"甘味"品牌为主的特色农畜牧产品和手工艺产品53.36亿元,是协议数的4.5倍。

甘肃省保持与厦门市、福州市帮扶项目不停、协作企业不走、劳务协作不断。成功举办"津企陇上行""万企兴万村"甘肃行动、"光彩会宁行"活动,东西部协作在新的起点上升级加力。同时,中央单位负责同志赴定点帮扶县调研、召开座谈会162次,向43个定点帮扶县投入帮扶资金6.17亿元,帮助引进资金5.91亿元,引进帮扶项目218个,选派挂职干部117名,实现受援县全覆盖,直接采购和帮助销售农产品4.33亿元。

2022年以来,甘肃省上下聚焦"守底线、抓发展、促振兴",坚持一手抓巩固拓展脱贫攻坚成果,一手抓全面推进乡村振兴,用好省外帮扶和省内帮扶两支力量,推动巩固成果上台阶、乡村振兴见实效。

据介绍,甘肃省2022年争取中央衔接资金126.5亿元,省级预算安排72亿元(已安排48.6亿元),向39个乡村振兴重点帮扶县倾斜安排137.96亿元。同时,持续加大产业和就业帮扶力度,在39个重点帮扶县实施"富民贷",提供免抵押免担保、利率优惠的信贷资金,支持农户发展生产,目前已累计发放2264万元。

2022年以来,甘肃省持续强化光伏帮扶项目收益分配、公益岗位范管理和运行维护,共有4.67万人通过公益岗位劳动实现就业增收。加强东西部劳务协作,深化省内劳务协作,促进就地就近就业,截至4月底甘肃省脱贫人口外出务工178.9万人,完成全年目标任务(190万人)的94%,其中省外务工78.32万人。甘肃省乡村振兴局制定出台《应对疫情影响巩固拓展脱贫攻坚成果九条措施》,全力防范化解风险隐患,促进脱贫群众持续增收。

甘肃省持续强化、统筹谋划项目储备、项目建设等重点环节，坚持项目监管关口前移、时间提早、力量下沉，2022年初集中利用半个月的时间对14个市州第一批中央和省级衔接补助资金项目计划全覆盖开展春季督导。各地立足早开工、早实施、早见效，克服疫情影响，加快项目建设。截至4月下旬，甘肃列入年度实施计划的6043个项目已开工5785个、开工率95.73%，高于2021年同期。

（一）定西

在脱贫攻坚工作中，定西严格落实"一户一策"精准脱贫计划，集中优势兵力打好脱贫攻坚战。全市创新推进产业扶贫模式，积极培育"牛、羊、菜、果、薯、药"六大产业，因地制宜发展乡村旅游、电子商务等新型小微业态，实现了对有发展能力贫困户的产业全覆盖。大力发展劳务产业，每年培训输转贫困劳动力13万人，人均劳务收入达2万元。积极培育新型经营主体，推行"三变"改革，组建农民专业合作社12 066个，培育龙头企业90家，累计开发乡村公益性岗位10 775个，建成"扶贫车间"128家，吸纳7640人就近就业，开发8个市级农业补贴险种，最大限度保障贫困户"旱涝保收"。全市75%的农户依靠发展产业有了稳定的收入来源，所有贫困村都有了集体经济收入。

针对基础设施、教育、卫生等方面的短板，全市积极实施农村危房改造、易地扶贫搬迁、安全饮水、电网改造提升、厕所革命、农村人居环境整治等工程，努力改善群众生产生活条件。同时，全面落实教育、医疗等扶贫政策，着力加强控辍保学、健康扶贫工作。如今，全市贫困村旧貌换新颜，改造农村危房20.04万户，26.13万贫困群众实现"挪穷窝"，所有行政村通了水泥路、动力电，97%的行政村通了宽带网，15万户群众用上了卫生厕所。全市千人以上有需求的行政村实现幼儿园全覆盖，贫困村都有了村卫生室和文化活动中心，贫困群众在家门口实现了能看病、有学上。积极探索金融扶贫模式，在所有贫困村建立了农村金融工作室，开发了陇药通、金薯宝等金融产品，为贫困户投放精准扶贫贷款65.95亿元。6.11万户21.55万农村低保人口纳入建档立卡范围，城乡居民基本养老保险参保率达 95% 以上，实现了困有所帮、弱有所扶、老有所养。

定西市委、市政府制定了《关于打赢脱贫攻坚战三年行动的实施方案》等一系列文件，紧盯攻克深度贫困，精心组织"四季攻势"，大力实施"片区作战"，分区域、分层次、分阶段落实年度目标任务，有效集结各类资源资金精准投入，推动脱贫工作不断向前。2019 年，全市计划减贫 17.76 万人、贫困发生率下降到 2.36%；退出贫困村 648 个，贫困村退出比例累计达到 83.1%；安定区、陇西县、渭源县、临洮县、漳县 5 个县区实现脱贫摘帽，通渭县、岷县全面完成基础设施和"三保障"任务。

近年来，定西充分发挥自身优势和潜力，把马铃薯产业作为战略性主导产业，成为助力乡村振兴、推动群众增收的一项重要举措，其主要做法：一是坚持科学引领，抓好种薯产业发展的源头，建成马铃薯种质资源库。二是坚持基础设施建设，夯实种薯产业发展的基础。三是坚持种薯检测体系建设，严把质量关。四是坚持多措促营销，提升种薯供给能力。五是坚持机制创新，形成利益联结，形成企业、合作社与农户稳定的利益结合。六是坚持延伸产业链条，完善产业发展体系。2021 年，国家乡村振兴局所属的全国扶贫宣传教育中心聚焦巩固拓展脱贫攻坚成果同乡村振兴有效衔接工作，从全国记录、提炼、总结了 22 个典型案例，编写出《巩固拓展脱贫攻坚成果同乡村振兴有效衔接典型案例》，其中收录了甘肃省定西市渭源县《高原"小土豆"助力产业振兴》典型案例。

（二）酒泉

党的十八大以来，酒泉市认真落实党中央、国务院关于脱贫攻坚各项决策部署和省委、省政府安排，举全市之力打赢打好脱贫攻坚战。全市 37 个贫困村全部实现脱贫退出，2.05 万户 7.17 万名建档立卡贫困人口全部实现稳定脱贫，向党和人民交出了优异的答卷。

酒泉市脱贫攻坚的主战场在移民乡。20 世纪 80 年代以来，酒泉市安置"两西"计划移民、疏勒河项目移民和九甸峡库区移民共计 3.53 万户 15.75 万人，占全市农村人口的 25%。其中，瓜州县安置移民 8.2 万人，玉门市安置移民 3.6

万人，分别占两县市农村人口的 79.7% 和 38%。全市 37 个建档立卡贫困村全部集中在瓜州县、玉门市的 10 个移民乡，其中瓜州县 28 个、玉门市 9 个。经过全市各级持续合力攻坚，2019 年底，全市 2.05 万户 7.17 万名建档立卡贫困人口全部实现稳定脱贫，37 个贫困村全部脱贫退出，全市提前 1 年实现脱贫攻坚任务。

酒泉市把扶贫产业发展作为贫困群众增收致富的治本之策，紧紧围绕现代制种、设施蔬菜、特色林果、畜禽养殖等产业，认真落实"一村一策""一户一策"精准帮扶政策，因地制宜推进户均养羊 30 只、人均 2 亩高效田、户均 1 人搞劳务的"321"精准扶贫产业富民工程。

酒泉市全面保障市、县扶贫资金投入。2018 年至 2020 年，全市共落实各类扶贫资金 15.11 亿元，其中中央、省级财政专项 2.93 亿元，市级财政专项 1.45 亿元，县级财政配套 2.08 亿元，整合贫困县涉农资金 2.5 亿元，投放精准扶贫小额贴息贷款 6.15 亿元。集中实施了土地改造、渠系配套、农田林网、村组道路、住房改造、安全饮水、村级集体经济发展等一大批扶贫项目。改良盐碱地 6333.33 公顷，衬砌渠道 408 千米，种植农田防护林 486.67 公顷，新改建村组道路 775 千米，新建农村"两类学校"30 所，新改建乡村卫生院（室）29 所。全市建档立卡贫困家庭学生义务教育阶段零辍学目标全面实现，建档立卡贫困人口实现参保全覆盖、待遇全落实，贫困村幼儿园、学校、卫生室、文化中心实现全覆盖，有线电视、宽带网络、自来水实现"户户通"，"两不愁三保障"问题得到彻底解决，乡村环境、村容村貌显著提升。2021 年，共落实到位中央、省级财政衔接补助资金 40 835 万元，是历年来争取到位资金最多的一年。

实现脱贫攻坚目标任务以来，酒泉市把巩固拓展脱贫攻坚成果作为头等大事，把促进农民增收作为根本之举，把实施乡村建设行动作为重要抓手，充分发挥大场大户、农民专业合作社、龙头企业的示范带动作用，通过种苗补助、日光温室和蔬菜大棚搭建补助、种畜补助、圈舍补助等精准措施落实，形成了以肃州区高效蔬菜和现代制种、金塔县苁蓉及其深加工、敦煌市特色林果、瓜州县特色果蔬、玉门市枸杞蔬果、肃北县和阿克塞县绿色牛羊养殖加工为特色的产业发展格局。精准施策,一系列创新实践在酒泉各地蓬勃开展,汇聚起源源不断的致富前进力量。

(三)临夏

近年来,临夏市以甘肃省"5155"乡村建设示范行动为主抓手,以农村"五改"为重点,坚持点上和面上结合,户内和户外结合,基础和产业结合,建设和治理结合,扎实稳妥推进乡村建设,加速打造彰显魅力花都·公园城市的临夏美丽宜居新农村。

坚持面上推进。实施市委市政府主要领导亲自谋划、分管领导一线督进、行业部门齐抓共管、各镇全面实施的工作思路,统筹协调推进全市乡村建设的创建提升,市乡村振兴领导小组办公室先后研究制定了《临夏市农村"五改"工作方案》《临夏市乡村建设行动实施方案》,确保乡村建设质量过硬、特色鲜明。坚持点上发力。坚持"抓点示范、连点成线、以线扩面"原则,立足各镇村资源禀赋、文化底蕴、产业基础、区位条件,做到一村一特色,积极布局乡村旅游、特色民宿、田园综合体、"共享农庄"等业态,打造出了彩陶王坪、芍药江牌、花韵草滩、慈王农庄、魅力折桥、悠闲瓦窑等多个具有本地特色的乡村振兴示范节点。注重群众参与。充分尊重群众意愿,广泛听取群众在老旧房屋拆除、示范点建设和产业发展等各环节的意见建议,通过群众自筹,以工代赈等方式,引导群众积极参与并有效支持乡村建设,让广大群众成为合力共建美丽家园的建设主人和受益主体。

突出规划引领。统筹城镇和村庄规划建设,以省级乡村建设示范村为重点,坚持多规合一、逐村分析,围绕区域主导产业制定村庄建设总体规划,结合各村具体功能定位编制村庄建设规划,做到宜建则建、宜改则改、宜保则保,确保规划既符合自然特性,又具备现代生产生活的舒适与便利,促进实现面上和谐、沿线美丽、户内整洁。坚持面上和谐。坚持把乡村建设示范行动作为当前农村风貌改造的有力抓手,持续深入开展拆旧排危、美化亮化、环境整治工作,着力打造乡村风貌和谐、基础设施全、公共服务好、乡村治理优的乡村建设样板村。现今逐渐形成了以柍罕镇牡丹彩陶为主元素，折桥镇休闲康养为主元素，南龙镇田园风光为主元素、城郊镇娱乐游玩为主元素的一体化布局的乡村建设样板，真正让村庄各美其美，美美与共。坚持因户制宜。把提升农户生产生活条件摆在乡村建设的突出位置，围绕厨房改造、围墙改造、庭院改造、厕所改造、取暖改造等五大方面，结合户情实际，进行改造，全面改善农村人居环境，截至 2022 年 10 月完成改厨 1014 户、热管电灶改造 2297 户、改院 804 户、改墙 235 户、改厕 611 户。

配套完善基础设施。为进一步提高产业效能，柍罕镇紧紧依托牡丹文化产业园项目建设，改建路线长 6.5 千米的青寺村至江牌村、江牌村至拜家村沿线道路；不断提高农业发展保障能力，持续推进 533.33 公顷高标准农田，建成钢架大棚 10 508 座，并配套修建蓄水池、泵房、喷灌。持续改善人居环境。接续实施农村人居环境整治提升五年行动，统筹做好厕所革命、垃圾清运、生活污水处理等工作，探索建立了农村垃圾"户收集、镇清运、市处理"的长效管理模式，全市废旧农膜、养殖废弃物及秸秆资源化利用率分别达 86% 以上，新建改建农村户厕 1107 座。强化联农带农模式。坚持把乡村建设与产业发展相结合，聚焦发展动能，大力发展"高精尖"现代化农业，形成了花卉、西瓜、树莓、牛羊四大产业为主导，五小产业为补充的产业发展格局。本年度建成投产百益亿农国际鲜花港一期项目，达到满产状态的时候产量 6000 万支，亩产产值达到 60 万左右，直接带动就业 500 余人。折桥树莓基地通过"合作社＋农户＋企业"的模式运营，占地 66.67 公顷，吸引 236 户农户通过土地入股方式加入，每亩土地每年可稳定增收 1800 元，解决周边 300 多名农户就业。西瓜种植基地通过村级合作社将西瓜基地经营权以每亩每年 1800 元的标准承包给种植企业，项目区土地流转农户户均每年可稳定增收 1500 元（土地流转费用），村集体经济收入增长 150 元，村级合作社收入增加 150 元，同时为附近农户提供 500 余个就业岗位。佳源牧业有限公司吸纳 1600 多户已脱贫户入股产业，每户每年稳定分红 650 元，年实现销售收入近 6000 万元，带动周边群众 300 多人实现持续增收。

（四）庆阳

庆阳市 7 个县均属于六盘山集中连片特困地区，西峰区属于"插花型"贫困片区，是全省脱贫攻坚的主战场之一。其中，环县、镇原是全省深度贫困县，环县贫困发生率 39.28%，全省最高；镇原县贫困人口 17.23 万，规模居全省第三。

党的十八大以来，庆阳坚持把脱贫攻坚作为首要政治任务和第一民生工程，紧紧围绕"两不愁三保障"标准，紧扣"六个精准""五个一批"要求，全员参与，迎难而上，大力开展"绣花式"扶贫，8 个县（区）全部脱贫摘帽，570 个贫困村全部退出，14.99 万户 61.05 万贫困人口全部脱贫，贫困发生率由 2013 年建档立卡的 26.58% 降为零，脱贫攻坚取得全面胜利。

2017 年，西峰、正宁 2 县（区）脱贫摘帽；2019 年，合水、华池、宁县、庆城、环县 5 县脱贫摘帽。镇原县是全市最后一个脱贫县，2020 年，镇原县顺利脱贫摘帽，17.23 万人稳定脱贫，退出贫困村 120 个，贫困发生率下降至零。至此，庆阳市 8 县（区）全部脱贫摘帽，脱贫攻坚取得了决定性成就。

全市贫困人口人均可支配收入由 2013 年建档立卡初期的 2367 元提高到 2020 年的 8901 元，增长近 2.8 倍，年均增长 21%。贫困群众生产生活面貌发生巨大变化——贫困村通硬化路、通客车、通光纤宽带，贫困人口住房和饮水安全全覆盖，自来水入户率达到 76%，农户饮水安全普及率达到 100%；新建改造农电线路 1.59 万千米，治理供电瓶颈自然村 3756 个，9107 个自然村动力电实现了全覆盖；初步构建了较为完善的产业体系、生产体系和经营体系，引培各类农业企业 331 家，建办专业合作社 7825 个，培育家庭农场 540 个，带贫近 15 万户，分红 1.43 亿元，69.7% 的贫困群众依靠产业脱贫；全市义务教育阶段适龄人口无一人失学辍学，贫困学生"有学上""都上学""上好学"得到切实保障，义务教育巩固率由 2013 年的 84.5% 提高到 99.5%；所有贫困村建起了村卫生室，符合参保条件的贫困人口养老保险、基本医疗保险、大病保险和医疗救助实现全覆盖，最低生活保障应保尽保。

打赢脱贫攻坚战后，庆阳继续聚焦脱贫人口"两不愁三保障"薄弱环节，保持主要帮扶政策总体稳定，对识别的 6406 户 2.4 万边缘易致贫人口和脱贫不稳定人口实施分类帮扶，指导帮扶责任人完善落实"一户一策"帮扶计划，全力推进巩固拓展脱贫攻坚成果同乡村振兴有效衔接各项任务落实。

发展产业是实现脱贫的根本之策。庆阳按照"南牛北羊、塬果川菜、草畜平衡、农牧循环"的发展思路和"四区四带"总体布局，实施"一县一业""一县一品"品牌战略，培育形成了以中盛肉羊、圣农肉鸡、正大生猪、海升苹果、天欣堂中药材等为代表的现代农业产业集群。产业振兴助推农村贫困人口全部脱贫，庆阳完成了解决区域性整体贫困的历史性任务，同全国一道全面建成小康社会。

在庆阳，可以与"羊"媲美的当属"果"，庆阳引培苹果龙头企业 40 多家，"庆阳苹果"品牌价值已接近 20 亿元，苹果产业已成为当地从业人员最多、覆盖面最广、带动效益最好的产业。宁县立足资源优势，进行"一核三带一基地"的布局，成功创建国家现代农业产业园。

2018 年，庆阳"331+"产业扶贫模式荣列"改革开放 40 年地方改革创新 40 案例"，有效探索出了"四类分类法"——将贫困户划分为有劳力且有技术的贫困户、有剩余劳动力可输转的贫困户、有一定劳动力可打零工的贫困户、无劳力的贫困户四种类型，分类指导，有针对性地落实帮扶措施，确保贫困户稳定脱贫。

针对一、二类脱贫户，采取产业提升的方式，积极落实产业奖补、龙头企业带动等措施，使其种植养殖产业规模达到市县测算确定的产业脱贫标准。为巩固脱贫成果，对所有已脱贫村、脱贫户，严格落实"四个不摘"要求，保持现有帮扶政策、资金支持、帮扶力量总体稳定。

实施优势特色产业集群培育、一二三产融合发展、农业设施装备提升、新型职业农民培育等"十大行动"，全面推进巩固拓展脱贫攻坚成果同乡村振兴有效衔接。

2021 年以来，全市累计安排帮扶资金 6300.4 万元，落实针对性帮扶措施

5862 条，户均落实帮扶措施 3.5 条。其中，对 1984 户有劳力且有技术的监测对象，引导龙头企业加强产业带动，扶持其发展养殖、种植、加工等特色产业；对 1082 户有剩余劳动力且可输转的监测对象，加强就业技能培训服务，采取"点对点"输转，实现就业增收；对 1492 户有一定劳动力可打零工的监测对象，提供公益性岗位，全部纳入产业合作体系中，实现"产业增收＋就业增收"；对 1304 户无劳动力的监测对象，落实兜底政策，引导其入股合作社，实现综合保障，确保收入持续稳定。

2021 年，全市脱贫人口收入达到 10 417 元，较上年增长 19.7%。2022 年上半年，全市脱贫人口收入稳定增长，增长率在 10% 左右。

（五）张掖

2019 年以来，张掖市乡村振兴考核连续三年排名全省市州第一，2021 年被确定为全省乡村建设示范市，获评全省唯一的全国促进乡村振兴重点工作成效明显激励市。甘州区入选中国最美乡村百佳县；临泽县获评中国乡村振兴百佳示范县。

近年来，张掖市按照党中央、国务院决策部署和省委、省政府工作安排，聚焦产业兴旺、生态宜居、乡风文明、治理有效、生活富裕的目标，坚持"整体规划、系统设计、分步实施、彰显特色"原则，探索实行基础设施集中建设、农民群众集中安置、公共服务集中配置、特色产业集中布局"四集中"发展模式，积极创建乡村建设省级示范市、示范乡、示范村，着力促进农业全面升级、农村全面进步、农民全面发展，打造张掖版的乡村振兴"富春山居图"。

张掖始终从农村实际和农民需求出发，充分考虑农村差异性，不同类型的村庄采取不同的发展建设模式，推进村庄形态与自然环境融为一体、传统村落与现代文明相得益彰、生产生活生态协调发展，让乡村成为望得见山、看得见水、留得住乡愁的美丽宜居家园。统筹兼顾当前与中长期远景目标，推行省、市、县三级示范创建模式，在 2021 年确定 3 个省级示范镇、60 个省级示范村创建基础上，2022 年共确定省市县级示范镇 20 个、示范村 300 个，做到县有示范镇、镇有示范村、村有示范社，逐年有序梯级推进乡村建设示范行动。同时，将农民人均可支配收入低于 1 万元的 8 个行政村纳入县区级乡村建设示范村，确保低收入村同步启动实施，力争"十四五"末甘州、临泽、高台、肃南发展类村庄乡村建设全覆盖，民乐、山丹达 70% 以上。

张掖坚持先规划后建设，优化乡村生产生活生态空间布局，因地制宜规划定位乡村特色风貌，科学编制发展类村庄"多规合一"实用性村庄规划，在乡村建设和农村人居环境整治中合理植入特色鲜明、形式多样的"彩虹"元素，甘州、临泽、高台以江南水乡风格为主，山丹、民乐突出汉代、明清清雅风格，肃南彰显民族风情。开展"干部规划家乡行动"，组织动员公职人员为家乡规划编制出谋划策、共画蓝图。目前，全市 142 个村庄规划编制工作全面启动，3 个省级乡村建设示范镇所辖村和 60 个省级乡村建设示范村规划编制全部完成。

张掖紧盯乡村建设示范行动三大类 23 项创建指标，逐村评查、逐项评估，制定形成任务清单，明确创建工作重点任务和各项指标牵头单位，每月、每季度都有明确的进度时限要求，加强道路硬化、污水排放、垃圾处理、燃气、洗浴设施等基础设施建设，配套完善日间照料中心、村民服务中心、文体广场、快递物流网点等设施，统筹推进教育、医疗、社会保障等基本公共服务一体化发展。2021 年，完成示范村新改建道路 238 千米，架设路灯 5740 盏，铺设管网 161 千米，修建污水处理站 8 个，改厕 12 557 座，改炕 8000 余户，建设物流网点 45 个，引导农户建设室内洗浴间 12 609 个，新建公共浴室 46 个，修建公共卫生厕所 63 座，新改建乡村舞台 35 个，39 个示范村配备日间照料中心，乡村建设示范效应不断放大。

张掖系统深入研究国家和省上政策导向，加大向上汇报争取力度，探索建立"整合资金＋市县级配套＋金融支持＋社会帮扶＋群众自筹"的多元筹资机制，科学统筹使用衔接资金、涉农整合资金、地方政府债券、土地出让收益、东西部协作以及各类到县可统筹使用的行业资金，有效保障乡村示范建设资金需求。2021 年，市级财政预算安排乡村建设示范行动资金 3536 万元，县区政府、融资平台整合投入资金 33.3 亿元，撬动社会资金投入 36.7 亿元，群众自筹 19.8 亿元，全市累计投入各类资金达 89.9 亿元，有力推进了乡村建设示范行动。深化"三联四保"金融助推农村人居环境改善模式，全市累计新建改建农房 1.8 万户，市县政府整合配套各类资金 14.3 亿元，农户出资 7.7 亿元，获得银行贷款 18.2 亿元，保证群众都能建起房、建好房。2022 年，已整合到位资金 18.8 亿元，重点探索推广集成化、模块化、装配式高效节能建设模式，计划带动改造农村老旧房 1.4 万户以上，配套补齐基础设施短板弱项。

（六）陇南

近年来，陇南立足资源禀赋和发展基础，全面贯彻新发展理念，紧盯巩固拓展脱贫攻坚成果、全面推进乡村振兴，着力推动"三个转化"，统筹推动生态宜居、产业兴旺、文旅康养均衡发展，全市综合实力、基础设施、城乡面貌、生态环境、人民生活等实现历史性跨越，走出了一条生态助推乡村振兴的绿色高质量发展之路。

1. 把山多地碎的劣势转化为山青地绿的生态振兴优势

陇南市紧紧围绕建设"美丽陇南"目标定位，走绿色生态崛起之路，厚植绿色发展基础，筑牢长江上游重要水源涵养区和生态安全屏障，着力把劣势转化为乡村生态振兴的优势，取得明显成效，被列为甘肃省"两山"理论实践创新基地。

一是注重保护绿色生态。厚植未来发展基础，把"三线一单"（生态保护红线、环境质量底线、资源利用上线、生态环境准入清单）作为绿色高质量发展的硬约束，大规模开展国土绿化行动。全面推行河湖长制和林长制，形成以国家公园为主体、自然保护区为基础、各类自然公园为补充的自然保护地体系。坚决打好污染防治攻坚战，构建生态环境保护"1+10"组织体系。目前，全市森林覆盖率达 42.78%，高于全国 19.74 个百分点，是西北地区森林覆盖率最高的区域之一。

二是注重提升绿色品质。着力打造山水园林城市，深入开展城市品质提升行动，实施城市生态修复工程，建成白龙江廊桥、锦鲤桥、城南古渡花海湿地公园，实施北峪河文化景观长廊、滨江公园、滨江步道、湿地公园等提升改造工程，城区公园绿地面积达到 1569 公顷，建成国家湿地公园 2 个，全力构建多层次绿色化城市空间结构，打造"人在景中、景在城中、城在绿中"的绿色宜居城市。推行城市生活垃圾分类，推进快递包装绿色转型，加强塑料污染全链条防治，引导群众逐步养成绿色低碳生活习惯。

三是注重构建绿色发展机制。推进生态文明体制机制，坚持"谁保护、谁受益""谁受益、谁付费"的原则，建立绿色考核评价体系，加大生态文明建设考核权重，实行环境准入制度，制定企业负面清单，强化日常监管，发展绿色金融，建立生态保护成效与资金分配挂钩的激励约束机制，鼓励引导社会资本进入生态环保领域。充分发挥政府检查监督职能，积极构建生态环境损害赔偿机制，决不以牺牲环境为代价去换取一时的经济增长，让绿色发展理念融入日常生活，引导全社会参与爱绿、护绿活动，构建人人守卫绿色的坚实屏障。

2. 把乡村靓丽的颜值转化为乡村产业振兴的产值

陇南市通过将生态优势转化为产业优势、经济优势，构建生态经济产业体系，打通"两山"转化通道，实现"绿水青山"和"金山银山"有机统一。2021 年，全市完成生态产业增加值 141.4 亿元，占全市地区生产总值的 28.1%。

一是特色山地农业提质增效。依托生态资源禀赋，选择与生态保护紧密结合、市场相对稳定的特色产业，大力发展花椒、核桃、油橄榄等特色主导产业，积极培育发展苹果、茶叶、苗木等区域优势产业；积极推广现代农业发展模式，建设一批绿色标准化种养基地和示范点，推动传统农业向现代农业转型；实施补链延链强链行动，扩大无公害、绿色、有机食品基地规模，壮大现代农业示范园区，发展观光农业、休闲体验农业、康养度假产业，初步形成"一乡一品、一县一业、一县一园、连乡成片、跨县成带、集群成链"的现代农业发展新格局，让农村更美丽、农业更兴旺、农民更富庶。

二是传统优势工业提级转型。立足生态资源禀赋，重点做好"山、水"文章，大力培育白酒酿造、农特产品加工、现代制药等优势产业，形成了一批绿色、有机、无污染的农产品品牌。强力推进传统工业绿色化改造，引导扶持企业建设绿色工厂、推行绿色生产、开发绿色产品、推广应用清洁生产工艺。扎实推进工业企业节能减排、绿色循环低碳发展，提高资源利用率，开展水泥、有色金属冶炼等大气污染防治重点行业清洁生产审核，提高工业企业能源资源回用率。发展节能环保产业，加快淘汰落后和过剩产能。加强重点工业行业污染减排，主要污染物排放总量持续减少。加强矿业领域生态文明建设、加快矿业转型与绿色发展。

三是文旅康养产业提档升级。着力保护陇南原生态的美丽"画卷"，在旅游开发时尽量保持原貌、体现特色，最大限度减少对自然生态的扰动。促进保护与发展良性循环，打好生态牌、文化牌、康养牌，培育文旅康养产业集群，推动文旅康养产业融合蝶变、集群发展，构建全域旅游布局，培育生态旅游新业态，打造了一批集生态效益、经济效益、景观功能于一体的旅游项目，发展观光农业、休闲体验农业、康养度假产业。2021年，实现旅游综合收入83.7亿元；2022年1—6月，实现旅游综合收入31.29亿元。

3. 把厚重的历史文脉转化为文化振兴的人脉

近年来，陇南把文化振兴作为转方式调结构的重要着力点，将文化资源与旅游发展有效融合，促进乡村文化全面振兴。

一是保护文化之根。重点在打牢基础、深挖内涵、彰显特色上下功夫，突出保护以先秦遗址、古宕昌国遗址、仇池古国遗址和礼县祁山武侯祠为代表的历史资源，乞巧节、白马人等为代表的民俗资源，两当兵变、红军长征哈达铺等为代表的红色资源，通过新媒体手段支撑的传播方式，让文物"活"起来，让传统文化"亮"起来，进一步提升传统文化、革命文化、民俗文化新魅力。

二是赓续文化之脉。推进文化旅游深度融合，做足先秦文化、三国文化、仇池文化、陇蜀古道历史文化大文章，发扬红色传统，传承哈达铺红军长征、两当革命星火燎原的红色基因，让生动丰富的历史文化散发时代光辉，实现文化产业发展和繁荣历史文化的新结合。武都高山戏、文县白马池哥昼、花灯戏、西和乞巧民俗文化、西和麻纸制作技艺、"白马藏歌""河池小曲""仇池山歌""嘉陵号子""歌唱红军"等吸引了八方游客。

三是建设文化乡村。注重古村落保护，不搞大拆大建，不砍树、不埋泉、不毁草、不挪石，精心编制"多规合一"村庄规划，合理布局生产、生活、生态空间，因村施策，精心打造小节点、小景观，既节约了成本、又增添了新韵，既留住了乡愁、又展现了特色，做到"一村一特色、千村千面貌"，构建"点上结果、面上开花，带上成景、全面铺开"的美丽乡村蓝图，引领乡村现代气息与历史脉络完美融合、自然生态与建筑风貌相得益彰。

第二章 "碳达峰与碳中和"解读

第一节 关于"碳达峰与碳中和"

一、"双碳"战略提出的背景

能源是人类社会赖以存在的基础,在人类社会的发展中具有不可或缺的地位。随着人类生产力的飞速发展,进入到工业革命,短短的 200 多年里,人类社会在越来越高效的能源和快速发展的科技推动下加速进步,然而呈几何级数增长的化石能源使用也深刻影响着人类赖以生存的环境,造成了气候、土地利用、水系统、生物多样性等不同领域的巨大变化,引发了包括温室气体排放、温室效应增强、全球气候变暖等环境污染问题,暴露出严重依赖 20 世纪能源体系所导致的弱点及漏洞,日常生产生活等诸多领域都因为同化石燃料的密切相关而受到不同程度的影响,成为了人类可持续发展的严重威胁。历史一次又一次让我们看到,不可靠的能源体系与不合理的能源利用会导致发展的不确定性。糟糕的能源选择意味着经济增长的放缓,并对人类赖以生存的生态系统造成无法弥补的损伤。

在全球气候变化的大背景下,迄今已有 27 年历史的联合国气候变化大会,已经经历了《联合国气候变化框架公约》《京都议定书》"巴厘路线图""德班平台"《巴黎协定》等几个重要阶段。在 2015 年《联合国气候变化框架公约》第 21 次缔约方大会暨《京都议定书》第 11 次缔约方大会上,全球 196 个缔约方(195 个国家 + 欧盟)同意"把全球平均气温较工业化前水平升高控制在 2 摄氏度之内，并为把升温控制在 1.5 摄氏度之内而努力"。其中 184 个国家提交了"国家自主贡献减排方案（INDC）"文件，涵盖全球碳排放量的 97.9%。全球实质性进入了低碳发展阶段。

我们今天面对的气候问题正日益严峻，它不仅仅是单纯的环境问题，还涉及到了政治、经济、外交、国家安全等不同领域，成为了大国博弈的重要平台，而未来，它还将成为影响国际政治格局、经济格局的决定性因素之一。毫无疑问，应对全球气候变化是摆在人类社会面前一项艰巨的挑战，也是当今全球治理议程上权重最大的议题。在利益深度捆绑又高度多元分化的全球化时代，整个人类的命运前所未有地联系在一起，问题不再是某一个单一国度的，而是所有国家所要面临承担的共同挑战。

中国的人口基数大并且一次能源消费以煤炭为主，因此据 BP 世界能源统计年鉴，中国大陆 2018 年的二氧化碳排放总量占世界排放总量的 27.9%（BP，2019）。高速发展进程必将面对更沉重的国际减排压力，自身也高度重视应对气候变化工作，未雨绸缪地调动资金用于气候变化的减缓工作。党的十八大以来，党中央、国务院一直将应对气候变化作为工作的重点内容。习近平总书记多次就应对气候变化工作作出重要指示，强调应对气候变化不是别人要我们做，而是我们自己要做。2020 年 9 月 22 日，习近平在第七十五届联合国大会一般性辩论上，首次向全世界庄重发言，中国将提高国家自主贡献力度，采取更加有力的政策和措施，二氧化碳排放力争于 2030 年前达到峰值，努力争取 2060 年前实现碳中和。描绘了未来实现绿色低碳高质量发展的蓝图，吹响全国碳达峰、碳中和行动号角。"碳达峰、碳减排"既是习近平生态文明思想在国际维度的重要体现，也是习近平总书记提出的构建人类命运共同体倡议的关键纽带。此后，在 2021 年 3 月 15 日，习近平总书记在中央财经委员会第九次会议上强调实现碳达峰、碳中和是一场广泛而深刻的经济社会系统性变革，要把碳达峰、碳中和纳入生态文明建设整体布局，拿出抓铁有痕的劲头，如期实现 2030 年前碳达峰、2060 年前碳中和的目标。同年 9 月 22 日，中共中央、国务院发布《关于完整准确全面贯彻新发展理念做好碳达峰碳中和工作的意见》，对努力推动实现碳达峰、碳中和目标进行全面部署。"碳达峰目标和碳中和愿景"成为我国"十四五"发展时期乃至贯穿今后的以实现低碳转型为目标的战略方向。"双碳"目标的提出为中国经济社会带来一次产业结构的重大调整，一次技术创新和投资的重大机遇，一场配套的制度变革和创新，一次发展理念与方式的系统性改革，是着力解决资源环境约束突出问题和实现经济社会发展全面绿色转型的关键。

1. 全球气候变化及造成的影响

气候是指一个地区在某时段内所经历的天气，是一段时间内的天气的平均或统计状况，反映了一个地区的冷、暖、干、湿等基本特征。它是大气圈、水圈、岩石圈、生物圈等圈层相互作用的结果，是由大气环流、维度、海拔高度、地表形态综合作用形成的。

政府间气候变化专门委员会将气候变化定义为："气候状态随时间发生的任何变化，无论是自然变率，还是人类活动引起的变化，而这种变化可以通过其特征的平均值和/或变率的变化予以判别（如利用统计检验），气候变化具有一段延伸期，通常为几十年或更长时间。"平均值的升降，表明气候平均状态的变化；气候极端值增加，表明气候状态不稳定性增加，气候异常愈加明显。《联合国气候变化框架公约》将气候变化定义为："除在类似时期内所观测的气候的自然变异之外，由于直接或间接的人类活动改变了地球大气的组成而造成的气候变化。"

气候变化是一个与时间尺度密切相关的概念，在不同的时间长度下，气候变化的内容、表现形式和主要驱动因子均不同。根据气候变化的时间尺度和影响因子不同，气候变化问题通常分为3类：地质时期的气候变化、历史时期的气候变化和现代气候变化。万年以上尺度的气候变化为地质时期的气候变化，如冰期和间冰期循环；人类文明产生以来（一万年以内）的气候变化可纳入历史时期气候变化的范畴；1850年有全球监测气候变化记录以来的气候变化一般被定义为现代气候变化。

气候变化的原因可能是自然的内部进程，或是外部强迫，人为地持续对大气组成成分和土地利用的改变。在地质历史上，地球的气候曾发生过显著的变化。

一万年前，当最后一次冰河期结束，地球的气候相对稳定在当前人类习以为常的状态。地球的温度是由太阳辐射照到地球表面的速率和吸热后的地球将红外辐射线散发到空间的速率决定的。从长期来看，地球从太阳吸收的能量必须同地球及大气层向外散发的辐射能相平衡。大气中的水蒸气、二氧化碳和其他微量气体，如甲烷、臭氧、氟利昂等，可以使太阳的短波辐射几乎无衰减地通过，但却可以吸收地球的长波辐射。因此，这类气体有类似温室的效应，被称为"温室气体"。温室气体吸收长波辐射并再反射回地球，从而减少向外层空间的能量净排放，大气层和地球表面将变得热起来，这就是"温室效应"。

大气中能产生温室效应的气体已经发现近30种，基本可以分为两大类：一类是地球大气中所固有的、但是工业化（约1750年）以来由于人类活动排放而明显增多的温室气体，包括二氧化碳、甲烷、氧化亚氮、臭氧等；另一类是完全由人类生产活动产生的，即人造温室气体，如氯氟烃、氟化物、溴化物、氯化物等。其中，氯氟烃（如CFC-11和CFC-12）曾被广泛用于制冷机和其他的工业生产中，人类活动排放的氯氟烃导致了地球平流层臭氧的破坏。20世纪80年代以来，由于制定了保护臭氧层的国际公约，氯氟烃等人造温室气体的排放量才得以逐步减少。

1979年，第一次全球气候变化大会在日内瓦召开，会上科学家们提出了"大气CO_2浓度增加将导致地球升温"的警告，气候变化在人类历史上首次被提上议程，认识到人类活动对气候变化的影响及产生的危害。随后，世界气象组织（MWO）和联合国环境署（UNEP）于1988年成立了联合国政府间气候变化专门委员会（IPCC），旨在为决策者定期提供关于气候变化的科学基础、影响和风险评估以及适应和减缓气候变化的可选方案。IPCC自成立至今，已完成6轮全面深度的气候变化评估，向国际社会提供了全球气候变化的信息，为人类应对气候变化的方案制定、措施安排等奠定了理论基础。

IPCC的第一次评估报告（FAR）出版于1990年，报告指出了人类活动是导致大气温室气体增加的主要原因，并由此引发了全球气候变暖，确认了与气候变化相关的科学基础，并为联合国气候变化框架公约（UNFCCC）谈判奠定了基础。次年，IPCC 再次发布 FAR 补充报告，提示如果不减少温室气体的排放，全球平均温度在 2025 年时将会比 1990 年升高 1℃左右，而这个数据在 21 世纪末期将达到 3℃。FAR 报告的发布，使人类对于气候变化的认知，从粗浅的大气圈变化提升到了人类活动的影响。

1995 年，IPCC 发布第二次评估报告（SAR），报告指出人类活动对全球气候变化造成了可识别的影响，从而导致很多不可逆的后果，制定气候变化政策及实现可持续性发展必须要兼顾公平原则。SAR 首次引入了气候系统的概念，综合评估了气候系统各圈层的变化情况，明确了自 19 世纪末以来，全球平均地表温度上升 0.3~0.9℃，数据的上升不仅是自然因素导致的，更多的还有人类行动的干预。这次报告的发布，体现了人类对于气候的认知从经典气候学向全球气候系统概念的转变，为《京都议定书》的签署奠定了科学基础。

IPCC 第三次评估报告（TAR）于 2021 年发布，该报告聚焦全球气候变化的影响与适应，指出基于近 50 年观测到的大部分变暖很可能（60%）是由温室气体浓度增加所造成的。人类活动造成的温室气体和气溶胶排放改变了大气成分，影响全球气候。随着气候变化进一步加剧，人类收到气候变化的不利影响也会日趋显著。TAR 增加了碳循环和大气化学相关内容的评估，明确了全球气候系统五大圈层之间的相互作用，推动了《京都议定书》的生效和执行，使人类对于气候变化的认知向复杂多元化区域延伸。

6 年后，IPCC 发布第四次评估报告（AR4），报告肯定了气候系统增温的确定性，并指出 20 世纪中叶以来大部分全球平均温度的升高极大可能（90%）是人为温室气体浓度增加导致的，预计到 21 世纪中叶，气候影响范围将进一步扩大，同时各种极端天气出现的风险升高，极地冰川和雪盖因为消融而面积减少。AR4 对全球气候系统各圈层的认识进一步深化，并将复杂的生物地球化学纳入体系，重点关注了温升控制在 2℃的科学问题。

2013 年，IPCC 发布第五次评估报告（AR5），报告指出人类对气候系统的影响是明确的，可能性极高的（95%），观测到 1951—2010 年全球平均地表温度的升高有一半以上是由温室气体浓度的增加和其他影响因素协同作用而导致的。首次提出了全球碳排放预算的概念，为 2℃温控目标的实现，全球仅剩不足 50% 的碳预算，与 2010 年相比，全球温室气体排放水平在 2050 年应减少 40%~70%，并在 2100 年前达到净零排放。AR5 以多学科的角度，针对极端事件可能引发的各种灾害编写了特别报告，强调了适应和灾害风险管理，为《巴黎协定》的签署奠定了基础。

IPCC 的最新一次报告发布于 2021 年。报告明确了人类活动已经影响到大气、海洋和陆地的变暖，大气圈、冰冻圈、生物圈都发生了一系列广泛而迅速的反应，而气候系统的一些变化是不可逆的，这些变化与全球变暖紧密相关，给不同区域带来了不同的复杂的变化。与此前的评估报告相比，AR6 中增加了与区域气候变化风险评估有关的内容，使 IPCC 不同工作组的研究成果更加协同一致。

据 IPCC AR6 气候变化报告显示，2019 年全球大气中 CO_2、CH_4 和 N_2O 的平均浓度分别为 410.5 ± 0.2ppm、1877 ± 2ppb 和 332.0 ± 0.1ppb，较工业化前时代（1750 年）水平分布增加了 48%、160% 和 23%，达到了过去 80 万年来的最高水平，由此引发了对全球温度及降雨的显著影响，而气溶胶冷却在一定程度上也掩盖了温室气体导致气候变暖的真相。

化石燃料使用以及水泥行业总共排放了 3650 亿吨碳，同时森林减少以及其他土地用途改变导致了 1800 亿吨碳的排放。仅 2011 年，化石燃料燃烧就排放了 95 亿吨碳。除了存留在大气中的 2400 亿吨碳外，陆地生态系统吸收了 1500 亿吨碳，海洋吸收了 1550 亿吨碳。工业化时代以来，海水的 pH 已经下降了 0.1，即海水中氢离子浓度升高了 26%（注：1 吨碳折合 3.67 吨 CO_2）。

从长期气候数据比较来看，在气温和二氧化碳之间存在显著的相关关系。全球气候变暖的趋势是非常明确的，根据世界气象组织统计分析，自 1850 年工业化以来，全球气候变暖经历了三个阶段。第一阶段为 1950—1980 年，全球平均地表温度呈波动上升趋势，平均气温的距平变化基本处于 0.1~0.5；第二阶段为

1980—2011 年，平均气温的距平变化增幅较大，而且越往后的年份，其增长速率就越快；第三阶段为 2011—2020 年，是 1850 年以来最暖的十年。2019 年全球大气中的 CO_2、CH_4、N_2O 的平均浓度分别为 410.5±0.2ppm，1877±2ppm，332.0±0.1ppm，较工业化前时代（以 1850—1900 年平均值代替 1750 年）水平分别增加 48%、160% 和 23%。2020 年是有气象记录以来最热的三个年份之一，全球平均温度较工业化前时代（1750 年）高出 1.2℃。从 1983 到 2020 年可能是北半球自 1400 年以来最热的四十年。1880 年以来，全球海陆表面平均温度呈线性上升趋势，升高了约 0.89℃。过去 40 年中的每一年都比之前任何一个十年暖和。

在全球气候变暖的背景下，近百年来中国地表气温呈显著上升趋势，上升速率达 1.56±0.20℃/100 年，显著高于全球陆地平均升温水平（1.0℃/100 年）。1951—2019 年，我国区域平均气温上升率约为 0.24℃/10 年，北方增温率明显大于南方，冬、春季增暖趋势大于夏、秋季。1961—2019 年中国平均年降水量存在较大的年际波动，东北、西北大部和东南部降水量呈现明显的增多趋势，自东北地区南部和华北部分地区至西南地区大部年降水量呈现减少趋势。

除了自然环境，气候变化带来的影响已经渗透到了人类生活的方方面面。在大多数陆地区域，包括热浪在内的极端高温出现得更加频繁与强烈，而极端低温（包括寒潮）则有所减轻。自 20 世纪 80 年代以来，海洋热浪的频率增加了约一倍，强降水事件的频率和强度都相应增大，增温引发了土地蒸散量的增加，从而使一些地区农业和生态干旱事件频发。

为了预测气候同更大范围的温室气体、土地、海洋和空气污染物等方面的联动情景，AR6 以 1850—1900 年为对照，分析了 5 种共享型社会经济路径（SSPs）场景（表 2-1），结果显示，到 2050 年，所有情景都可能使地球温升达到 1.5℃。如果温室气体的排放情况得不到显著控制，那么与对照组相比，到 2100 年全球地表温度预计将至少升高 2.1℃。相比较，在最低排放量情景（SSP1-1.9）中，2055 年将实现负碳排放，并在 21 世纪末期气温开始下降。

表 2-1　五种共享型社会经济途径的主要特征

需要缓解的社会经济挑战	适应的社会经济挑战		
	低　度	中　度	高　度
高　度	SSP5：化石燃料开发 ·较少的人口 ·人均经济增长极高 ·人类得到高度发展 ·技术飞速进步 ·丰富的化石燃料资源 ·资源密集型生活方式 ·人均能源和粮食需求高 ·经济融合和全球合作		SSP3：区域竞争 ·人口众多 ·人均经济增长率低 ·人类发展低下 ·技术进步缓慢 ·资源密集型生活方式 ·资源受限的人均能源和粮食需求 ·关注区域粮食和能源安全 ·缺乏全球合作，区域化
中　度		SSP2：居中型发展 ·中等人口 ·中等经济增长且发展不平衡 ·中等和不均衡的人类发展 ·中等和不均衡的技术进步 ·资源密集型生活方式 ·人均能源和粮食需求中等且不均衡 ·有限的全球合作和经济融合	
低　度	SSP1：可持续发展 ·较少的人口 ·人均经济增长率高 ·人类高度发展 ·技术高度进步 ·以环境为导向的技术和行为 ·资源节约型生活方式 ·人均能源和粮食需求低 ·全球化合作，经济融合		SSP4：不平等发展 ·中高人口 ·人均经济增长中低水平且不均衡 ·人类发展程度低且不均衡 ·不平等的技术进步：全球化高科技行业技术发展程度高，国内行业发展迟缓 ·不均衡的生活方式和能源/食品消费：收入决定资源获取强度 ·全球联动的精英，以及脱节的国内劳动力

AR6 基于不同变暖情况进行了不同场景的分析，进而对全球变暖对环境造成的影响开展评估。所有情景均表明，陆地表面温度上升的幅度将超过海洋表面温度。据预测，北极地区的气温上升速度将是全球变暖速度的 2 倍多，到 2050 年，

所有模拟结果显示，全球气候变暖将导致至少一次海冰完全消融的情况。全球气温每增加1℃，极端高温、干旱、强对流天气等的发生频率都会增加。与此同时，地球将变得更加湿润。以1994—2010年为参照，2100年前全球降水量将达到13的增幅，这种影响在不同的区域表现也是不同的，有些区域降水量反而会较少，如部分亚热带地区。气候变暖还将导致更加强烈与频繁的干湿天气事件，例如干旱地区由于土壤水分蒸发量增加，使得干旱变得越发普遍，从而导致更严重的旱灾与洪涝灾害。

山地、极地冰川以及冻土的消融可能会因为气候变暖而日渐加剧，格陵兰冰盖在21世纪持续融化，加上海洋特别是深海变暖，海平面上升不可避免。同1995—2014年相比，即使在排放量最低的SSP1情景下，预计到2100年全球平均海平面将上升0.28~0.55米，而最高排放量SSP5情景下，海平面预计上升0.63~1.01米。这些预测发生的可能性非常大，气候变暖所带来的影响将持续数百年甚至数千年，而同一时间尺度上，海洋的变化远不止于此，还将经历酸化、脱氧等一系列的改变，这可能会对海洋生态系统产生毁灭性破坏。

在气候持续变暖的影响下，陆地和海洋平衡变暖效应的能力将逐渐削弱，碳汇有效性将变差，而气候变化和碳循环之间的反馈机制在高排放情景下将更具影响力，如永久冻土的融化释放出甲烷，从而使变暖效应加剧，进而导致永久冻土的进一步流失。

全球变暖将给地球和人类带来复杂的潜在的影响，既有正面的，也有负面的。例如随着温度的升高，副极地地区也许将更适合人类居住；在适当的条件下，较高的二氧化碳浓度能够促进光合作用，从而使植物具有更高的固碳速率，导致植物生长的增加，即二氧化碳的增产效应，这是对全球变暖的正面影响。但是与正面影响相比，人类活动导致的全球变暖负面影响将更为深远和巨大。

①海平面上升的影响

全球升温会对冰冻圈影响显著，引起了地球南北两极的冰雪融化，这是造成海平面上升的主要原因之一。研究表明，全球陆地冰川和格林兰、南极冰盖都因为气候变暖而加速消融，北冰洋海冰和北半球春季积雪正在减少，同时还发现北半球冻土温度上升和冻土层厚度减小。过去的百年里，海平面上升了14.4厘米，我国上升了11.5厘米。

另一个导致海平面升高的原因，主要是海水热膨胀。由于地球表面大部分被海水覆盖且海水比热容更大，所以当地表平均气温升高，就导致了海洋吸收的热量也逐步增加。当海洋变暖时，海平面升高。从1971年到2010年，地球积累的热量有90%被海水吸收，其中700米深度以内的上层海水吸收了60%，75米深度以内的浅层海水平均温度在1971到2010年间以每十年0.11℃的速率上升。

②对动植物的影响

气候是决定生物群落分布的主要因素，气候变化能改变一个地区不同物种的适应性并能改变生态系统内部不同种群的竞争力。自然界的动植物，尤其是植物群落，可能因无法适应全球变暖的速度而做适应性转移，从而惨遭厄运。以往的气候变化（如冰期）曾使许多物种消失，未来的气候将使一些地区的某些物种消失，而另外一些物种则从气候变暖中得到益处，它们的栖息地可能增加，竞争对手和天敌也可能减少。以中国为例，我国把冬季1月0℃等温线作为副热带北界，目前这一界线处于我国秦岭—淮河一带。研究发现，气温升高会使这一界线北移至黄河以北，徐州、郑州一带冬季气温将与现在的杭州、武汉相似。

③对农业的影响

一年中温度和降水的分布是决定种植何种作物的主要因素，温度及由温度引起降水的变化将影响到粮食作物的产量和作物的分布类型。气候的变化曾经导致生物带和生物群落空间（纬度）分布的重大变化。如公元800—1200年北大西洋地区的平均温度比现在高1℃，使玉米在挪威种植成为可能，但到了公元1500—1800年，西欧出现小冰川期，平均气温也只比现在低1~2℃，就造成了挪威一半农场弃耕，冰岛的农业耕种活动则几乎全部停止。除此之外，全球变暖还会使高温、热浪、热带风暴、龙卷风等自然灾害加重。因此，全球气温升高后，世界粮食生产的稳定性和分布状况将会有很大变化。

④对人类健康的影响

人类健康取决于良好的生态环境，全球变暖将成为影响下个世纪人类健康的一个主要因素。极端高温成为下世纪人类健康的困扰将变得更加频繁、更加普遍。主要体现为发病率和死亡率增加，尤其是疟疾、淋巴腺丝虫病、血吸虫病、钩虫病、脑膜炎、登革热等传染病将危及热带地区和国家。某些目前主要发生在热带地区的疾病可能随着气候变暖向中纬度地区传播。

根据 IPCC 构建的模型预测，21 世纪全球平均气温增幅可能超过 1.5℃乃至 2℃（相比于 1850—1900 年），并且升温过程不会在 2100 年终止，只有实现减排力度最大的代表浓度路径 RCP2.0（Representative Concentration Pathway，代表浓度路径）情况才有较大可能抑制全球变暖的趋势并把升温控制在 2℃以内。在 RCP2.6 中，未来人类将采取大力减排措施，使得辐射强迫在 21 世纪达到顶峰并下降；而在完全不采取减排措施的 RCP8.5 情况下，21 世纪辐射强迫将持续上升，到 2100 年 CO_2 浓度将达 936ppm；RCP4.5 和 RCP6.0 介于上述两者之间。

全球升温 1.5℃将对生态系统、人类健康、食品和水安全、经济社会发展等造成诸多风险和影响，但与全球升温 2℃相比，1.5℃的幅度对自然和人类系统的负面影响相对较小。相比 2℃，1.5℃温升时北极出现夏季无海冰状况的概率将由十年一遇降低为百年一遇；21 世纪末全球海平面上升幅度将降低 0.1 米，近 1000 万人口免受海平面上升的威胁；海洋酸化和珊瑚礁受威胁的程度也小于 2℃温升的后果。对健康、生计、粮食安全、水供应和经济增长的气候相关风险预估会随着全球升温 1.5℃而加剧，升温 2℃后此类风险会进一步加大，见表 2-2。

表 2-2　温升 1.5℃或 2℃可能造成的风险

领域	温升 1.5℃的风险	温升 2℃的风险
高温热浪（全球人口中至少 5 年一遇的比例）	14%	37%
无冰的北极（夏季海上无冰频率）	每百年至少 1 次	每十年至少 1 次
海平面上升（2100 年海平面上升）	0.40 米	0.46 米

续表:

领域	温升 1.5℃的风险	温升 2℃的风险
脊椎动物消亡（至少失去一半物种的比例）	8%	16%
昆虫消亡（至少失去一半物种的比例）	6%	18%
生态系统（生物群落发生转变对应的陆地面积）	7%	13%
多年冻土（北极多年冻土融化面积）	480 万平方千米	660 万平方千米
粮食产量（热带地区玉米产量减少）	3%	7%
珊瑚礁（减少比例）	70%~90%	99%
渔业（海洋渔业产量损失）	150 万吨	300 万吨

注：数据来源于 IPCC 发布的《全球 1.5℃增暖特别报告》。

没有人知道气候变化的影响在多大程度上才能算是"安全"。但我们却清楚知道全球气候变化为人类及生态系统带来了各种灾难：极端天气、冰川消融、永久冻土层融化、珊瑚礁死亡、海平面上升、生态系统改变、旱涝灾害增加、致命热浪等等。这些不再是科学家毫无根据的预言，相反，从北极到赤道，人类已切实感受到了全球气候变化所带来的影响，而这一切只不过是气候变化一系列影响的序幕，升温的车轮越转越快。要阻止这场灾难，我们必须马上行动。

2.人类应对气候变化之路

自 20 世纪 80 年代以来，在联合国框架下，全球应对气候变化已走过 40 余年。在不同场景下气候谈判的推动下，使气候变化由一个科学与环境问题，逐步转化成了一个兼容不同领域的多元化问题。这个问题关乎的各方利益涉及到政治、经济、社会、环境、生态等多方面。根据应对气候变化所呈现的阶段性特征，其进程可大致分为以下六个阶段：

1979 年之前：认知阶段。从 20 世纪 50 年代以来，地球物理观测技术的进步、数字计算机的发明等促使气象学由一门描述性学科转向物理学科，进而为科学评估和预测全球气候系统找到了新方向。1979 年 11 月，第一届世界气候大会的召开，将气候变化作为一个收到全球瞩目的问题提上议程，至此，气候变化问题由单纯的科学问题转变成了全球关注的社会环境问题。全人类对全球气候变化问题的认知日渐深入，为今后的应对措施奠定了基础。

1980—1990 年：共识阶段。这一阶段中召开了一系列关于气候变化的政府间会议，其中包括 1982 年的菲拉赫会议、1988 年多伦多会议和 1989 年渥太华会议。上述会议不仅讨论了相关科学及政策问题，也呼吁开展全球性的应对气候变化行动。此外，IPCC 在 1989 年建立并于 1990 年发布了其第一次科学评估报告，都对《联合国气候变化框架公约》（以下简称《公约》）谈判的启动起到了推动的作用。1990 年底，政府间组织气候变化框架公约谈判委员会（INC/FCCC）成立，至此，《公约》谈判进程正式启动，国际社会就全球应对气候变化达成了基本共识。

1991—1996 年：基本框架确立阶段。1992 年 6 月的联合国环境与发展大会上，154 个国家正式签署《公约》。这是世界上第一个全球性的应对气候变化国际公约，它的签署，代表着气候变化问题不仅是一个环境问题，更是一个包容政治、经济、科学的复合问题，这在人类进程中具有里程碑的意义。

1997—2007 年：框架完善阶段。1997 年 12 月，在《公约》第三次缔约方大会（COP3）上，通过了《京都议定书》。为促进《京都议定书》能够早日生效，各利益集团求同存异做出让步，使该协议最终于 2005 年 2 月 16 日生效。《京都议定书》首次对包括发达国家及经济转型国家规定了具有法律约束力的减排目标及明确的执行时间表（第一承诺期为 2008—2012 年），成为了人类历史上第一个单方面规定减排义务的法律文件，即《公约》的重要补充。

2008—2014 年：格局变革初始阶段。2009 年的哥本哈根大会（COP15）无果而终，这预示着应对气候变化进入到了一个新的阶段。2010 年坎昆会议（COP16）通过了《坎昆协议》，该协议涉及到了全球气候变化温升目标、减缓、适应及资金等具体细节，但《京都议定书》第二承诺期的碳排放峰值时间框架等重要议题仍未敲定。随后，2011 年德班会议（COP17）通过建立德班平台，启动了 2020 年后气候行动的谈判进程，使未来气候谈判情景更加明朗。

2015 年至今：应对气候变化新阶段。具有划时代意义的《巴黎协定》在

2015 年的巴黎会议（COP21）通过了，这预示着全球应对气候变化新阶段的到来。2019 年 12 月，马德里会议（COP25）进一步就《巴黎协定》第六条中的市场机制实施细则展开深度谈判，但因各方分歧严重，最终并未达成共识。另一方面，逆全球化思潮使得巴黎会议后应对气候变化的全球化举措出现逆行趋势。例如，美国虽然在《京都议定书》签字，但是国内并未批准该协议，并宣布退出该议定书，2011 年 12 月，加拿大也正式宣布退出《京都议定书》。2019 年 11 月 4 日，在《巴黎协定》生效 3 年后，作为全球第一大经济体和主要碳排放国家的美国，宣布退出协议，这预示着应对气候变化的进程中存在着高度的不确定性，迫切需要各方的协同努力。目前，人类应对气候变化的途径，根据方式不同大致分为两类：减缓路径与适应路径。

①减缓路径

减缓是指通过经济、技术等不同领域的各种政策、措施和手段，控制温室气体的排放、增加温室气体汇。

其中，通过开展研究，推进应对气候变化立法进程，使应对气候变化有法可依，有章可循，在当前复杂多变的新形势、和新要求下显得十分必要和紧迫。

国外应对气候变化立法进程与国际社会对气候变化问题的关注度呈正相关性。自 1997 年《京都议定书》诞生以来，国际上已有近 20 个国家和地区制定了有关应对气候变化、控制温室气体排放、低碳绿色发展和征收碳税方面的国内法律法规（表 2-3）。欧洲作为全球气候治理的领军胜地，于 2019 年底出台《欧洲绿色新政》，并于 2020 年 3 月初完成《欧洲气候法》的起草公开征求意见。欧洲已正式颁布的立法成果有瑞士《二氧化碳减排法》、英国《气候变化法》、法国《绿色增长和能源转型法》、芬兰《气候变化法》、德国《气候保护法》、丹麦《气候法案》；在美洲，墨西哥正式颁布了《气候变化基本法》，美国虽然在联邦气候政策上开倒车，但加利福尼亚州出台了《全球变暖解决方案法案》，引领了美国州级层面积极应对气候变化的政策与行动；亚太地区国家先后日本出台了《地球温暖化对策推进法》、新西兰《应对气候变化法》、菲律宾《气候变化法》、韩国《气候变化对策基本法》和韩国《低碳绿色增长基本法》；非洲大陆的立法代表是南非，已经正式出台了南非《碳税法案》，完成了《国家气候变化法案》的起草并正式公开征求意见。

表 2-3　主要国家或地区在立法中确定的应对气候变化原则

立法国家	法律名称	应对气候变化的原则
南非	《国家气候变化法案（征求意见稿）》	遵守《国家环境管理法》规定的国家环境管理原则；以造福人类当代和后代为宗旨，保护气候系统；根据不同国情，承认国际公平原则、各国共同但有区别责任原则和各自能力原则；需要根据国情和发展目标，确保公平地过渡到环境友好的、可持续发展的经济和社会。
墨西哥	《气候变化基本法》	国家和社会在采取减轻和适应气候变化行动方面承担共同责任，遵循以下原则：预防原则；公共参与原则；环境责任原则；透明度和公平获取信息的原则。
新西兰	《应对气候变化法》	（1）缔约方应在公平的基础上，根据其差异化责任和各自能力，为可持续发展建立气候保护系统；（2）发展中国家缔约方的特殊需要和情况，特别是那些易受气候变化不利影响的缔约方，以及在公约下承担不成比例或不正常负担的发展中国家缔约方，应予充分考虑；（3）各方有权促进可持续发展，保护气候系统不受人为影响，政策和措施应考虑到各方具体情况，并符合国家发展战略，经济发展是应对气候变化措施得以顺利实施的必要保障；（4）缔约方应合作构建一个利于经济可持续增长的开放的国际经济体系，能够有利于所有缔约方特别是发展中国家缔约方解决气候变化问题。

世界各国因为国体、政体的不同，立法习惯差异也很大，但是将气候变化问题提上议程的时间点却相差不多，减缓和适应气候变化的手段和路径也很相似。已经完成了立法的国家和地区，大多通过立法建立了应对气候变化系统性的管理体制，明确了其应对气候变化管理机构的法律地位和职责，将温室气体减排目标和配套制度纳入法律，确定了应对气候变化的宗旨和原则，成为其高水平履行国际气候条约的重要保障。

各国设置的应对气候变化管理机构的法定职责大体包括以下几个方面：一是设定并督促落实减排目标。如美国《加利福尼亚州全球变暖解决方案法案》规定由"空气资源委员会"负责提出每年不同阶段的减排和初期行动目标，并负责监督法案实施。英国《气候变化法》建立了独立于政府的应对气候变化委员会，负责对碳预算的制定、分配提出建议，制定年度进展报告，并监督政府落实预算目标的情况。二是为实施法律制定气候政策。如加利福尼亚州《全球变暖解决方案法案》中只规定了碳交易的管理机构、交易种类和范围等几项最基础的内容，授权空气资源委员会制定具体交易规则。最后是负责组织开展气候变化宣传与合作。如新西兰《应对气候变化法》规定由财政部负责以国家的名义进行减排量海外交易，由国家登记处负责与海外进行减排信息交流。

应对气候变化的立法大多旨在履行国际公约义务，明确立法的目的和宗旨，从而促进地区低碳经济转型、减少温室气体排放和气候变化的不利影响（表2-4）。

表 2-4 不同国家和地区应对气候变化立法的目的和宗旨

立法国家	法律名称	立法目的与宗旨
法国	《绿色增长和能源转型法》	能源转型旨在为法国确定后石油时代中，新的、更加稳定和可持续的能源发展模式，以应对能源供应、油价攀升、资源枯竭和环境保护带来的挑战。
德国	《联邦气候保护法》	旨在确保德国气候保护目标的完成，并遵守欧洲相关规定，以免受到全球气候变化的影响。依据《联合国气候变化框架公约》下《巴黎协定》规定的义务，即要将全球平均气温较工业化前水平升高幅度控制在2℃之内，并尽可能将升温控制在1.5℃之内，努力将全球气候变化的影响保持在最低水平。为了避免对气候系统的人为干扰，应最大限度减少温室气体的排放，在21世纪中叶实现温室气体净零排放。
德国	《巴登符腾堡州气候保护法》	立法目的是在国际、欧洲和国家气候保护目标的框架内，通过减少温室气体排放，为气候保护做出适当贡献，同时也为可持续能源供给做出贡献。旨在规定巴登符腾堡州减少温室气体排放的目标，细化气候保护的相关事项，规定必要的实施手段。
瑞士	《联邦二氧化碳减排法》	旨在减少因使用化石能源而产生的二氧化碳排放，同时相应减少对于环境的有害影响，增加可再生能源的利用，从而有助于能源的经济、高效利用。

②适应路径

适应是自然或人类系统在实际或预期的气候变化刺激下做出的一种调整反应。这种调整能够使气候变化的不利影响得到减缓或能够充分利用气候变化带来的各种有利条件。适应气候变化有多种方式，包括制度、技术、工程等措施，如建设应对气候变化的基础设施、应对极端天气和气候事件的监测预警系统、加强对气候灾害风险的管理等。在农业适应气候变化方面，为应对干旱发展新型抗旱品种、采取间作方式、作物残茬保留、杂草治理、发展灌溉和水培农业等；为应对洪涝采取圩田和改进排水方法、开发和推广可替代作物、调整种植和收割时间等；为应对热浪发展新型耐热品种、改变耕种时间、对作物虫害进行监控等。

3. 全球碳排放的现状及未来趋势

（1）各地区能源需求及消耗情况

在过去的半个多世纪里，由于世界经济的发展和人口的增长，人类消耗了大量的化石能源。根据英国石油公司发布的《2022年世界能源统计回顾》显示，全球一次能源的消耗量在2021年增长了31艾焦，这是历史上最大的增幅，并且扭转了2020年的急剧下降趋势。2021年的一次能源消耗量比2019年的水平高出8艾焦。自2019年以来，新兴经济体的一次能源消费增加了15艾焦，中国的飞速发展贡献了其中的13艾焦。相比之下，2021年发达经济体的能源需求比2019年的水平低8艾焦。

2019—2021年，一次能源的增长情况完全由可再生能源驱动。化石燃料能源消耗水平在2019—2021年保持不变，较低的石油需求（-8艾焦）被较高的天然气（5艾焦）和煤炭（3艾焦）消耗所抵消。

世界上规模最大的各经济体都在不同程度上受到了新冠疫情的影响。2020年，发达经济体总体的能源需求平均下降了6%以上，各个发达经济体都或早或迟经历了经济产出的收缩。2021年，IEA预计发达经济体的经济产出和大多数部门的能源需求将迅速恢复。然而，由于新冠疫情影响持续，特别是在欧盟，2021年下半年才会真正开始恢复。在美国，尽管最近宣布了2.3万亿美元的刺激消费计划，但 2021 年的能源需求仅增长 4%，仍比 2019 年低 3%。

2020 年，大多数新兴市场和发展中经济体的能源需求也有所降低，但降幅低于发达经济体。印度的需求下降了 5%，东南亚下降了约 3%，中东下降了 2%，非洲下降了 1.5%。中国是明显的例外，是 2020 年唯一经济产出和能源需求双增长的主要经济体。虽然旨在控制新冠疫情爆发的限制措施抑制了一季度的需求，但从 4 月起经济已经开始复苏。在当年余下时间里，与新冠疫情之前的水平相比，能源需求平均增长了 6%。尽管中国可再生能源增长迅猛，但不断增加的电力需求导致了 2020 年 12 月燃煤量创下历史新高。

2020 年印度经济急剧滑坡，导致石油需求降低了 8% 以上，而发电和工业领域的煤炭需求则分别下降了 5% 和 11%。2020 年 4 月，印度的二氧化碳排放量比一年前同期减少了 40% 以上，是当年世界各地所见的最大月度排放量降幅。

（2）不同类别的能源需求与使用

2020 年，出行限制导致交通运输用燃料需求相比 2019 年减少了 14%，其中石油受到的冲击最大。在 4 月的限制高峰期，全球石油需求相比疫情前降低了 20% 以上。总体而言，全年石油需求下降了近 9%。

2021 年，石油需求反弹 6%，速度快于所有其他燃料。上一次石油需求如此快速增长是在 1976 年。石油需求尽管反弹强劲，但仍将比 2019 年低 3%（3.1 百万桶 / 天）。公路交通运输活动在 2021 年的大部分时间里将持续低迷，只有在 2021 年年末的几个月才会恢复到新冠疫情之前的水平，而航空交通运输需求则在 2021 年全年都明显低于 2019 年的水平。石油需求只在亚洲，特别是在中国，攀升到远高于新冠疫情之前的水平。

2020 年，煤炭需求降幅为 220 百万吨标准煤，即 4%。这是自第二次世界大战以来最大的降幅。下降的主要驱动力来自新冠疫情限制措施和由此产生的经济衰退而导致的电力需求下降。发电用煤在发达经济体中的降幅最大，达到 15%，占全球煤炭降幅的一半以上。在电力需求减少、可再生能源产出增加以及天然气价格低的三重压力下，煤炭在电力结构中受到的挤压尤为严重。2021 年，煤炭需求强劲反弹，扭转了 2020 年的全部降幅，但在地域上呈现出巨大差异。2020 年煤炭需求的下降集中在美国和欧洲；受到可再生能源部署、天然气价格走低和逐步淘汰政策的抑制，发达经济体煤炭需求的反弹幅度估算仅为 2020 年降幅的四分之一。

天然气方面，2020 年全球天然气消费量减少了 750 亿立方米，同比下降 1.9%。从绝对体量来看，这是天然气需求降幅的最高纪录，但从百分比看，此次下降与 2009 年持平。下降主要集中在上半年，在异常温和天气和新冠疫情爆发的推动下，全球天然气消费同比下降了约 4%。

2021 年全球天然气需求恢复 3.2%，弥补了 2020 年的损失，需求量比 2019 年高出 1.3%。此次天然气需求的恢复主要是由快速增长的市场推动的（以亚洲为主，其次是中东），并受到工业反弹不确定性或燃料价格竞争力不确定性的影响。

可再生能源方面，事实证明，由于新产能上线，以及受益于许多市场中的优先市场准入，可再生能源在很大程度上避免了新冠疫情的负面影响。总体而言，2020 年可再生能源使用量增长了 3%，主要是由于太阳能光伏和风能发电量增加了 330 太瓦时。水力和生物质发电也有所提速；2021 年，我国可再生能源新增装机 1.34 亿千瓦，占全国新增发电装机的 76.1%。可再生能源装机规模突破 10 亿千瓦，风电、光伏发电装机均突破 3 亿千瓦，海上风电装机跃居世界第一。

（3）二氧化碳排放情况

化石能源的消耗的确提高了人类的活动水平和生活标准，但与此同时也给地球环境带来了严重的破坏，尤其是二氧化碳等温室气体的过度排放。温室气体本来的作用是保持地球的平均气温达到适合人类和其他物种的生存，但温室气体的过度排放却使得全球气候变得越来越暖，给地球上的生物带来了灾难性影响。

1970 年全球排放了 14 291.71 百万吨的二氧化碳，二十年后二氧化碳排放量增加了 49%，2018 年全球二氧化碳排放量为 617.29 百万吨，达到历史最高点。2010—2019 年这十年的全球温室气体排放量达历史最高水平，但这一时期温室气体排放平均增速已低于上一个十年，从 2000—2009 年的年均 2.1% 减少到 1.3%。能源效率大幅提升和低碳技术部署对全球温室气体的排放有明显的降速作用，但这些不足以抵消全球层面整体增长。在全球范围内，人口和人均 GDP 的增长仍然是过去十年化石燃料燃烧产生 CO_2 排放的最强驱动力。

国际能源署（IEA）在 2022 年发布的《全球能源回顾：2021 碳排放》报告中对 2021 年能源相关 CO_2 排放情况进行了系统回溯和分析，发现全球能源燃烧和工业过程产生的 CO_2 排放量在 2021 年出现强劲反弹，较 2020 年同比增长 5%，达到 36.3 吉吨，是有史以来年度排放量最高水平。新冠疫情的流行对 2020 年的能源需求产生了深远影响，同期全球 CO_2 排放量减少了 5.8%，近 2 吉吨，几乎是 2009 年全球金融危机后降幅的 5 倍，但仍高达 31.5 吉吨，这使得 2020 年 CO_2 在大气中的年平均浓度达到历史最高水平，即 412.5ppm，比工业革命开始时高出了约 50%。而 2021 年以来，在前所未有的财政和货币刺激以及疫苗快速推广的推动下，尽管不均衡，但世界经历了极其迅速的经济复苏。2021 年可再生能源发电量创下了有史以来最大的年度增长，但恶劣天气和能源市场条件使得能源需求强劲回升，导致了燃煤发电大幅增加。与 2020 年相比，2021 年全球能源相关 CO_2 排放增量比 2020 年的水平增加了 2.0 吉吨以上。这使得 2021 年超过 2010 年，成为与能源相关的 CO_2 排放量绝对值同比增幅最大的一年。2021 年的反弹逆转了 2020 年新冠疫情大流行导致的 CO_2 排放下降趋势，甚至比疫情前 2019 年的水平还高出约 180 吉吨（图 2-1）。

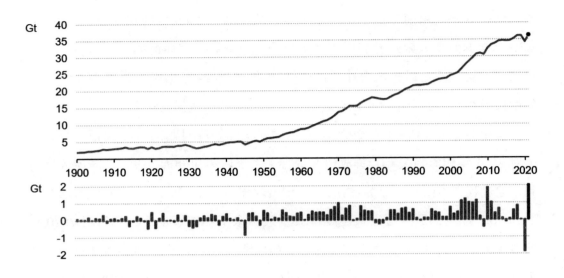

图 2-1　1900—2021 年全球能源相关的二氧化碳排放总量及其年度变化

注：数据来源于 https：//www.iea.org/。

二、"碳达峰与碳中和"解读

1."碳达峰与碳中和"的提出及科学基础

2005 年 8 月 15 日，习近平在浙江省安吉县余村考察时指出，"下决心停掉矿山，这些都是高明之举，绿水青山就是金山银山"，"我们过去讲既要绿水青山，又要金山银山，实际上绿水青山就是金山银山"。这是"绿水青山就是金山银山"理念的首次提出。"绿水青山就是金山银山"的理念提出后，经过理论和实践的深化和升华，形成了一条节约优先、保护优先、绿色发展的发展之路，将生态环境保护融入经济社会政治文化之中，坚持绿色循环低碳发展，并逐渐在全国广泛推广，有力地促进了生态文明建设的进程。

"绿水青山就是金山银山"理念的内涵，第一就是正确处理环境与发展的关系。"既要绿水青山，又要金山银山"，就是正确处理环境与发展的关系，这是"绿水青山就是金山银山"理念对环境和发展问题在新时代的科学定义。在生态文明的语境下，"绿水青山是生存之本，金山银山是发展之源"，经济发展和生态环境保护是生态文明建设不可分割的内容，两者是统一的，不是对立排斥的。只要坚持人与自然和谐共生的理念，尊重自然、顺应自然、保护自然，就能使"绿水青山"和"金山银山"成为推动生态文明建设的两个巨大动力源，在实现"绿水青山"常在的同时，大力发展绿色产业，形成绿色生活方式。

其次就是正确处理生态与财富的关系，这是"绿水青山就是金山银山"理念对生态与财富及其增长问题的重新定义。

人类社会的发展，离不开财富的稳步积累和经济的持续增长。在生态文明的视野下，必须将环境与经济作为一个大系统来分析研究，构建生态环境经济系统。在生态环境经济系统内，绿水青山的首要使用价值就是维持、修复生态系统和从整体上支持人类的生存。所以，减少对自然资源的消耗、遏制对生态环境的污染就是保护绿水青山。从这个意义上说，绿水青山是另一层含义上的金山银山，保护绿水青山就是增值金山银山。同时，自然资源、生态环境、生态产品作为一种经济资源，人类可以通过开发利用转化为金山银山，这就是生态经济化的过程。在生态环境经济系统中对自然资源、生态环境、生态产品的消费，要走经济生态化发展之路。只有实现生态经济化和经济生态化的有机统一，才能维护"自然—社会—经济"生态系统的动态平衡，这是"绿水青山就是金山银山"的深层含义。

2020年9月22日，习近平在第七十五届联合国大会一般性辩论上发表重要讲话，指出："应对气候变化《巴黎协定》代表了全球绿色低碳转型的大方向，是保护地球家园需要采取的最低限度行动，各国必须迈出决定性步伐。中国将提高国家自主贡献力度，采取更加有力的政策和措施，二氧化碳排放力争于2030年前达到峰值，努力争取2060年前实现碳中和。各国要树立创新、协调、绿色、开放、共享的新发展理念，抓住新一轮科技革命和产业变革的历史性机遇，推动疫情后世界经济'绿色复苏'，汇聚起可持续发展的强大合力。"

2020年9月30日，习近平在联合国生物多样性峰会上发表讲话，指出："中国切实履行气候变化、生物多样性等环境相关条约义务，已提前完成 2020 年应对气候变化和设立自然保护区相关目标。作为世界上最大发展中国家，我们也愿承担与中国发展水平相称的国际责任，为全球环境治理贡献力量。中国将秉持人类命运共同体理念，继续作出艰苦卓绝努力，提高国家自主贡献力度，采取更加有力的政策和措施，二氧化碳排放力争于 2030 年前达到峰值，努力争取 2060 年前实现碳中和，为实现应对气候变化《巴黎协定》确定的目标作出更大努力和贡献。"

2020 年 11 月 12 日，习近平在第三届巴黎和平论坛上致辞时指出："绿色经济是人类发展的潮流，也是促进复苏的关键。中欧都坚持绿色发展理念，致力于落实应对气候变化《巴黎协定》。不久前，我提出中国将提高国家自主贡献力度，力争 2030 年前二氧化碳排放达到峰值，2060 年前实现碳中和，中方将为此制定实施规划。我们愿同欧方、法方以明年分别举办生物多样性、气候变化、自然保护国际会议为契机，深化相关合作。"

2020 年 11 月 22 日，习近平在二十国集团领导人利雅得峰会"守护地球"主题边会上致辞时指出："加大应对气候变化力度。二十国集团要继续发挥引领作用，在《联合国气候变化框架公约》指导下，推动应对气候变化《巴黎协定》全面有效实施。不久前，我宣布中国将提高国家自主贡献力度，力争二氧化碳排放 2030 年前达到峰值，2060 年前实现碳中和。中国言出必行，将坚定不移加以落实。"

2020 年 12 月 12 日，习近平在气候雄心峰会上讲话时指出："绿水青山就是金山银山。要大力倡导绿色低碳的生产生活方式，从绿色发展中寻找发展的机遇和动力。""中国为达成应对气候变化《巴黎协定》作出重要贡献，也是落实《巴黎协定》的积极践行者。今年 9 月，我宣布中国将提高国家自主贡献力度，采取更加有力的政策和措施，力争 2030 年前二氧化碳排放达到峰值，努力争取 2060 年前实现碳中和。在此，我愿进一步宣布：到 2030 年，中国单位国内生产总值二氧化碳排放将比 2005 年下降 65% 以上，非化石能源占一次能源消费比重将达到 25% 左右，森林蓄积量将比 2005 年增加 60 亿立方米，风电、太阳能发电总装机容量将达到 12 亿千瓦以上。中国历来重信守诺，将以新发展理念为引领，在推动高质量发展中促进经济社会发展全面绿色转型，脚踏实地落实上述目标，为全球应对气候变化作出更大贡献。"

2021 年 1 月 25 日，习近平在世界经济论坛"达沃斯议程"对话会上特别致辞时指出："中国将全面落实联合国 2030 年可持续发展议程。中国将加强生态文明建设，加快调整优化产业结构、能源结构，倡导绿色低碳的生产生活方式。我已经宣布，中国力争于 2030 年前二氧化碳排放达到峰值、2060 年前实现碳中和。实现这个目标，中国需要付出极其艰巨的努力。我们认为，只要是对全人类有益的事情，中国就应该义不容辞地做，并且做好。中国正在制定行动方案并已开始采取具体措施，确保实现既定目标。中国这么做，是在用实际行动践行多边主义，为保护我们的共同家园、实现人类可持续发展作出贡献。"

（1）经济社会背景

20 世纪 70 年代末，中国启动经济转型进程，从社会主义计划经济制度转型成为更加开放、基于市场的经济制度；从那时至今，中国经济和社会的发展速度令人惊叹。自 1980 年以来，中国一直是世界上增长最快的主要经济体，当今的 GDP 已达到 1980 年的 30 多倍、2000 年的 5 倍。2020 年，中国以名义价值计算的经济规模仅次于美国，是世界第二大经济体；按购买力平价（PPP）调整后的经济规模则为世界第一。2020 年，人均 GDP（按购买力平价计算）约为 1.7 万美元（人民币 11.73 万元），大约是欧盟和日本平均水平的 40%、美国的四分之一以上。在新冠疫情大流行的影响下，2020 年除中国以外的所有主要经济体都经历了 GDP 收缩，而中国的 GDP 增速则放缓至 2.3%。

工业化一直是中国经济转型的主要动力源。中国在 2001 年加入世界贸易组织后，制造业产出增长尤为迅速，自 2007 年以来始终是世界上最大的工业品生产国。一系列五年规划设定了宏伟的工业增长目标。如今，中国贡献世界工业总产值的四分之一，是钢铁、水泥、铝、化工产品、电子产品和纺织产品的最主要生产国。中国生产的水泥和钢铁占世界总产量的一半以上。

2010 年代初以来，随着中国调整发展方向、转向高价值制成品和服务，经济增长略有放缓。早期国内经济高速增长、国际需求强劲时对制造业产能过度投资，以及 2008 年金融危机后的经济刺激，导致了一些工业细分部门的产能过剩、利用率低下，这类问题在钢铁、水泥、铝、化工、精炼、玻璃、造船、纸和纸板等行业尤其突出。近年来，中国加大力度解决产能过剩问题，做法包括设定低效工厂关停目标、限制某些细分部门新增产能，以实现产业升级并将投资转向高附加值制造业。2015 年公布的《中国制造 2025》设定的目标之一是 2015—2025 年期间制造业增加值率提高 4 个百分点。根据第十四个五年规划（2021—2025 年）提出的目标，下一代信息技术、生物技术、新能源、新材料、高端设备、新能源车辆等战略性新兴产业在 GDP 中的份额将从 2019 年的 12% 左右提高到 2025 年的 17%。

如今，尽管向服务型经济的转变仍处于初期，但服务业已是中国经济增长的主要贡献力量。按现行价格计算，服务业在 GDP 中的比重从 2000 年的 40% 上升到 2020 年的 54.5%，略低于"十三五"规划（2016—2020 年）中 56% 的目标。2019 年，中国的服务业从业人口超过 3.67 亿，占劳动人口总数的 47%（而农业和工业的从业人口比例分别为 25%、28%），高于 2000 年的不足 2 亿（27%）。

经济发展伴随着快速的城市化以及深刻的社会和文化变革，人民的生活方式和中国的世界地位都发生了巨变。城镇人口占总人口比重从 2000 年的 36% 跃升至 2020 年的 60% 以上。脱贫工作取得了巨大成功。按 2020 年价格计算，生活在官方贫困线（每人每年约 600 美元，约合 4000 元人民币）以下的人口比例在 2020 年减少到了 1% 以下，而 20 年前这一比例约为 50%。此外，同期有 4.3 亿人用上了清洁烹饪燃料，例如现代固体生物质、液化石油气、沼气和电力。电力在 2014 年实现了普及。

由于经济发展主要集中在沿海地区，因此不同地区的生活水准差异巨大，极端贫困与相对繁荣同时存在。中国大约三分之二的人口都生活在东部和中部地区，五个人口大省中有四个（广东、河南、江苏和山东）都位于该地区。在中国大部分农村地区，大多数人仍以务农维生，而上海和北京等大城市已经出现了以现代服务业为基础的经济形态。中国与其他大多数新兴经济体不同的是，在过去20年间，人口增加并不是经济增长的主要动力。自2000年以来，中国人口仅增加了11%，2020年达到略高于14亿。2000年至2010年，按购买力平价计算的人均GDP年均增长超过9%；尽管2020年GDP增速放缓，但2010年以来的年增速依然保持在6%以上。

（2）能源的使用

中国经济结构重心转向轻工业和服务业，以及旨在争取提高能效的更严格法规，是近年来能源需求增速大幅放缓的推手。上述法规包括始于2006年并在"十三五"规划（2016—2020年）中得到扩展、旨在推动企业节能举措的"百千万"行动，以及最低能源性能标准。2000—2010年，一次能源需求年均增长超过8%，2011—2015年间放缓到3.4%，2015—2020年则略高于3%。由于GDP持续快速增长，GDP的能源强度（按购买力平价计算的每货币单位GDP的能源需求量）在2010—2020年加速下降，下降幅度从2000—2010年间的年均2%加大到2010—2020年的年均3%以上。

自2000年以来，尽管中国在可再生能源方面取得了长足发展，但仍然严重依赖化石燃料：2020年，中国一次能源需求总量中约有85%由化石燃料满足，仅煤炭就占近60%，而石油则约占五分之一。中国是世界上最大的煤炭消费国，煤炭消费量远高于其他国家；中国2020年的燃煤量达到了30亿吨煤当量，占世界市场的50%以上。从历史经验来看，中国的煤炭消费量与工业化同步增长；2002—2013年间增长最为迅速，这段时期中国一次能源需求总增量中煤炭占77%。仅水泥、化工和钢铁工厂就贡献了上述增长的一半，其中30%（或煤炭需求总增量的15%）间接来自于电力使用（主要是燃煤电厂发的电）。在效率提高和政策限制煤炭使用扩张的作用下，2013—2018年煤炭用量大致走平，但在2019年、2020年和2021年初，煤炭需求再次趋高。

国内充足的低成本煤炭资源为以煤为基础的经济发展提供了条件。中国是世界上最大的煤炭生产国，煤炭产量约占全球的一半。尽管如此，中国的煤炭消费仍然大于本土的生产能力，因此中国日益依赖进口煤炭；目前煤炭消费总量的约8%来自进口。煤炭主要用于发电和供热，这两类用途占煤炭使用总量的60%（工业用途33%，建筑用途3%，农业和非能源用途4%）。在电力和热力部门，煤炭作为燃料的重要性仍然远高于其他燃料，贡献了2020年总产出的四分之三；不过，煤炭的份额与2007年90%的峰值相比已有下降。中国目前的煤电装机为1080吉瓦，超过全球煤炭装机的一半，另有近250吉瓦尚处于不同开发阶段。在已经正式获批的88吉瓦产能中，2020年批准的产能为37吉瓦，是2019年的三倍多。

中国对石油和天然气的需求自2000年以来也有显著增长。石油用量年均增加5%，用于补充重工业中煤炭的使用，以及满足个人交通运输和货运需求的迅速增长。天然气自2015年起得到有力的政策支持，需求急剧上升，特别是在发电、工业用途以及商住空间和水加热方面。中国虽然在本土生产大量油气，但仍然严重依赖进口：2020年，中国消费的石油和天然气中分别有超过70%和45%来自进口。中国已于2017年超过美国成为最大的石油进口国，并于2018年取代日本成为最大的天然气净进口国。

尽管化石燃料继续占据主导地位，但核电、水电、生物能源、其他可再生能源等现代低碳燃料和技术的使用在过去十年间得到了相当大的发展（图2-2），这些燃料在一次能源需求总量中的份额从2011年的9%上升到了2020年的14%。可再生能源电力和核电在2020年占一次能源需求总量的9%以上。水电占2000年以来可再生能源总增量的35%。三峡和溪洛渡这两座水电站贡献了大部分的新增水电装机和产量。

太阳能光伏和风力发电贡献了2000年以来可再生能源增量的另外60%。2020年，太阳能光伏和风力发电的装机合计约为540吉瓦，其中一半以上来自陆上风力涡轮机。目前，公用事业规模的太阳能光伏发电总装机为180吉瓦，屋顶电池板和海上风力装机约为 90 吉瓦。这些太阳能光伏板大部分是中国生产的；中国已成为世界上最大的太阳能光伏板生产国，推动了全球范围内成本下降。

核电也有明显增加：2000—2020 年 48 个反应堆投产，将反应堆总数提高到 51 个，并使核电在一次能源需求中的份额从 0.4% 上升至 2.7%，在发电量中的份额从 1.2% 提高到 5% 以上。2020 年，包括水电、核电在内的可再生能源贡献了约 30% 的发电量，而 2000 年这一比例只有 18%。在可再生能源扩张的推动下，发电的碳强度从 2000 年的近 900 克二氧化碳 / 千瓦时，降低到 2015 年的 650 克二氧化碳 / 千瓦时，并进一步下降至 2020 年的 610 克二氧化碳 / 千瓦时。

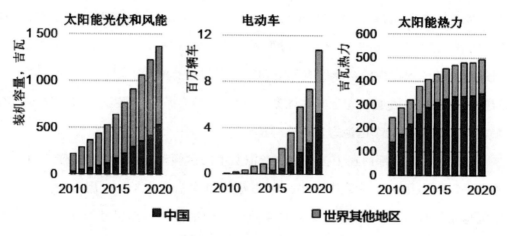

图 2-2 中国部分清洁能源技术与世界其他地区的情况比较

中国在部署清洁能源技术方面发挥主导作用，占世界电动车总量的一半，占太阳能热力装机的 70%（图 2-2），工业是中国最大的终端用能部门。过去十年间，工业能源需求的份额相对稳定，占终端能源消费总量的 59%~65%。工业用煤尽管自 2014 年以来已下降了 17%，但煤炭仍然是工业部门的主力燃料：2020 年中国工业能源使用总量中有 50% 来自煤炭，而在世界其他地区这一比例仅为 30% 左右。钢铁和水泥行业用煤占工业用煤总量的 70% 以上，其余的煤炭用作化工原料（4%）以及多个行业的锅炉燃料。2010 年以来，电力用量上涨了近 70%，天然气用量增加了一倍多，这两种燃料取代煤炭用于低温供热。天然气也越来越多地用于化工生产。

2011—2020 年这十年间，交通运输行业的能源需求百分比增幅最大，不过该行业仍然只占中国终端能源使用总量的 15% 左右。道路车辆占交通运输能源用量的 80% 以上，客运车辆（两轮／三轮车辆、轿车和巴士）用能量略高于公路货运（卡车、轻型商用车）。国内航空燃料用量的上升速度高于汽车，但低于公路货运。石油产品约占中国交通运输能源需求的 85%。电动车近期的飞速发展抑制了道路交通运输领域石油需求的上升。2020 年，中国上路行驶的电动汽车超过 450 万辆，占全球电动车总数的 45%；其中近 80% 是电池电动车，其余则是插电式混合动力车。截至 2020 年年底，中国上路行驶的 58 万辆电动巴士和 2.4 亿辆电动两轮车分别占全球同类车辆总数的 98% 和 78%，取代的石油需求量超过了包括中国在内的全球所有的电动汽车取代的石油需求量。中国是全球最大的电池制造国，遥遥领先于其他国家；中国 2020 年底已安装产能占全球的 70% 左右，2020 年电动车电池产量占全球的近一半

近年来，建筑部门在中国终端能源消费中的份额基本稳定在略高于五分之一的水平。电力用量上升最快，2020 年占建筑用能总量的 35%。用于加热的电量比例越来越高：自 2015 年以来，热泵热水器的销量每年都超过 100 万台。中国地下水地源热泵的安装量一直快速上升，2020 年为近 650 亿平方米供热总建筑面积中的 10 亿平方米供热。2020 年，太阳能集热器的总装机接近 350 吉瓦，几乎是 2010 年的 2.5 倍，这要归功于政府出台政策应对燃煤造成的空气污染，例如涵盖北京、天津和 26 座其他城市的冬季清洁取暖规划（2017—2021）。清洁能源建筑技术的部署仍然严重依赖财政激励措施。太阳能热力装机于 2013 年达到顶峰，之后由于激励措施减少而出现装机量下滑。

2."碳达峰与碳中和"的概念与相互关系

碳达峰是指二氧化碳排放总量在一个时间点达到峰值后由升转降的历史拐点。目前，大多数发达国家已经实现碳达峰，碳排放进入下降通道。我国目前碳排放虽然比 2000—2010 年的快速增长期增速放缓，但仍呈增长态势，尚未达峰。

碳中和是指人为排放源与通过植树造林、碳捕集与封存（CCS）技术等人为吸收汇达到平衡。碳中和目标可以设定在全球、国家、城市、企业活动等不同层面，狭义指二氧化碳排放，广义也可指所有温室气体排放。对于二氧化碳，碳中和与净零碳排放概念基本可以通用，但对于非二氧化碳类温室气体，情况比较复杂。由于甲烷是短寿命的温室气体，只要排放稳定，不需要零排放，长期来看也不会对气候系统造成影响。

碳达峰是二氧化碳排放量由增转降的历史拐点，碳达峰的目标包括了达峰年份和达峰峰值，是碳中和的基础与前提，碳达峰时间的早晚和峰值的高低直接影响到碳中和实现的时长及实现难度。

为落实"双碳"目标，2020年12月18日，中央经济工作会议将"做好碳达峰、碳中和工作"作为2021年八大重点任务之一进行了部署。随后，各部门如生态环境部、国家能源局、工信部、国家发展改革委、中国人民银行等就推动碳达峰、碳中和工作密集发声。碳达峰、碳中和目标成为全社会热议的新话题。

3. "碳达峰与碳中和"的意义与不同阶段

从国际关系层面来看，碳达峰、碳中和目标是参与和引领全球治理的有力抓手。中国一直在不断提出解决全球结构性矛盾的解决方案，比如在构建人类命运共同体的倡议中，就包括了气候问题。在新冠疫情之后，我国要加强绿色"一带一路"的政策引导和能力建设，进一步突出"一带一路"绿色发展理念，推进重点绿色投资项目，打造惠及"一带一路"合作伙伴和地区的绿色产业链。由此可见，我国提出的"力争2023年前实现碳达峰、2060年前实现碳中和"，是我国作为一个大国对国际社会的承诺。

从国家发展战略来看，我国经济正处于飞速发展过程中，对石油进口的依赖度很高，更需要关注能源安全问题。基于这一目标，能够用新能源来代替石油，则对未来的能源安全将有极大促进作用。

从经济转型和民生福祉保障来看，从"十二五"提出的节能减排到"十三五"的绿水青山就是金山银山，再到"十四五"的碳达峰碳中和推进及执行，可以看出我国经济正从高速度向高质量发展的高层次上转变，并涵盖了对经济转型的升级，以及让人民生活更健康、更安全等方面的综合考量。

做好碳达峰、碳中和工作，不仅影响我国绿色经济复苏和高质量发展、引领全球经济技术变革的方向，而且对保护地球生态、推进应对气候变化的国际合作具有重要意义。

实现碳达峰与碳中和，大致可以分为是三个阶段：

第一阶段：2020—2030年。这一阶段的主要目标为碳排放达峰。包括了降低能源消费强度、降低碳排放强度、控制煤炭消费、大规模发展清洁能源、持续推动电动汽车对传统燃油汽车的替代为主的终端消费电气化进程、倡导节能和引导消费者行为等基本任务。

第二阶段：2030—2045年。这个阶段的主要目标是快速降低碳排放，主要通过两个减排途径实现：以可再生能源为主，大面积完成工业、建筑、交通等行业终端消费零碳电气化，完成第一产业的减排改造；以碳捕集、利用与封存（CCUS）等技术为辅。

第三阶段：2045—2060年。这个阶段的主要目标为深度脱碳、参与碳汇，从而完成碳中和目标。在深度脱碳到完成碳中和目标的期间，工业、发电端、交通和居民侧的高效清洁利用潜力基本已经开发完毕，此时就应当考虑碳汇技术，以碳捕获、利用与封存技术（CCUS）等兼顾经济发展与环境问题的负排放技术为主。

4. 达成"碳达峰与碳中和"遵循的原则

实现碳达峰碳中和是一项复杂的系统工程，需要传统的生产方式、生活方式和消费方式从根本上加以改变，需要统筹考虑各行业投入产出效率、产业国际竞争力、国计民生关注程度、发展迫切程度、治理成本及治理难度等多种因素，从而谋划实施最优的碳达峰碳中和战略路径。

（1）把握好降碳与发展的关系

实现碳达峰与碳中和的时间点与全面建设社会主义现代化国家的两个阶段基

本一致，因此在实施过程中要做好以下两方面工作，以更好地支撑建设美丽中国和实现中华民族伟大复兴两大目标：

一是注重降碳。在世界经济"绿色复苏"的背景下优选国际比较优势影响最小、对我国发展势头影响最小、最可持续的低碳发展方向，探索建立碳排放预留机制。

二是要注重发展。对于充分参与国际竞争的行业和产品、"卡脖子"关键核心技术，在其发展突破初期，要从有限的碳排放空间中预留部分容量，避免丧失发展机遇。

（2）把握好碳达峰与碳中和的节奏

碳排放高质量达峰和尽早达峰是实现碳中和的前提，但不能脱离我国所拥有的各种生产要素，不能超越社会主义经济发展阶段，而过分地追求提前达峰，这样不仅会大幅增加成本，还可能会给国民经济带来负面影响。

国家"十四五"规划纲要明确了实施以碳强度控制为主、碳排放总量为辅的制度，支持有条件的地区和领域率先达到碳排放峰值。因此，我国应根据"双碳"目标制定科学的发展时间表，对于条件成熟的地区、领域达峰时间可以稍有提前，但不宜过早，更不能不考虑客观条件而全部地提前，尤其是要防止各地区出现层层加码的现象。

（3）把握好不同行业的降碳路径

受产品性质差异、技术路线、用能方式、碳排基数等因素的影响，不同行业不同领域在碳达峰、碳中和进程中发挥的作用也有所不同。我们要在总量达峰最优框架下测算出哪个行业哪个领域能最先达峰、哪个行业哪个领域减排对社会的影响最大、哪个行业哪个领域的减排成本最低，然后再制定出最经济有效的降碳顺序和路径，具体包括以下两方面措施：

一是要推进减碳基础较好的电力行业、建筑行业等率先达峰，2030年这两个行业的碳排放量应比2020年明显降低，对碳减排作出正面的贡献。

二是工业领域、交通领域也要在2030年前后达峰，其中工业领域要推动钢铁、水泥、冶金、炼油等高耗能行业率先达峰。

（4）把握好公平与效率的关系

要想实现碳达峰碳中和的目标，我们应采用行政手段与市场手段相结合的方式推进碳减排工作，其中市场手段用于搭建碳交易平台，行政手段用于制定碳减排的规则规范。既要考虑不同领域不同行业之间的碳排放差异，避免一刀切，又要对同一行业内的国有、民营、外资企业一视同仁，在统一的标准和规则下开展降碳减排工作。要加快推进碳交易市场的建设，建立完善的碳税体系和全国性碳配额交易市场，探索把碳汇交易纳入碳交易市场体系，通过碳交易真正把"绿水青山"变成"金山银山"。

（5）把握好国内发展与国际合作的关系

在国内发展方面，要顺应全球低碳经济发展的趋势，加快制定实施低碳发展的战略，积极发展绿色低碳产业，在全民中树立建立勤俭节约的消费观念和提倡文明简朴的生活方式，推进我国能源变革和经济发展方式脱碳化转型。

在国际合作方面，要坚持公平、共同但有区别的责任原则，建设性地参与和引领应对气候变化的国际合作，倡导建立国际气候交流磋商机制，参与全球碳交易市场的活动，积极开展气候变化南南合作，与"一带一路"合作伙伴携手探索气候适宜性低碳经济发展之路。

5."碳达峰与碳中和"面临的挑战

近年来，我国在积极实施应对气候变化方面已取得了突出成绩，但要在未来40年先后实现碳达峰、碳中和的目标，还面临着排放总量大，减排时间紧，制约因素多，关键技术有待突破，发展观念、体制机制都需要深刻变革的挑战。

（1）排放总量大

我国经济体量大、发展速度快、用能需求高，能源结构中煤占比较高，这使得我国碳排放总量和强度处于"双高"状态。2019年我国煤炭消费比重达到58%，碳排放总量在全球中的比重达到29%，人均碳排放量比世界平均水平高了46%。尽管过去10年煤炭的使用总量有所下降，但在一次能源中的占比仍然非常高。煤炭在我国能源产业结构中的主导位置短期内无法改变，这无疑增加了实现碳达峰、碳中和的难度。要想把煤炭总使用量降下去，首先应当是全力去除散煤，接下来是极大减少工业过程用煤，不增加新的煤电装机，并在 2030 年后逐步有序地减少煤电发电和装机。

（2）制约因素多

碳减排既是气候环境问题，同时也是发展问题，它涉及社会、经济、能源、环境等方方面面，因此，需统筹考虑能源安全、社会民生、经济增长、成本投入等诸多因素，这些制约因素对我国能源转型和经济高质量发展提出了更高的要求。

（3）关键技术有待突破

目前，很多关键技术还有待突破。比如，清洁能源如何实现有效存储，电动车如何大幅度提高续航里程、缩短充电时间、处置废旧电池等难题都在攻关之中，这些关键技术对于能否实现"双碳"目标，具有决定性的作用。

（4）发展观念、体制机制都需要深刻变革

无论是局部污染物还是温室气体的减排，目前都是政府投资、社会受益的发展模式。由于私人投资尚无回报机制，企业没有投资动力，很难长期持续地发展，国家需要通过创立排放交易市场而建立完善投资回报机制。

建立可执行的生态环境和气候变化目标，以此划定自然资本规模边界。

依据生态环境和气候变化目标将环境资产（如碳资产）主要分解给企业等市场主体，分解时要体现责任和权益。

作为新的要素市场，创立和发展碳排放交易市场，使市场主体分配到的环境资产（如碳资产）可以上市交易，从而在交易市场中发现环境资产的价格。

在碳排放交易市场价格的指导下，投资者和技术研发者形成稳定持续的预期，从而作出投资和研发决策，源源不断进行低碳投资和开展低碳技术创新研发。

优化现有绿色信贷产品，创新绿色信贷品种，推广新能源贷款、能效贷款、合同能源管理收益权质押贷款等能源信贷品种，创新绿色供应链、绿色园区、绿色建筑、绿色生产、个人绿色消费等绿色信贷品种，降低绿色信贷资金成本，扩大绿色信贷规模。

我们要在社会主义现代化建设的宏伟蓝图中科学谋划碳中和路径与方案，就必须立足国情和发展的实际来进行研究思考，其中的关键点是要坚持新发展理念和系统观念，统筹好近期与长远、发展与减排、全局与重点，以开辟出一条高效率减排的碳达峰、碳中和之路。

6. "碳达峰与碳中和"的一些误区

误区一：靠种植植被和碳捕集技术能够替代减排。

很多人认为，实现净零排放目标，主要是通过储存在植被、土壤和岩石中的大量"负排放"来清除大气中的二氧化碳。然而，部署负排放所需的技术当前还没有得到完全证实，不应以此来取代今天的实际碳减排，否则，目前的高排放量将在短短几年内消耗掉全球剩余不多的碳预算。与此同时，二氧化碳去除技术目前也尚在开发中，而且成本高、能耗高、风险大，大规模部署的可能性低。所以，我们不应把净零排放目标建立在这样不确定的未来技术上。在实现碳中和的过程中，碳捕捉、碳储存、植树等抵消碳排放相对来说比较有限，未来很大的碳中和潜力仍要放在能源结构的调整上，要让光伏、风电成为整个能源的主力。截至 2023 年上半年，我国火电的占比约 60%，光伏、风电的占比 15% 左右，未来要实现碳中和，光伏、风电的占比需要达到 40%~50%。

误区二：推进碳中和等新能源发电将影响经济社会发展。

碳中和目标确实会对部分传统的高碳行业带来一定的不利影响，包括油气和煤炭行业。但碳中和并非一蹴而就，而是一个不断的转型过程，在这一过程中，不适应新发展需求的高碳行业将会有序退出，也就因此拥有相对充分的缓冲时间。除此之外，并非所有的高碳行业和产品都会消失，如气电、煤电将在提供系统的灵活性上找到其生存空间。

碳中和目标也将为高质量转型发展提供助力，倒逼产业升级，促进绿色创新，并创造一批新兴产业。比如太阳能发电、风电、光伏发电 12 亿千瓦以上装机目标，将很大程度上促进可再生能源产业的发展，分布式能源、储能、氢能、电动汽车、自动驾驶、能源互联网等新兴产业也将在碳中和的愿景下展现出巨大的发展潜力。

据国际劳工组织 2018 年的报告，到 2030 年，清洁能源、绿色金融、电动汽车等创新性新兴产业将为全球创造 2400 万个就业机会，而同期石油开采、煤炭等高碳产业失去的工作岗位仅 600 万个。

许多人担忧应对气候变化可能会影响和阻碍经济发展，但碳达峰、碳中和的战略并不是就气候谈气候、就低碳谈低碳，实际上是一个经济社会发展的综合战略。欧洲的绿色新政除了在工业、建筑、能源等七个领域制定了一整套深度的转型政策之外，还有更高的目的，就是将欧盟转变为富有竞争力的资源节约型现代经济体，实现可持续发展。

误区三：从事碳中和相关技术的企业都具有发展前景。

第三个误区就是把碳中和想得很容易。比如，资本市场上往往认为只要涉及碳中和的企业、技术就会有很大的发展前景，实际上，有些企业未来可能会难以存活下去。

企业在推进碳中和的过程中，成本控制是个很大的难题。比如目前的光伏、风电等行业具备了一定的技术，但是成本控制若不得当，企业也难生存下去。另外，碳中和领域的一些市场在开始推进时会比较温和，实现碳中和的过程也比较缓慢，可能需要几十年的时间，对从事该领域的企业而言，商业模式、市场接受度、技术等都需要考量，需要时间来证明，所以，从这一方面来说，并不是所有企业都能存活下去。

误区四：发达国家无须为发展中国家碳减排提供帮助。

发达国家无须为发展中国家碳减排提供帮助是关于碳中和的第四个误区。为实现减排目标，发展中国家需要付出比发达国家更大的努力，因为它们在应对气候变化的同时，还面临经济发展、环境、贫困、就业等诸多需要解决的难题。

在没有大规模、低成本能源解决方案的前提下，发展中国家为了生存和发展，必然要使用一定量的高碳能源来维持经济社会发展，由此会带来碳排放量的增长。为此，国际气候的治理应继续坚持"共同但有区别、公平和各自能力"的原则，我们应正视发展中国家的发展需要和特殊国情。发达国家也应切实履行承诺，通过资金和技术转移来帮助发展中国家提升应对能力，加速碳中和目标的实现。

三、世界各国零碳发展之路

1. 不同国家双碳相关政策法规

（1）欧盟

欧盟在全球可持续发展的潮流中一直是引领者，当前欧盟已将碳中和目标写入了法律。

早在 2008 年 1 月至 12 月，为实现 2020 年气候和能源目标，欧盟委员会就通过了"气候行动和可再生能源一揽子计划"法案，该法案包括欧盟排放权交易机制修正案、欧盟成员国配套措施任务分配的决定、碳捕获和储存的法律框架、可再生能源指令、汽车二氧化碳排放法规和燃料质量指令等一系列内容，并由此形成了欧盟的低碳经济政策框架。并于 2020 年 1 月 15 日通过《欧洲绿色协议》，提出欧盟于 2050 年实现碳中和的碳减排目标，这为《欧洲气候法》的出台和将碳中和目标写进法律做好了铺垫。此外，《欧洲绿色协议》设计出欧洲绿色发展战略的总框架，其行动路线图涵盖了诸多领域的转型发展，涉及能源、建筑、交通及农业等经济领域的措施尤其多。最终在 2020 年 3 月发布了《欧洲气候法》，以立法的形式确保 2050 年实现碳中和的欧洲愿景的达成，从法律层面为欧洲所有的气候环境政策设定了目标和努力方向，并建立法律框架帮助各国实现 2050 年碳中和目标，这一目标具有法律约束力，所有欧盟成员国都集体承诺在欧盟和国家层面采取必要措施以实现此目标。

（2）美国

美国作为一个碳排放大国，其碳排放量在全球占比 15% 左右。继先后退出《京都议定书》《巴黎协定》之后，现任总统拜登于 2021 年 1 月 20 日上任第一天就宣布重返《巴黎协定》，并就减少碳排放提出了若干新的政策，明确了到 2035

年，实现由化石能源向可再生能源的过渡，达到无碳发电；到 2050 年实现碳中和这一新目标。

为了实现美国的"35/50"碳中和目标，拜登政府计划投资 2 万亿美元于基础设施、清洁能源等重点领域的建设，包括：在交通领域，推进城市零碳交通，清洁能源汽车、电动车计划及"第二次铁路革命"等；在建筑领域，实行建筑节能升级，推动新建筑零排放等；在电力领域，引入电厂碳捕获改造、发展新能源等；以及加大清洁能源创新、成立机构大力推动包括绿氢、碳捕获与封存（CCS）、储能、核能等前沿技术研发，努力降低低碳成本。

美国的气候和能源政策目标正越来越清晰，在 2050 年实现碳中和是其长远目标，其战略路径是实现由传统能源独立向清洁能源独立的转变。

（3）英国

在应对全球气候变化、实现碳中和的目标上，英国一直非常积极，已经通过了一系列的承诺和改革举措，在该领域保持世界领先地位。

2008 年，英国正式颁布了《气候变化法》，成为了世界上首个以法律形式明确中长期减排目标的国家。

2019 年 6 月，英国新修订的《气候变化法案》生效，正式确立了到 2050 年实现温室气体"净零排放"，即碳中和。

2020 年 11 月，英政府宣布了一项包括大力发展海上风能、加速推广电动车、推进新一代核能研发等十个方面的"绿色工业革命"计划。

2020 年 12 月，英政府再次宣布最新的减排目标，承诺与 1990 年相比，到 2030 年英国温室气体排放量至少降低 68%。

（4）德国

德国的碳中和法律体系具有很强的系统性。21 世纪初，德国政府便出台了一系列国家长期减排战略、规划和行动计划，如 2008 年的《德国适应气候变化战略》、2011 年的《适应行动计划》及《气候保护规划 2050》等。除此之外，德国政府还通过了一系列法律法规，如《可再生能源优先法》《可再生能源法》

《联邦气候立法》及《国家氢能战略》等。并于 2019 年 11 月 15 日，通过了《气候保护法》，该法律规定了工业、建筑、能源、交通、农林等不同经济部门所允许的碳排放量，并规定联邦政府有责任有权力监督有关领域实现每年的减排目标。《气候保护法》的颁布，首次以法律形式确定了德国中长期温室气体减排目标：到 2030 年实现温室气体排放总量较 1990 年至少减少 55%，到 2050 年实现温室气体净零排放，即实现"碳中和"。

（5）法国

法国政府也为碳中和目标作出了持续性的努力。法国政府于 2015 年 8 月通过了《绿色增长能源转型法》，该法确定了法国国内绿色增长与能源转型的时间表。此外，法国政府还于 2015 年提出了《国家低碳战略》，制定了碳预算制度。2018—2019 年，法国政府对该战略继续进行修订，将 2050 年温室气体排放减量目标调整为碳中和目标。并于 2020 年 4 月 21 日最终以法令的形式正式通过了《国家低碳战略》。

除此之外，法国政府在过去几年还制定并实施了《法国国家空气污染物减排规划纲要》《多年能源规划》（PPE）等，为实现节能减排、促进绿色增长提供了有力的政策保障。

（6）瑞典

瑞典气候新法于 2018 年初生效，该法为温室气体减排制定了长期目标：在 2045 年前实现温室气体零排放，在 2030 年前实现交通运输部门减排 70%。该法从法律层面规定了每届政府的碳减排义务，即必须着眼于瑞典气候变化总体目标来制定相关的政策和法规。

（7）澳大利亚

澳大利亚政府对于气候减排并不积极，其气候政策也一直处在摇摆不定中。直到 2007 年澳大利亚政府才签署《京都议定书》。

自 2018 年 8 月莫里森任职总理后，澳大利亚的气候政策又相继发生了一些转变，包括：

废除《能源保障计划》，这意味着澳大利亚寻求改革能源市场以减少温室气体排放的尝试以失败告终；

2019 年 2 月 25 日发布了《气候解决方案》，该方案计划投资 35 亿澳元来兑现澳大利亚在《巴黎协定》中作出的 2030 年温室气体减排的承诺；

实行倾向于传统能源产业的政策，在新能源产业上投入不足。

（8）日本

国际能源署的数据表明，日本是 2017 年全球温室气体排放的第六大贡献国，自 2011 年福岛灾难以来，尽管日本在节能技术上有所发展，但仍对化石能源具有很强的依赖性。

在法律方面，为减少因使用化学能源的温室气体排放，日本此前颁布的《关于促进新能源利用措施法》（1997 年）和《新能源利用的措施法实施令》（2002 年）等法规政策可视为日本实现碳中和目标的法律依据。除此之外，日本政府还发布了针对碳排放和绿色经济的政策文件，如《面向低碳社会的十二大行动》《21 世纪环境立国战略》（2007 版）及《绿色经济与社会变革》（2009 年）政策草案。并于 2020 年 10 月 25 日公布了"绿色增长战略"，确定了到 2050 年实现净零排放的目标，该战略的目的在于通过技术创新和绿色投资的方式加速向低碳社会转型。

2020 年年底，日本政府公布了脱碳路线图草案。其中不仅书面确认了"2050 年实现净零排放"，还为海上风电、电动汽车等 14 个领域设定了不同的发展时间表，其目的是通过技术创新和绿色投资的方式加速向低碳社会转型。该草案提出以下三个目标：

十五年内淘汰燃油车。日本政府在草案中确定了将在 15 年内逐步停售燃油车，采用混合动力汽车和电动汽车来填补燃油车的空缺，并致力于加速降低动力电池的整体成本。

清洁能源发电占比过半。草案中还对日本清洁电力发展进行了明确的规划：2050 年时，可再生能源发电量占比较目前水平提升 3 倍，占比 50%~60%，最大限度地利用核能、氢、氨等清洁能源。

引入碳价机制。日本政府计划引入碳价机制来助力减排目标的达成，将制定一项根据二氧化碳排放量收费的制度，碳定价是根据二氧化碳排放量要求企业与家庭负担经费的机制，目的是通过定价实现二氧化碳的减排。

（9）其他国家（表2-5）

表2-5　其他国家"双碳"相关政策法规

国　家	实现方式	目标时间	具体措施
奥地利	政策宣示	2040年	奥地利联合政府承诺在2040年实现气候中立，在2030年实现100%清洁电力，并以约束性碳排放目标为基础。
加拿大	法律规定	2050年	加拿大政府于2020年11月19日提出法律草案，明确要在2050年实现碳中和。
智利	政策宣示	2050年	智利总统波捏拉于2019年6月宣布智利努力实现碳中和；2020年4月，智利政府向联合国提交了一份强化的中期承诺，重申了其长期目标，已经确定在2024年前关闭8座燃煤电厂，并在2040年前逐步淘汰煤电。
不丹	《巴黎协定》下自主减排方案	无	不丹人口不到100万，收入偏低，有丰富的森林和水电资源，目前为碳负，平衡碳账户比大多数国家容易，但经济增长和对汽车需求的不断增长，正在为碳排放持续增加压力。
哥斯达黎加	提交至UN	2050年	哥斯达黎加总统卡洛斯·阿尔瓦拉多于2019年2月制定了一揽子气候政策，并于同年12月向联合国提交了计划，确定了2050年实现碳净排放量为零。
丹麦	法律规定	2050年	丹麦政府在2018年制定了到2050年建立"气候中性社会"的计划，该计划确定从2030年起禁止销售新的燃油汽车，支持电动汽车。
斐济	提交至UN	2050年	斐济政府向联合国提交了一份气候变化计划，目标是在所有经济部门实现净零碳排放。
芬兰	政策宣示	2035年	芬兰的五个政党于2019年6月同意加强该国的气候法，2020年2月，芬兰政府宣布，芬兰计划在2035年成为世界上第一个实现碳中和的国家。
匈牙利	法律规定	2050年	匈牙利政府在2020年6月通过了气候法，并承诺到2050年实现碳中和。

续表：

国　　家	实现方式	目标时间	具体措施
冰岛	政策宣示	2040 年	冰岛政府于 2018 年通过并开始实施《气候行动计划（2018—2030）》，该计划的目标是：在 2030 年禁售新的燃油汽车，并在 2040 年前完全实现碳中和，到 2050 年，化石燃料将逐步淘汰。
爱尔兰	执政党联盟协议	2050 年	爱尔兰的三个政党在 2020 年 6 月敲定的一项联合协议中，同意在法律上设定 2050 年的净零排放目标，在未来十年内每年减排 7%。
马绍尔群岛	提交至 UN	2050 年	马绍尔群岛在 2018 年 9 月提交给联合国的最新报告提出了到 2050 年实现碳净零排放的愿望。
新西兰	法律规定	2050 年	新西兰议会于 2020 年 12 月通过议案，宣布国家进入气候紧急状态，承诺实现以下目标：2025 年公共部门将实现碳中和，2050 年全国整体实现碳中和。
挪威	政策宣示	2050 年	挪威议会是世界上最早讨论气候碳中和问题的议会之一，其目标设立为：在 2030 年通过国际抵消实现碳中和，2050 年在国内实现碳中和，但这个承诺只是挪威的政策意向，而不是一个具有约束力的气候法律。
葡萄牙	政策宣示	2050 年	葡萄牙政府于 2018 年 12 月发布了一份实现净零排放的路线图，概述了运输、能源、废弃物、森林、农业等领域的减排战略，并承诺到 2050 年将实现碳中和目标。
新加坡	提交至 UN	21 世纪后半叶	新加坡国务资政兼国家安全统筹部长于 2020 年 2 月 28 日在国会表示：新加坡的碳排放量将在 2030 年前后达到每年 6500 万公吨的顶峰水平，2050 年将在此基础上减少一半，并将在 21 世纪下半叶，实现零碳排放。
斯洛伐克	提交至 UN	2050 年	斯洛伐克是第一批正式向联合国提交长期战略的欧盟成员国之一，其目标是在 2050 年实现"碳中和"。
南非	政策宣示	2050 年	南非政府于 2020 年 9 月公布了低排放发展战略（LEDS），承诺到 2050 年实现碳净零排放的目标。
韩国	政策宣示	2050 年	韩国总统于 2020 年 10 月 28 日在国会发表演讲时宣布：韩国将在 2050 年前实现碳中和，能源供应将从传统的煤炭转向可再生能源。
西班牙	法律草案	2050 年	西班牙政府于 2020 年 5 月向议会提交了气候框架法案草案，设立了一个委员会来监督碳排放进展情况，并立即禁止颁发新的煤炭、石油和天然气勘探许可证。
瑞士	政策宣示	2050 年	瑞士联邦委员会于 2019 年 8 月 28 日宣布，计划在 2050 年前实现碳净零排放，进一步深化了《巴黎协定》规定的 70%~80% 的减排目标。
乌拉圭	《巴黎协定》下自主减排承诺	2030 年	根据乌拉圭提交的联合国公约的国家报告，预计到 2030 年该国将成为净碳汇国。

2. 世界各国的碳中和制度构建

在保障实现碳中和目标的气候立法中，碳市场、碳技术、碳税及补贴等经济手段是各国通用制度。

（1）碳市场

从碳交易市场发展历史来看，碳交易机制最早由联合国提出，当前基本上依照《京都议定书》所规定的框架来运作。目前主流的碳市场机制，主要包括四类：国际排放交易机制（IET）、联合履约机制（JI）、清洁发展机制（CDM）和自愿减排机制（VER）。

从国别来看，英国的全国性碳交易立法值得研究；澳大利亚于2011年通过的《清洁能源法案》从碳税逐步过渡到国家性碳交易市场，设立了碳中和认证制度和碳排放信用机制，构建了比较完整的碳市场执法监管体系，为碳中和目标的实现奠定了制度基础。

（2）碳相关技术

联合国政府间气候变化专门委员会第五次评估报告指出，若无碳捕获、利用与封存技术（CCUS），绝大多数气候模式都不能实现减排目标。具体来看，碳技术可分为碳捕获技术、碳利用技术、碳封存技术。

碳捕获技术：又分为点源CCUS技术、生物质能碳捕获与封存技术（BECCS）和直接空气碳捕获与封存技术（DACCS）。点源CCUS技术是指捕获二氧化碳排放，并将其储存在地下或进行工业应用的技术，是最具潜力的前沿减排技术之一。生物质能碳捕获与封存技术（BECCS）是指二氧化碳经由植被从大气中被提取出来，通过燃烧生物质从燃烧产物中进行回收的技术。而直接空气碳捕获与封存技术（DACCS）是指直接从空气中捕获二氧化碳的技术。

碳利用技术：是指利用二氧化碳来创造具有经济价值的产品的技术，在一些联合国欧洲经济委员会成员国中广泛应用的是强化采油技术，碳利用技术需要与直接空气碳捕获与封存技术相结合，以解决二氧化碳的再释放问题，从而达到碳中和的目的。

碳封存技术：这是指零含水层封存二氧化碳以及强化采油技术，尽管碳捕获与封存技术的发展史已有四五十年，但整个系统的大规模运行目前仍然难以实现。

（3）碳税

碳税可简单地理解为对二氧化碳排放所征收的税，即如果某国出口的产品不能达到进口国在节能和碳减排方面所设定的标准，就将被征收特别关税。碳税通过对燃煤和石油下游的汽油、天然气、航空燃油等化石燃料产品，按其碳含量的比例征税来实现减少化石燃料消耗和二氧化碳排放。

目前，碳税制度在世界大多数国家的行动中有所体现：芬兰已经拥有了较为完备的单一碳税制度；澳大利亚和新西兰在碳税推进过程中遇到挫折，从而结束减排制度或转向碳交易市场；南非在单一碳税制度上进行了相当长时间的探索，并有了一定的突破，由单一碳税模式转向"碳税＋碳交易"的复合模式；日本采取了中和补助金制度，即日本政府出台折旧制度、补助金制度、会计制度等多项财税优惠措施，以更好地引导企业发展节能技术、使用节能设备。

碳税制度正成为发达国家有关碳中和目标的规则博弈。以欧盟为主的国家正着力设计碳税制度，碳税机制或进入实施阶段。欧盟于 2020 年初签订《欧洲绿色协议》，协议提出要在欧盟区域内实施"碳关税"的新税收制度；欧洲议会于 2021 年 3 月通过了"碳边境调节机制"议案，该议案提出将从 2023 年起对欧盟进口的部分商品征收碳税；英国首相鲍里斯·约翰逊建议利用七国集团主席这一角色来推动成员国之间协调征收碳边境税；美国则在考虑征收"碳边境税"或"边境调节税"。

四、"双碳"对中国未来能源经济格局的重塑

1. 中国目前碳中和管理相关政策

作为我国"十四五"的重点工作之一，我国从中央到地方已经开始紧锣密鼓地出台了碳达峰、碳中和的相关政策，对这一工作制定了目标与具体的实施规划。虽然我国还没有保障碳达峰目标和碳中和愿景实现的专门立法，但是有一定

的碳中和法治实践基础。

（1）中央层面

2020 年 10 月 29 日召开的中国共产党十九届五中全会通过了《中共中央关于制定国民经济和社会发展第十四个五年规划和二〇三五年远景目标的建议》，提出了以下目标："到 2035 年，广泛形成绿色生产生活方式，碳排放达峰后稳中有降，生态环境根本好转，美丽中国建设目标基本实现。""十四五"期间，我国加快推动绿色低碳发展的具体要求有以下几点：强化国土空间规划和用途管控，落实生态保护、基本农田、城镇开发等空间管控边界，减少人类活动对自然空间的占用。强化绿色发展的法律和政策保障，发展绿色金融，支持绿色技术创新，推进清洁生产，发展环保产业，推进重点行业和重要领域绿色化改造。推动能源清洁、低碳、安全、高效利用。发展绿色建筑。开展绿色生活创建活动。降低碳排放强度，支持有条件的地方率先达到碳排放峰值，制定 2030 年前碳排放达峰行动方案。

2020 年 12 月 16 日至 18 日召开的中央经济工作会议将做好碳达峰、碳中和工作列为 2021 年八大重点任务之一，会议要求抓紧制定 2030 年前碳排放达峰行动方案，支持有条件的地方率先达峰。会议提出了要加快调整优化产业结构、能源结构，推动煤炭消费尽早达峰，大力发展新能源，加快建设全国用能权、碳排放交易市场，完善能源消费双控制度；要继续打好污染防治攻坚战，实现减污降碳协同效应；要开展大规模国土绿化行动，提升生态系统碳汇能力。

（2）部委层面

【生态环境部】

• 出台了一系列全国碳排放权交易管理政策。

于 2020 年 12 月 30 日正式发布《关于印发〈2019—2020 年全国碳排放权交易配额总量设定与分配实施方案（发电行业）〉（以下简称〈分配方案〉）〈纳入2019—2020 年全国碳排放权交易配额管理的重点排放单位名单〉并做好发电行业配额预分配工作的通知》。《分配方案》在"十三五"规划收官之际出台，可以说是吹响了全国碳市场最后冲刺的号角。这一通知同时要求各省级生态环境主管部门按照要求于 2021 年 1 月 29 日前提交发电行业重点排放单位配额预分配相关数据表。这些信号彰显了主管部门贯彻落实中央经济工作会议部署做好碳达峰、碳中和工作的决心。目前看来，全国碳排放权交易市场有望在 2022 年进入实质性运行阶段。

《分配方案》在"十三五"规划收官之际出台，可以说是吹响了全国碳市场最后冲刺的号角。这一通知同时要求各省级生态环境主管部门按照要求于 2021 年 1 月 29 日前提交发电行业重点排放单位配额预分配相关数据表。这些信号彰显了主管部门贯彻落实中央经济工作会议部署做好碳达峰、碳中和工作的决心。目前看来，全国碳排放权交易市场有望在 2022 年进入实质性运行阶段。

随后，生态环境部于 2021 年 1 月 5 日发布了《碳排放权交易管理办法（试行）》（以下简称《管理办法》），该办法已于 2021 年 2 月 1 日起开始实施。《管理办法》进一步加强了对温室气体排放的控制和管理，为加快推进全国碳交易市场建设提供了更加有力的法律保障。

同年 1 月 9 日，生态环境部印发了《关于统筹和加强应对气候变化与生态环境保护相关工作的指导意见》（以下简称《指导意见》）。《指导意见》有助于加快推进应对气候变化与生态环境保护相关职能协同、工作协同和机制协同，有助于加强源头治理、系统治理、整体治理，以更大力度推进应对气候变化工作，实现减污降碳协同效应，为实现碳达峰目标与碳中和愿景提供了支撑保障。

《指导意见》从战略规划、政策法规、制度体系、试点示范和国际合作 5 个领域，建立健全统筹融合、协同高效的工作体系，推进应对气候变化与生态环境保护相关工作统一谋划、统一布置、统一实施、统一检查。

• 确立了实施碳达峰方案为 2021 年重点任务。

生态环境部于 2021 年 1 月 21 日在北京召开全国生态环境保护工作会议，会议总结了 2020 年和"十三五"生态环境保护工作，分析了当前生态环境保护面临的形势，谋划了"十四五"工作，对 2021 年的重点工作——建立实施碳达峰方案进行了安排部署。会议确定，编制实施 2030 年前碳排放达峰行动方案是 2021 年要抓好的八大重点任务之一，并做出了两项部署：

一是加快建立支撑实现国家自主贡献的项目库，加快推进全国碳排放权交易市场建设，深化低碳省市试点，强化地方应对气候变化能力建设，研究编制《国家适应气候变化战略 2035》。

二是推动《联合国气候变化框架公约》第二十六次缔约方大会取得积极成果，扎实推进气候变化南南合作。

【国家发展和改革委员会】

国家发展和改革委员会于 2021 年 1 月 19 日举行了 1 月份新闻发布会，表示国家发展和改革委员会将坚决贯彻落实党中央、国务院的决策部署，抓紧研究出台相关政策措施，积极推动经济绿色低碳转型和可持续发展。对此，国家发改委围绕实现碳达峰、碳中和的中长期目标，制定了相关保障措施。

大力调整能源结构：①推进能源体系清洁低碳发展，推进能源体系清洁低碳发展，稳步推进水电发展，安全发展核电，加快光伏和风电发展，加快构建适应高比例可再生能源发展的新型电力系统；②完善清洁能源消纳长效机制，推动低碳能源替代高碳能源、可再生能源替代化石能源；③推动能源数字化和智能化发展，加快提升能源产业链智能化水平。

加快推动产业结构转型：①大力淘汰落后产能、化解过剩产能、优化存量产能，严格控制高耗能行业新增产能，推动钢铁、石化化工等传统高耗能行业转型升级；②积极发展战略性新兴产业，加快推动现代服务业高新技术产业和先进制造业发展。

着力提升能源利用效率：①完善能源消费双控制度，严格控制能耗强度，合理控制能源消费总量；②建立健全用能预算等管理制度，推动能源资源高效配置、高效利用；③继续深入推进工业、建筑、交通、公共机构等重点领域节能，着力提升新基建能效水平。

加速低碳技术研发推广：①坚持以市场为导向，大力度推进节能低碳技术研发推广应用；②加快推进规模化储能、氢能、碳捕集利用与封存等技术发展；③推动数字化信息化技术在节能、清洁能源领域的创新融合。

健全低碳发展体制机制：①加快完善有利于绿色低碳发展的价格、财税、金融等经济政策；②推动合同能源管理、污染第三方治理、环境托管等服务模式创新发展。

努力增加生态碳汇：①加强森林资源培育，开展国土绿化行动，不断增加森林面积和蓄积量；②加强生态保护修复，增强草原、绿地、湖泊、湿地等自然生态系统固碳能力。

【财政部】

财政部也积极支持应对气候变化。2020 年 12 月 31 日召开的全国财政工作会议对应对气候变化相关工作作出了具体部署：

坚持资金投入同污染防治攻坚任务相匹配，大力推动绿色发展。

推动重点行业结构调整，支持优化能源结构，增加可再生、清洁能源供给。

研究碳减排相关的税收问题。

加强污染防治，巩固北方地区冬季清洁取暖试点成果。

支持重点流域水污染防治，推动长江、黄河全流域建立横向生态补偿机制。

推进重点生态保护修复，积极支持应对气候变化，推动生态环境明显改善。

【工业和信息化部】

2021 年 1 月 26 日，工业和信息化部在国务院新闻办召开的新闻发布会上表示，落实我国碳达峰、碳中和目标任务的重要举措之一是钢铁压减产量。工业和信息化部与发展改革委等相关部门正在研究制定新的产能置换办法和项目备案的指导意见，以期逐步建立以碳排放、污染物排放、能耗总量为依据的存量约束机制，实施工业低碳行动和绿色制造工程，确保 2021 年全面实现钢铁产量的同比下降。

【国家能源局】

于 2020 年 12 月 21 日发布《新时代的中国能源发展》白皮书并举行发布会，将继续致力于推动能源绿色低碳转型，并作出了部署：加大煤炭的清洁化开发利用；大力提升油气勘探开发力度；加快天然气产供储销体系建设；加快风能、太阳能、生物质能等非化石能源开发利用；以新一代信息基础设施建设为契机，推动能源数字化和智能化发展等。

【中国人民银行】

2021年1月4日，中国人民银行工作会议部署了2021年十大工作，明确表示"落实碳达峰、碳中和"是仅次于货币、信贷政策的第三大工作：要求做好政策设计和规划，引导金融资源向绿色发展领域倾斜，增强金融体系管理气候变化相关风险的能力，推动建设碳排放交易市场为排碳合理定价；逐步健全绿色金融标准体系明确金融机构监管和信息披露要求，建立政策激励约束体系，完善绿色金融产品和市场体系，持续推进绿色金融国际合作。

（3）地方层面

据不完全统计数据，截至2021年2月，已经有80多个低碳试点城市提出达峰目标，其中提出了碳在2025年前达峰的有42个城市。在省级层面，上海、福建、青海、海南等地提出在全国碳达峰之前率先达峰，上海、天津、湖北、福建、山东、山西、河北、河南、安徽、江西、江苏、辽宁、海南、甘肃、陕西、四川、西藏共17个省、自治区、直辖市提出2021年将研究、制定实施二氧化碳排放达峰行动方案（表2-6）。

表2-6　中国不同省、自治区、直辖市的碳达峰方案

省、区、市	落实碳达峰碳中和行动方案
北京	（1）北京生态文明"十四五"时期要有明显提升，碳排放稳中有降，碳中和迈出坚实步伐，为应对气候变化在全国范围内做出示范； （2）要加强细颗粒物、臭氧、温室气体协同控制，突出碳排放总量和强度"双控"，明确碳中和时间表路线图； （3）推进能源结构调整和交通、建筑等重点领域节能； （4）严格落实全城全过程扬尘管控； （5）实施节水行动方案，全市污水处理率达到95.8%； （6）加强土地资源环境管理，新增造林绿化15万亩。

续表:

省、区、市	落实碳达峰碳中和行动方案
天津	（1）制定实施碳排放达峰行动方案，推动钢铁等重点行业率先达峰和煤炭消费尽早达峰； （2）完善能源消费双控制度，协同推进减污降碳； （3）实施工业污染排放双控，推动工业绿色转型。
上海	（1）制定全市碳排放达峰行动计划，着力推动电力、钢铁、化工等重点领域和重点用能单位节能减排，确保在2025年前实现碳排放达峰； （2）加快产业结构优化升级，深化能源清洁高效利用，进一步提高生态系统碳汇能力； （3）积极推进全国碳排放权交易市场建设，推动经济社会发展全面绿色转型。
内蒙古	（1）加强生态文明建设，全面推行绿色低碳生产生活方式，构筑祖国北疆万里绿色长城； （2）加快生态建设，坚持保护优先、恢复为主，统筹推进山水林田湖草综合整治工程，持续打好污染防治攻坚战； （3）深入创建国家级森林城市，探索实施"林长制"； （4）稳步推进"四个一"工程建设，加强燃煤钢炉、机动车污染管控，确保大气环境质量PM$_{2.5}$年均值稳定达到国家二级标准，优良天数比例达到90%以上。
新疆	（1）深入实施可持续发展战略，健全生态环境保护机制，严禁"三高"项目进新疆，落实最严格的生态保护制度； （2）立足新疆能源实际，积极谋划和推动联达峰、碳中和工作，推动绿色低碳发展； （3）加强生态环境建设，统筹开展治沙治水和森林草原保护； （4）持续开展大气、水污染防治和土壤污染风险管控，实现减污降碳协同效应。
河北	（1）结合生态环境部工作安排，抓紧谋划制定河北省二氧化碳排放达峰行动方案； （2）积极推动河北省碳达峰、碳中和战略研究，持续打好污染防治攻坚战，努力实现减污降碳协同效应； （3）把降碳作为推动河北省经济结构、能源结构、产业结构低碳转型的总抓手，实实在在推动绿色低碳发展。
山西	（1）把开展碳达峰作为深化能源革命综合改革试点的牵引举措，研究制定行动方案； （2）推动煤矿绿色智能开采，推动煤炭分质分级梯级利用，抓好煤炭消费减量等量替代； （3）建立电力现货市场交易体系，完善战略性新兴产业电价机制； （4）加快开发利用新能源，开展能源互联网建设试点； （5）探索用能权、碳排放交易市场建设。
辽宁	（1）科学编制并实施碳排放达峰行动方案； （2）大力发展风电、光伏等可再生能源，支持氢能规模化应用和装备发展； （3）建设碳交易市场，推进碳排放权市场化交易。
吉林	（1）启动二氧化碳排放达峰行动，加强重点行业和重要领域绿色化改造； （2）全面构建绿色能源、绿色制造体系，建设绿色工厂、绿色工业园区，加快煤改气、煤改电、煤改生物质，促进生产生活方式绿色转型；支持白城建设碳中和示范园区； （3）深入推进重点行业清洁生产审核，挖掘企业节能减排潜力，从源头减少污染排放，发展壮大环保产业；支持乾安等县市建设清洁能源经济示范区； （4）创建一批国家生态文明建设示范市县和"绿水青山就是金山银山"实践创新基地。

续表：

省、区、市	落实碳达峰碳中和行动方案
黑龙江	落实城市更新行动，统筹城市规划、生态建设、建设管理，打造"一城山水半城林"的秀美城市新印象。
江苏	（1）大力发展绿色产业，加快推动能源革命，促进生产生活方式绿色低碳转型，力争提前实现碳达峰； （2）制定实施二氧化碳排放达峰及"十四五"行动方案； （3）加快产业结构、能源结构、运输结构和农业投入结构调整； （4）扎实推进清洁生产，发展壮大绿色产业，加强节能改造管理； （5）完善能源消费双控制度，提升生态系统碳汇能力； （6）严格控制新上高耗能、高排放项目，加快形成绿色生产生活方式，促进绿色低碳循环发展。
浙江	（1）启动实施碳达峰行动，开展低碳工业园区建设和"零碳"体系试点； （2）优化电力、天然气价格市场化机制； （3）大力调整能源结构、产业结构、运输结构，非化石能源占一次能源比重提高到20.8%，煤电装机占比下降2%； （4）加快淘汰落后和过剩产能，腾出用能空间180万吨标煤； （5）加快推进碳排放权交易试点。
安徽	（1）制定实施碳排放达峰行动方案； （2）严控高耗能产业规模和项目数量； （3）推进"外电入皖"，全年受进区外电260亿千瓦时以上； （4）推广应用节能新技术、新设备，完成电能替代60亿千瓦时； （5）推进绿色储能基地建设； （6）建设天然气主干管道160千米，天然气消费量扩大到65亿立方米； （7）扩大光伏、风能、生物质能等可再生能源应用，新增可再生能源发电装机100万千瓦以上； （8）提升生态系统碳汇能力，完成造林140万亩。
福建	（1）制定实施二氧化碳排放达峰行动方案，支持厦门、南平等地率先达峰，推进低碳城市、低碳园区、低碳社区试点； （2）强化区域流域水资源"双控"； （3）加大批而未供和闲置土地处置力度，推进城镇低效用地再开发； （4）深化"电动福建"建设； （5）实施工程建设项目"绿色施工"行动，坚决打击盗采河沙、海沙行为； （6）大力倡导光盘行动，革除滥食野生动物等陋习，有序推进县城生活垃圾分类，推广使用降解塑料包装； （7）积极创建节约型机关、绿色家庭、绿色学校。
山东	（1）强化源头管控，加快优化能源结构、产业结构、交通运输结构、农业投入结构； （2）完善高耗能行业差别化政策，实施煤炭消费总量控制，推进清洁能源倍增行动，积极推进能源生产和消费革命； （3）发展绿色金融，支持绿色技术创新，大力推进清洁生产和生态工业园区建设，发展壮大环保产业，推进重点行业和领域绿色化改造； （4）推广"无废城市"建设，实现市域垃圾分类处置全覆盖； （5）开展绿色生活创建活动，推动形成简约适度、绿色低碳的生活方式； （6）降低碳排放强度，制定碳排放达峰行动方案； （7）深化县城节水型社会达标创建； （8）探索生态产品价值实现机制。

续表：

省、区、市	落实碳达峰碳中和行动方案
河南	（1）制定碳排放达峰行动方案，探索用能预算管理和区域能评，完善能源消费双控制度，建立健全用能权、碳排放权等初始分配和市场化交易机制； （2）推动以煤为主的能源体系加快转型，积极发展可再生能源等新兴能源产业，谋划推进外电入豫第三通道； （3）推动重点行业清洁生产和绿色化改造，推广使用环保节能装备和产品，实施铁路专用线进企入园工程，开展多领域低碳试点创建，提升绿色发展水平。
湖北	（1）研究制定我省联达峰方案，开展近零碳排放示范区建设； （2）加快建设全国碳排放权注册登记结算系统； （3）大力发展循环经济、低碳经济，培育壮大节能环保、清洁能源产业； （4）推进绿色建筑、绿色工厂、绿色产品、绿色园区、绿色供应链建设； （5）加强先进适用绿色技术和装备研发制造、产业化及示范应用； （6）推行垃圾分类和减量化、资源化利用； （7）深化县城节水型社会达标创建； （8）探索生态产品价值实现机制。
湖南	（1）发展环境治理和绿色制造产业，推进钢铁、建材、电线、石化、造纸等重点行业绿色转型，大力发展装配式建筑、绿色建筑； （2）支持探索零碳示范创建； （3）全面建立资源节约集约循环利用制度，实行能源和水资源消耗、建设用地等总量和强度双控，开展工业固废资源综合利用示范创建，加强畜禽养殖废弃物无害化处理、资源化利用，加快生活垃圾焚烧发电等终端设施建设； （4）抓好矿业转型和绿色矿山、绿色园区、绿色交通建设； （5）倡导绿色生活方式。
广东	（1）落实国家碳达峰、碳中和部署要求，分区域分行业推动碳排放达峰，深化碳交易试点； （2）加快调整优化能源结构，大力发展天然气、风能、太阳能、核能等清洁能源，提升天然气在一次能源中占比； （3）研究建立用能预算管理制度，严控新上高耗能项目； （4）制定更严格的环保、能耗标准，全面推进有色、建材、陶瓷、纺织印染、造纸等传统制造业绿色化低碳化改造； （5）培育壮大节能环保产业，推广应用节能低碳环保产品，全面推行绿色建筑。
海南	（1）研究制定碳排放达峰行动方案； （2）清洁能源装机比例提升至70%，实现分布式电源发电量全额消纳；推广清洁能源汽车2.5万辆，启动建设世界新能源汽车体验中心； （3）推广装配式建造项目面积1700万平方米，促进部品部件生产能力与需求相匹配； （4）4个地级市垃圾分类试点提升实效，其他市县提前谋划； （5）扩大"禁塑"成果，实现替代品规范化和全流程可追溯； （6）推进热带雨林国家公园建设，完成核心保护区生态撤迁。
四川	（1）推进国家清洁能源示范省建设，发展节能环保、风光水电清洁能源等绿色产业，建设绿色产业示范基地； （2）促进资源节约集约循环利用，实施产业园区绿色化、循环化改造，全面推进清洁生产，大力实施节水行动； （3）制定二氧化碳排放达峰行动方案，推动用能权、碳排放权交易； （4）持续推进能源消耗和总量强度"双控"，实施电能替代工程和重点节能工程； （5）倡导绿色生活方式，推行"光盘行动"，建设节约型社会，创建节约型机关。

续表：

省、区、市	落实碳达峰碳中和行动方案
陕西	（1）加快实施"三线一单"生态环境分区管控，积极创建国家生态文明试验区； （2）开展碳达峰、碳中和研究，编制省级达峰行动方案； （3）积极推行清洁生产，大力发展节能环保产业，深入实施能源消耗总量和强度双控行动，推进碳排放权市场化交易； （4）倡导绿色生活方式，推广新能源汽车、绿色建材、节能家电、高效照明等产品，开展绿色家庭、绿色学校、绿色社区、绿色出行等创建活动。
甘肃	（1）全面推行林长制； （2）编制甘肃省碳排放达峰行动方案； （3）鼓励甘南开发碳汇项目，积极参与全国碳市场交易； （4）健全完善全省环境权益交易平台； （5）实施"三线一单"生态环境分区管控，对生态环境违法违规问题零容忍、严查处。
重庆	（1）推动绿色低碳发展，健全生态文明制度体系； （2）构建绿色低碳产业体系； （3）开展二氧化碳排放达峰行动； （4）建设一批零碳示范园区； （5）培育碳排放权交易市场。
江西	（1）制定碳达峰行动计划方案，协同推进减污降碳； （2）协同推进应对气候变化与生态环境治理，促进经济社会发展绿色转型升级。
贵州	（1）制定落实"三条控制线"，实施"三线一单"生态环境分区管控； （2）推进绿色经济倍增计划，创建绿色矿山、绿色工厂、绿色园区； （3）倡导绿色出行，公共领域新增或更新车辆新能源汽车比例不低于80%，加强充电桩建设； （4）实施资源有偿使用和生态补偿制度，推广环境污染强制责任保险制度，健全生态补偿机制； （5）推动排污权、碳排放权等市场化交易。
云南	（1）争取部省共建国家级绿色发展先行区； （2）持续推进森林云南建设和大规模国土绿化行动，全面推行林长制； （3）促进资源循环利用，为国家碳达峰、碳中和作贡献； （4）深入开展污染防治行动； （5）全面推进美丽城乡建设。
青海	（1）率先建立以国家公园为主体的自然保护地体系； （2）推动生产生活方式绿色转型，大幅提高能源资源利用效率，主要污染物排放总量持续减少，主要城市空气优良天数比例达到90%左右； （3）完善生态文明制度体系，建立生态产品价值实现机制，优化国土空间开发保护格局，国家生态安全屏障更加巩固。
广西	（1）加强生态文明建设，深入推进污染防治攻坚战，狠抓大气污染防治攻坚，推进漓江、南流江、九洲江、钦江等重点流域水环境综合治理，开展土壤污染综合防治； （2）开展自然灾害综合风险普查，提升全社会抵御自然灾害的综合防范能力； （3）统筹推进自然资源资产产权制度改革，促进自然资源集约开发利用和生态保护修复。

续表:

省、区、市	落实碳达峰碳中和行动方案
西藏	（1）编制实施生态文明高地建设规划，研究制定碳达峰行动方案； （2）深入打好污染防治攻坚战； （3）深入实施重大生态工程，深化生态安全屏障保护与建设； （4）持续推进"两江四河"流域造林绿化、防沙治沙等重点工程； （5）加强重点流域水生态保护。
宁夏	（1）完善区域联防联控机制，推进重点行业超低排放改造，加大老旧柴油货车淘汰，大幅减少重污染天气； （2）实行能源总量和强度"双控"，推广清洁生产和循环经济； （3）推进煤炭减量替代，加大新能源开发利用，实现减污降碳协同效应最大化。

2. 中国碳排放的现状与趋势

根据相关报告，2020 年全国二氧化碳总排放量约为 113.5 亿吨，其中电力、工业、建筑、交通四部门二氧化碳排放占比分别为 40.5%、37.6%、10.0%、9.9%。从更加细分的行业来看，水泥、钢铁、化工是全球工业领域中排放量最高的三个行业，比重约为 17.2%、16.7%、12.1%。而在我国，钢铁、水泥、化工对应的排放占排放总量的比重约为 16.2%、15.7%、7%（图 2-3）。

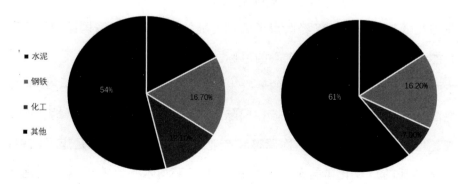

图 2-3　2020 年全球及中国工业领域二氧化碳排放量占比

我国排放的二氧化碳主要来自化石能源（煤炭、石油、天然气等）的燃烧与工业过程（炼钢、水泥生产等），二者的二氧化碳排放占比分别为 90% 和 10%。

经过坚持不懈地努力，我国在碳减排方面已经取得了巨大的进步。早在2015 年我国政府就向联合国提交了《强化应对气候变化行动——中国国家自主贡献》，提出了我国的国家自主贡献目标。截至 2020 年年底，中国碳强度较2005 年降低了约 48.4%，非化石能源占一次能源消费比重已达 15.9%，大幅超额完成到 2020 年的气候行动目标。

（1）碳减排技术上取得重大突破

从技术层面看，我国多项碳减排相关技术取得重大突破。比如过去 10 年间，我国可再生能源生产成本大幅下降，其中，光伏发电成本降低了 90%，已低于煤炭发电成本。可再生能源产生的绿电已经具有与煤电竞争的能力。工业能效获得了大幅提升。我国的数字技术、信息技术发展迅速并得到了广泛应用，这加速了能源结构的调整。

（2）碳减排体制机制不断完善

我国坚持绿色发展理念，大力推动生态文明建设，这些措施都和低碳减排方向一致。在经济政策方面，我国更加强调经济增长方式的转变。环境政策方面也取得了非常好的协同效应。比如，为改善空气质量，我国不断调整产业、能源、运输、用地等四大结构，这些调整同样具有低碳减排的功能。可以说，过去的五年，我国在低碳减排方面已经取得了天翻地覆的变化，这让我国站到了更高的起点上，能更有信心地实现更具雄心的目标。

然而，我们应当看到，我国的低碳发展转型还存在巨大的发展空间和发展潜力，也面临巨大挑战：一是制造业在国际产业价值链中仍处于中低端，产品能耗物耗高，增加值率低，经济结构调整和产业升级任务艰巨。二是煤炭消费占比、单位能源消耗的二氧化碳排放强度仍高于世界平均水平，能源结构优化任务艰巨。三是单位 GDP 的能耗仍然较高，建立绿色低碳的经济体制任务艰巨。

中国的非二氧化碳温室气体排放在 2014 年为 20 亿吨二氧化碳当量，其中甲烷占 56%，氧化亚氮占 31%，含氟气体占 12%。非二氧化碳温室气体排放占总温室气体排放量的 16%，当前仍呈增长趋势。煤炭开采过程瓦斯排放，约占甲烷总排放量的 40%，2015 年约 5.4 亿吨二氧化碳当量。未来随煤炭开采量下降以及加强煤矿瓦斯的利用，煤炭开采过程的甲烷排放会呈下降趋势，农业部门动物肠道发酵和水稻种植的甲烷排放 2015 年约 4.7 亿吨二氧化碳当量，未来将呈持续上升趋势，2050 年后将超过煤炭开采的排放量成为最主要的甲烷排放增长来源。油气逸散和废弃物填埋也是促使未来甲烷排放增长的主要因素。未来通过控制和减少煤炭和油气生产过程中甲烷排放，推广回收利用和末端处理分解技术，改良水稻种植方式和牲畜饲养方式及饲料转换，改进废弃物管理和处置方式等不同途径，预计甲烷排放量可在 2030 年达峰（约 12 亿吨二氧化碳当量），2050 年甲烷排放有望下降到 8 亿吨二氧化碳当量左右，比峰值排放量有较大下降。但由于甲烷深度减排的边际成本呈非线性陡峭上升趋势，实现近零排放仍有较大困难。

氧化亚氮排放主要来自氮肥施用、动物粪便管理和施用、乙二酸加工生产过程物质燃烧等。通过加强农业肥料管理，控制和减少化肥施用，改进农田耕作方式，加强乙二酸生产过程中源头控制和末端治理，氧化亚氮排放量有望在 2050 年有显著下降。

含氟气体排放主要来自制冷剂、发泡剂、灭火剂和化工原料的生产过程，涉及多个工业领域。通过对家用空调、商用空调、汽车空调等领域制冷剂的替代，以及生产过程加强对 HFC-23 的副产品减量、焚烧处理和资源化利用，可使含氟气体排放到 2030 年达到峰值，峰值排放量控制在 7.3 亿吨二氧化碳当量，到 2050 年含氟气体排放量可下降到 5 亿吨二氧化碳当量以下。

3. 中国碳中和战略规划

站在当前的历史方位，面对日益复杂的国际形势，中国如何在新时代社会主义现代化建设的宏伟蓝图中规划低碳发展的战略、路径和措施，大致分两个阶段：

第一阶段：2020—2035 年。社会主义现代化建设第一阶段（表 2-7），结合基本实现现代化的战略、任务及生态文明和美丽中国建设目标和规划，在实现生态环境根本好转的同时，落实和强化国家自主决定贡献（NDC）目标和减排承诺，实现环境质量和减排二氧化碳双达标，促进经济高质量发展，打造经济、能源、环境和应对气候变化协同治理多方共赢的局面。

表 2-7　中国碳中和战略规划

	第一阶段：2020—2035 年	第二阶段：2035—2050 年
国际形势	中美战略博弈日趋紧张，和平与发展受到考验与挑战。	国际新秩序、新体系逐步形成。
国家利益	培育形成绿色低碳、可持续发展的经济体系，维护和平发展的外部环境，做大"朋友圈"，团结广大发展中国家和认同中国发展道路的发达国家。	建成高质量、低排放的现代化经济体系，最终实现中华民族的伟大复兴。
战略定位	坚定不移地贯彻创新、协调、绿色、开放、共享的新发展理念，催生促进低排放发展的新技术、新产品、新模式、新业态和新经济，通过低排放发展战略的持续实施不断提高发展质量和效益，绿色低碳新动能和新产业成为经济发展的重要支撑和新引擎；百分之百承担与发展阶段和历史责任相称的应尽义务，将全球气候治理作为中国新型外交中的"王牌"。	以绿色低碳、创新智慧为特征的新经济成为经济增长的主力，增加低碳供给和就业，提高碳生产率，实现全经济范围的温室气体减排，将引领全球低排放发展作为"共同构建人类命运共同体"的主要载体、发展路径创新的伟大实践。
战略目标	在全面建成小康社会的基础上，再奋斗 15 年，基本实现社会主义现代化生态环境根本好转，基本实现美丽中国的目标。	把我国建成富强民主文明和谐美丽的社会主义现代化强国，生态文明得到全面提升。

第二阶段：2035—2050 年。在实现建成社会主义现代化强国和美丽中国目标的同时，要承担与我国不断上升的综合国力和国际影响力相一致的国际责任，把实现与 2℃甚至 1.5℃温升控制目标相契合的深度脱碳目标和对策作为新时代社会主义现代化建设总体战略的一项重要内容，引领全球气候治理与国际合作进程，为保护地球生态安全和人类社会生存与发展作出中华民族新的贡献。

第二节 如何实现"碳达峰与碳中和"

一、与碳中和相关的关键技术

要实现"碳达峰与碳中和",漫漫减碳之路上少不了各种减排技术的支持,否则一切都是无源之水、无本之木。

1.太阳能发电技术

著名的环境学教授瓦茨拉夫·斯米尔(Vaclav Smil)在其著作《能源神话与现实》中,认为太阳能和风力发电能够成为主力电力设施是永远不可能实现的神话故事。他这样说的主要依据是2000—2009年光伏系统的成本价仅仅下降了不到10%,离实现平价上网遥遥无期。然而,他没有料到的是,光伏行业的技术发展从2010年开始就一路狂奔,成本以肉眼可见的速度迅速下降。《重构大格局》一书中提到,在过去十年,光伏发电系统的成本下降了90%以上,2020年平均上网电价已降至0.35元/千瓦时,预计"十四五"期间还将降低到0.25元/千瓦时以下,届时光伏发电成本将低于绝大部分煤电。

太阳能是我们目前可使用的能源中一次性转化效率最高,并且使用最简单、最可靠、最经济的可再生能源,具备十分独特的优势,是未来新能源发展的必然选择。而光伏发电是所有发电技术中唯一不需要通过机械能转化就可以发电的技术,这就表明了它的能源转化效率更高、成本下降空间更大。

根据Carbon Tracker的报告《天空的极限》显示,太阳通过辐射照射到地球的总功率约为173 000太瓦,而人类从技术上可通过光伏发电实现每年最高5500皮瓦时的发电量,超过当前全球总能源需求的80倍,也就是说,即使我们只开发其中的2%,也能完全满足当前的能源需求。

光伏发电的原理是利用半导体的光生伏特效应,即只需要将太阳光照到薄薄的半导体上就能形成电流,我们将一张张半导体做成的电池片组装成电池组件,就能让电流规模化持续地流动，形成光伏电站（图2-4）。我国最大的光伏电站规划装机容量已经超过了2.2吉瓦。

图2-4　甘肃嘉峪关100兆瓦太阳能光伏发电站

太阳能光伏发电技术主要包括纯晶硅发电和薄膜发电两种。纯晶硅发电是由高纯晶硅切成非常薄的薄片，通过刻蚀成电路后再经过相互连接组成电池组件，这些组件再进一步排列形成更大的光伏阵列，以产生较大的电量。纯晶硅发电又分为单晶硅和多晶硅两种，单晶硅发电效率高，对温度的耐受力高，弱光性略好于多晶硅，但制造成本高；多晶硅发电效率低，对温度耐受力低，但胜在成本低。截至2022年，规模化生产的单晶硅电池太阳能转化率已达到24%左右，多晶硅约为19%，随着单晶硅生产成本的下降，多晶硅正逐渐被市场淘汰。因为高纯晶硅非常薄而脆弱，因此必须安装在坚硬的框架上。

薄膜发电的材料则属于一种柔性材料，它不存在刚性的晶体结构，所以可以将半导体材料的微小晶粒沉积在任何基材上，具备一定的柔韧度。也许在不远的未来，喷涂光伏薄膜甚至可以应用于布料，让我们的衣服在阳光下产生电能。相对于晶硅发电，薄膜发电技术的转化率普遍较低，而且成本偏高，但优势是可以制造成任何的形状，可以在光伏建筑一体化（BIPV）上广泛应用。

薄膜发电技术的发电材料比较广泛，目前主要的薄膜太阳能电池材料研究方向包括非晶硅、碲化镉、铜铟硒，铜铟镓硒、砷化镓、铜锌锡硫和钙钛矿等，其中碲化镉和铜铟镓硒是目前薄膜电池最为流行的材料。钙钛矿仍处于实验室阶段，还有许多难题需要攻克，但因为其成本非常低且无毒性，所以一旦实现技术突破，将战胜其他所有对手，成为主流薄膜发电技术。

目前，还有很多人认为光伏材料的生产是高污染、高排放行业，光伏发电是"伪新能源"。诚然，在十多年前，因为相关技术不成熟，光伏系统特别是上游多晶硅生产过程中消耗了大量能源，能量回收期长达十年，还会排放四氯化硅等高污染废水。而如今的多晶硅生产早已实现零废弃物排放，所有资源实现循环再利用，能耗也下降到不到以前的十分之一。以一个350瓦的光伏组件为例，其全生命周期生产过程中大约耗电150千瓦时，而该组件投用后不到4个月就能回收所消耗的电能，剩下的25~30年都是净输出的电能，可以说是名副其实的清洁能源。

除了太阳能光伏发电技术，另一种以太阳能作为能量来源的发电技术是太阳能光热发电（图2-5）。

图 2-5 哈密 50 兆瓦熔盐塔式光热发电站

太阳能光热发电，是将比较集中的太阳光能通过传递介质转化为热能，然后再转化为电能的技术。太阳能光热发电通过大量的光学反射装置将阳光聚焦在一个接收器上，将接收器内的导热介质温度加热到350~1000℃，然后这些导热介质通过热交换产生蒸汽，蒸汽再推动汽轮机实现发电。我们可以看出太阳能光热发电的原理与传统的火力发电相同，只是制造蒸汽的热量来自太阳能而已。

目前太阳能光热发电整体效率在20%~34%，略高于光伏发电，但因为要经过一系列的能源转化过程，其建造成本和运行成本都远远大于光伏发电。目前光热发电的成本高于1元／千瓦时，随着技术的成熟及产业的规模化，预计到2030年可以下降到0.4元／千瓦时。

因为光热发电中的导热介质自带储能功能，可以实现24小时不间断发电，而且启停响应速度远高于传统的火电，所以是最好的调峰电源。在考虑储能和碳价成本的情况下，太阳能光热发电或将成为基荷和调峰电站的主力。

2. 储能技术

虽然储能技术并不是直接减少碳排放的技术，但在减碳的两大新能源领域：新能源电力和新能源车的发展，都严重依赖储能技术。所以储能技术当之无愧是实现碳中和的关键技术之一。

在新能源电力领域，因为电力具有供需实时平衡以及难以大规模存储的特点。大规模可再生能源发电并网将加剧电力系统供需两侧的波动性与不确定性。根据《中国氢能产业发展报告2020》，当全国非水可再生能源装机达到1500~2000吉瓦以上时，传统的电力系统调节和优化手段将遭遇天花板，在极端情况下，即使全部煤电机组用于可再生能源发电调峰，也难以满足电力系统安全可靠运行的要求。此外太阳能的季节周期也很强，冬季的太阳能发电效率会大幅降低，所以还存在跨季节储能的需求。因此，随着可再生能源装机规模的扩大，储能设施的建设必须得跟上才能保证电网的安全运行。根据落基山研究所（Rocky Moutain Institute，DMI）相关研究，我国实现碳中和时，预计储能设施的装机规模将达到800吉瓦以上。

储能技术类型可谓五花八门，总体来看，现有的储能技术主要分为五类：机械储能、电气储能、电化学储能、热储能和化学储能。各种储能技术的典型参数对比见表2-8。

表2-8 不同储能技术电性参数对比

属性与性能	季节性储能			短期储能
	储气	储热/冷	储电	
储能形式	天然气/氢/甲醇/氨	热水/冰雪/冷热空气	大型抽蓄/压缩空气	电化学储能、超级电容及飞轮储能等
功能规划	能量型储能			功率及能量型储能
参与功能	季节性调峰，平衡系统季节不平衡电量；协同异质能源系统；供给用户端多能负荷			平滑可再生能源出力波动，参与调频和日内调峰
潜在瓶颈	建设成本、高压储氢技术、地下储气库的风险与运行管理、储运配套建设等	建设成本、储热介质材料技术等	建设成本、地理条件限制、效率提升等	高成本、电力市场激励不足、安全风险、商业模式缺失、经济效益提升慢等
容量等级	1TW·h	10GW·h	抽蓄：30GW·h 压缩空气：240MW·h	目前最大100MW·h级
持续放能时间	1~24h	1~24h	1~24h	秒级至小时级
能量转换效率	储氢：电-氢-电：<30% 电-氢-电/热：<50%	储热：50%~90%	抽蓄：75%~80% 压缩空气：60%~70%	电化学：80%~90%
能量自耗散率	接近0	0.05%~3.0%	低	0.1%~0.6%
合适的储能期限	小时-月	小时-月	小时-月	秒-小时
寿命	5~25年	5~15年	20~60年	5~25年 1000~15000次循环
成本	储氢：50元/kW·h（季节性储能投资成本），1.8~6元/kW·h（季节性储能度电成本）	储热（相变）：350~400元/kW·h（投资成本）	抽蓄：600元/kW·h（日调节投资）0.1元/kW·h（日调节度电成本）	电化学（锂电池）：1500元/kW·h（日调节投资成本），0.5元/kW·h（日调节度电成本）

注：数据来源于《中国氢能产业发展报告2020》。

目前世界占比最高的是抽水蓄能，其总装机容量规模达到了 127 吉瓦，占总储能容量的 99%；其次是压缩空气储能，总装机容量为 440 兆瓦；排名第三的是钠硫电池，总容量规模为 316 兆瓦。从规模上我们可以看出，抽水蓄能是目前电网大规模储能的主要手段，但因其极其依赖地势，且投资大、损耗高，并不会成为未来储能的发展趋势。在诸多储能技术中，最有可能成为电网大规模储能技术方向的，是电化学储能中的锂离子电池和化学储能中的氢储能。两者因为各自特点不同，其应用场景又稍有区别。电化学储能的优点在于转化率高达 95% 以上、响应快，缺点是能量会自己耗散，不适合长期储能，所以更适用于电网调峰。而氢能以气态形式存在，几乎不存在能源的耗散，所以更适用于跨季节储能，但缺点是能源转化率低，只有 40% 左右。

在新能源车领域，因为使用场景限制，只有电化学储能和氢储能能够胜任，而这恰好也是电网大规模储能的两个比较有前景的储能技术。但两者对技术关注点却不尽相同。相对于电网大规模储能对转化效率和储存时长的要求，新能源车更注重的是能量密度、安全性和充能速度。目前在小型乘用车中，锂电池是主流的储能技术。而锂电池又分磷酸铁锂和三元锂两种技术，这两种技术各有长短，目前难分胜负。磷酸铁锂电能密度低、低温表现差，但价格低且安全性高；三元锂的特点是能量密度高、低温表现好，但价格高且安全性差。在发展前景上，两者都有一个致命缺陷，那就是锂元素的稀缺性，按照当前全球锂元素的可开采资源总量来算，总共只能造 18 亿辆新能源车，如果考虑锂电池在电网储能方面的应用，这个数量还要减半。所以锂电池不可能是未来新能源车的唯一技术方向。最新的研究方向钠离子电池则完全不用考虑资源枯竭的问题，而且钠离子电池在充电速度方面要大大优于锂电池。虽然现在还没有量产，但被认为是最有可能与锂电池竞争的新一代电池（表 2-9）。

氢气在氢燃料电池车中起到的仍然是储电的作用，因为燃料电池车的动力来源并非氢气燃烧产生的热量，而是氢气与燃料电池的电堆反应直接产生的电能。氢燃料电池车与电动车相比，最大的优势在于能量密度更高，单次加注行驶里程更长。氢气本身的能量密度是锂电池的百倍以上，即使考虑到储氢罐和燃料电池系统的重量，其能量密度也是锂电池的二至三倍。所以，在成本相同的情况下，氢燃料电池车能够替代锂电池车成为交通领域脱碳的统一解决方案。但目前氢能产业链刚刚起步，各环节成本都居高不下，所以除了应用于长途货运、海运和航空这种锂电池不适用的领域，在家庭乘用车领域，氢能车尚不具备竞争力。

表 2-9　不同储能技术在交通领域的对比

储能技术	磷酸铁锂	三元锂	钠离子	氢燃料电池
能量密度（Wh/kg）	150~200	200~300	150~200	> 350
安全性	高	低	高	低
最高充能速度（min）	40~60	60~80	10	5
低温性能	差	好	好	好
资源稀缺性	高	高	低	低
充电循环次数	6000	2000	4500	N/A

3.氢能技术

氢能并不是一个新鲜的概念，它在 20 世纪 70 年代的石油危机时就曾被提出来，并且风靡一时。氢的来源广泛、清洁无碳、灵活高效和应用场景丰富等优点一再被人们所关注。但一晃半个世纪过去了，氢能除了一些示范项目以外，并没有得到大规模使用。

目前在碳中和浪潮的推动下，氢能技术又迎来了新的发展机遇，在关于碳中和相关的技术领域中，氢能是仅次于新能源电力的热门投资方向。有数据显示，截至 2020 年年底，全球主要经济体都推出了氢能源发展战略，不断加大扶持力度，以推动氢能的发展。以氢能为能源基础的未来能源蓝图已徐徐展开。

氢能的制备技术有很多种（表 2-10），包括化石能源制氢、电解水制氢、化工过程副产制氢、核能制氢等。其中化石能源或者化石能源产生的电力制氢会产生碳排放，被称作灰氢；如果在生产氢气时将这些化石能源产生的二氧化碳进行捕集和封存，那么产生的氢气就称作蓝氢；而采用不产生温室气体排放技术的氢气则叫作绿氢。很显然，在碳中和时代，只有蓝氢和绿氢才有存在和发展的空间。在未来风电和太阳能光伏发电成本大幅下降的预期下，新能源电力生产的绿氢被认为是未来市场最具规模性和竞争力的氢气来源。

表 2-10 氢能的主要生产技术及优缺点

制氢方式	原料	优点	缺点	适用范围
化石能源制氢	煤、天然气	技术成熟	储量有限，制氢过程存在碳排放问题，需提纯及去除杂质	合成氨、合成甲醇、石油炼制
电解水制氢	电、水	工艺过程简单，制氢过程不存在碳排放	尚未实现规模化应用，成本较高	结合可再生能源制氢；电子、有色金属冶炼等对气体纯度及杂质含量有特殊要求
化工过程副产生氢	焦炉煤气、化肥工业、氯碱、轻烃利用等	成本低	须提纯及杂质去除无法作为大规模集中化的氢能供应源	合成氨、石油炼制
生物质制氢	农作物、藻类等	原料成本低	氢含量较低	
核能制氢	水	合理利用核能发电废热	技术不成熟	
光催化制氢	水	原料丰富	技术不成熟	

除了生产以外，氢气的储运也是氢能产业链的一个重要环节。因为氢气的密度小，液化温度低，给储运带来很大麻烦。现阶段，中国普遍采用20MPa的气态高压储氢与集束管车运输方式，这种方式的运输能力极低，单车装载能力只有350千克，只适合短途低需求量的情况下采用。而采用液氢运输可以使单车运输能力提高9倍左右，但需要维持零下240℃的液化临界温度，其能耗和技术要求都非常高。更大的运输需求就需要建设管道。由于氢气自身体积能量密度小、容

易对管材产生"氢脆"现象，其管道运输成本往往大于同能量流率下天然气管道运输的成本。有数据显示，在美国，天然气管道的造价仅为 12.5 万 ~50 万美元 / 千米，但氢气管道的造价大约为 30 万 ~100 万美元 / 千米，是天然气管道造价的 2 倍。除此之外，液氨 / 甲醇储氢、吸附储氢等通过其他液体或固体作为载体的氢气储运方式也正在研究之中（表 2-11）。

表 2-11 不同的储氢方式

	压缩气态储氢	低温液态储氢	液氨 / 甲醇储氢	氢化物 /LOHC 吸附储氢
技术原理	将氢气压缩于高压容器中，储氢密度与储存压力、储存容器类型相关	低温（20K）条件下对氢气进行液化	利用液氨、甲醇等液体材料在特定条件下与氢气反应生成稳定化合物，并通过改变反应条件实现氢的释放	利用金属合金、碳质材料、有机液体材料、金属框架物等对氢的吸附储氢和释放的可逆反应实现
优点	技术成熟、充和氢速率可调	体积储氢密度高、液态氢纯度高	储氢密度高、安全性较好、储运方便	安全性高、储存压力低、运输方便
缺点	体积储氢密度低，容器耐压要求高	液化过程能耗高容器绝热性能要求高、成本高	涉及化学反应、技术操作复杂、含杂质气体、往返效率相对较低	普遍存在价格高寿命短，或者储存释放条件苛刻等问题
技术成熟度	发展成熟，广泛应用于车用氢能领域	国外约 70% 使用液氢运输，安全运输问题验证充分	距离商业化大规模使用尚远	大多处于研发试验阶段
国内技术水平	关键零部件仍依赖进口，储氢密度较国外低	民用技术处于起步阶段，与国外先进水平存在差距	处于攻克研发阶段	与国际先进水平存在较大差距

4. 碳捕集与封存技术

碳捕集与封存技术（CCS）是将化石燃料比如燃煤电厂排放出来的二氧化碳经过净化、提纯、压缩后永久封存于地下的技术集合。也有不少人喜欢称作 CCUS，增加的这个 U 表示利用（usage）的意思，就是将收集来的二氧化碳重新作为原料用于其他工业，如焊接用保护气和食品里面的汽水用气。但这些产业对二氧化碳的需求量加起来可能都不及未来总封存量的 1%，且这些二氧化碳的使用场景最终也会导致其释放到大气中去，所以 CCUS 中的"U"象征意义大于实际意义，可以视为同一概念。

2022 年，全球二氧化碳排放约 410 亿吨，科学家们认为，要想实现把人为温度上升控制在 1.5℃以内，需要把二氧化碳浓度控制在 430ppm 以下。为达到这个目标，全球从现在起，总共只能再排放 4200 亿吨左右的二氧化碳。如何才能达到这个目标？简单计算可以发现，仅仅靠减排是永远不可能达成上述目标的。事实上，世界各国的碳中和路径均考虑了 CCS，根据全球碳捕集与封存研究院发布的报告《全球碳捕集与封存现状 2020》，预计到 2050 年全球年均二氧化碳封存量会在 56 亿吨左右。即使这样，到 2050 年的温室气体浓度也维持在 480~500ppm。为了实现下降至 430ppm 的目标，从大气中吸收二氧化碳的负排放技术，成为了能否实现减碳目标的关键一步。

我国对碳捕集与封存发展极为重视，在一系列重大科技规划中，均将其列为重点支持、集中攻关和示范的重点技术领域，"发展二氧化碳捕集、利用与封存技术"被正式写入《国家"十三五"科学和技术发展规划》。

碳捕集与封存是一项复杂的技术，包括二氧化碳的捕集、利用和封存 3 个环节。

二氧化碳捕集技术分 3 种，主要有燃烧前捕集、富氧燃烧捕集和燃烧后捕集。第一种是燃烧前捕集技术，就是在没有燃烧之前，先把二氧化碳进行分离，具体的方法是将化石燃料气化生成氢气和一氧化碳，一氧化碳转化为二氧化碳，氢气作为能源燃烧转化为水，二氧化碳则被分离捕集出来。这种技术的优点是采用控制的氧气把煤炭、天然气转换成合成器一氧化碳和氧气的混合物，能源损耗低；缺点是不能作为技术改造使用，只能在新建设施中使用，由于新建电厂受限制，会影响其使用。

第二种是富氧燃烧捕集技术（又称为氧气／二氧化碳燃烧技术）。化石燃料在纯氧或富氧中燃烧，烟道气中以二氧化碳和水蒸气为主，然后将水蒸气冷凝，这样只剩下二氧化碳，最后将二氧化碳分离出来。其优点是没有氧化氮污染物产生，缺点是在新电厂中需要空气分流，前期投入大。目前这种技术因制氧成本太高而无法在实际应用中大规模使用，未来随着化工技术的发展，制氧成本会进一步降低，富氧燃烧捕集技术也会被广泛使用，目前该项技术大多数还处于研发阶段。

第三种是广为采用的燃烧后捕集技术，是化石燃料在空气中燃烧所产生的烟道气中直接将二氧化碳分离捕集，应用最多的是发电厂，最常采用的捕集分离方法有化学吸收法、物理吸收法和膜分离等方法。该项技术的优点是适用范围广，系统原理简单，应用技术比较成熟；缺点是碳捕集的设备投资、运行成本较高，消耗较多的溶剂和燃料，脱碳、碳捕捉的过程中消耗的能量较大，也可能会产生更多的二氧化碳。我国在国际上比较有名的典型的燃烧后捕集示范项目，主要有北京高碑店电厂（二氧化碳捕集能力 3 万吨 / 年）、上海石洞口电厂（二氧化碳捕集能力 3 万吨 / 年）和华润电力海丰碳捕集测试平台（二氧化碳捕集能力达到 2 万吨 / 年）。

碳封存就是将捕集、压缩后的二氧化碳运输到指定地点进行长期封存。二氧化碳封存的方式主要有地质封存、海洋封存、矿石碳化和生态封存等。其中地质封存是主流，海洋封存中的深海封存则最具应用潜力。

地质封存包括强化采油（EOR）、天然气或石油层、盐沼池构造、提高煤气层（ECBM）等技术。其中强化采油技术已有成熟化的市场，天然气或石油层及盐沼池构造在一定条件下经济可行，而提高煤气层技术大多还处于示范阶段。目前，我国使用强化采油 / 提高煤气层技术的驱油驱煤层气工程主要围绕东北的松辽、华北渤海湾盆地、西北鄂尔多斯盆地等油气盆地展开，多在计划部署阶段，总体动态或静态封存规模从不到 1 万吨到接近 35 万吨不等。不同于二氧化碳驱油、驱煤层气和天然气等利用过程中的动态封存，咸水层封存是真正意义上的二氧化碳地质封存。神华集团位于鄂尔多斯的"二氧化碳捕集封存工业化示范项目"是我国第一个，也是亚洲最大规模把二氧化碳封存在咸水层的全流程项目。截至 2019 年年底，该项目已经完成 30 万吨二氧化碳的封存量。

海洋封存主要是指用管道或船舶运输将二氧化碳储存在深海的海洋水或深海海床上。海洋封存的技术主要包括溶解型、湖泊型两种。溶解型海洋封存是将二氧化碳输送到深海中，使其自然溶解并成为自然界碳循环的一部分；湖泊型海洋封存是将二氧化碳注入至3000米的深海中，由于二氧化碳的密度大于海水，会在海底形成液态二氧化碳湖，从而延缓二氧化碳分解到环境中的过程。

二氧化碳矿化技术主要利用地球上广泛存在碱性矿物（如橄榄石、蛇纹石及钾长石等）与溶解于水的二氧化碳反应，将其转化为稳定的碳酸盐产物，并联产出高附加值工业产品的技术。作为新兴的具有较大碳封存潜力的碳捕集、利用与封存技术之一，由于矿物开采与运输困难、矿化率低、能耗大及工艺成本较高等原因，该技术并未得到大规模应用。近年来，以碱性工业固体废弃物为原料的二氧化碳矿化利用研究已逐渐成为碳捕集、利用与封存领域的研究重点，如高炉炼铁产生的碱性副产品高炉渣就是最具二氧化碳封存潜力的矿化原料之一。

二氧化碳生物储存主要是指陆地与海洋生态环境中的植物、自养微生物等通过光合或化能作用来吸收和固定大气中游离的二氧化碳并在一定条件下实现向有机碳的转化，从而达到储存二氧化碳的目的。在二氧化碳生物储存同时，也可获得高营养、高附加值的产品，如气肥、生物饲料、燃料、食品或化学制品等，其应用前景广阔。

现有两种主要的负排放技术：直接空气碳捕获与封存（DACCS）和生物质能结合碳捕获与封存（BECCS），两种技术同属于CCS家族。

直接空气碳捕获与封存技术是指直接从大气中分离、捕获二氧化碳并浓缩、封存。DACCS技术开发可以追溯到在1940年代的潜艇和1950年代的航天器中的利用，现在是将捕获的二氧化碳封存在地下，或者用于生产化学品、燃料、水泥等。

生物质能结合碳捕获与封存技术是指将CCS与从生物质中生产能源的生物能源设施相结合的技术，具体来说就是对生物质电厂排放的二氧化碳进行捕获并封存。与植树造林不同，BECCS封存二氧化碳不受干旱、森林火灾和虫害的影响，持久性良好。这两种负排放技术都存在于主要国家应对全球变暖的长期对策中，对抑制温室气体排放能够发挥决定性作用（表2-12）。

通过 DACCS 和 BECCS，英国计划到 2050 年去除相当于 2020 年温室气体总排放量 12% 的二氧化碳；德国计划到 2045 年去除相当于 2020 年温室气体总排放量 9% 的二氧化碳；日本也计划通过 DACCS，到 2050 年去除相当于 2015 年温室气体总排放量 14% 的二氧化碳。

表 2-12 各国 2050 年利用 DACCS 与 BECCS 的二氧化碳去除量

国家	2050 年的二氧化碳去除量（百万吨）	相当于 2020 年 GHG 总排放比（%）
中国	880	6.4
法国	15	3.4
德国	65[*1]	8.8
日本	189	14.4[*2]
英国	58	12.0
欧盟（EU）	238	6.1

注：1. 德国的去除量为 2045 年基准；
    2. 日本的温室气体排放量为 2015 年数据（日本地球环境产业技术研究机构在综合资源能源调查会基本政策分科会上提交的《2050 年碳中和对策分析中间报告》中的参考值）；
    3. 表格根据各国的长期对策分析制作。

据联合国政府间气候变化专门委员会（IPCC）发布的《全球升温 1.5℃特别报告》推算，BECCS 的二氧化碳去除成本为 100~200 美元 / 吨，2050 年时二氧化碳减排潜力为 0.5~5 吉吨；另一方面，DACCS 的二氧化碳去除成本为 100~300 美元 / 吨，二氧化碳减排潜力则与 BECCS 相同，为 0.5~5 吉吨。

CCS 虽然只有捕集、运输、利用和封存 4 个环节，但每一个环节都有不同的细分技术，这些技术中，数碳捕集技术的技术要求最高（表2-13）。

表 2-13 碳捕集与封存上下游技术路径

	技术路径	技术原理	适用范围
上游	燃烧前捕集	通过燃烧前将碳从燃料中脱除	新建发电厂
	燃烧后捕集	从燃烧生成的烟气中分离二氧化碳	新建和已投产的发电厂、煤化工厂等
	富氧燃烧	氧气、二氧化碳燃烧技术或空气分离、烟气再循环技术	适用于锅炉、炉子、烘干机等设备的燃烧
中游	运输	高浓度、高压力的液态二氧化碳输送	罐车或管道输送
下游	物理应用	利用二氧化碳的物理特性用于食品行业	啤酒、碳酸饮料的生产;固态或液态二氧化碳用于食品的冷藏储运;果蔬的自然降氧、气调保鲜剂等
	化工应用	二氧化碳的化学转化	合成尿素、生产轻质纳米级超细活性碳酸盐、催化加氢制取甲醇、共聚生产高聚物等
	生物应用	植物光合作用等的二氧化碳生物转化	生物肥料、食品和饮料添加剂等
	地质应用	将二氧化碳注入地下,利用地下矿物或地质条件生产	原油、煤层气、天然气、页岩气采收
	矿化应用	利用地球上广泛存在的橄榄石、蛇纹石等碱土金属氧化物将二氧化碳转化为稳定的碳酸盐类化合物	目前中国在二氧化碳矿化磷石膏技术上取得了一定的成果

注:数据来源于《中国氢能产业发展报告 2020》。

根据《中国二氧化碳捕集利用与封存年度报告(2021)》,我国已投运和建设中的 CCUS 示范项目约 40 个,分布于 19 个省份。不包括传统化工利用,所有 CCS 项目的累计二氧化碳封存量约为 200 万吨。这些项目几乎包含了所有主流的技术类型,包含深部咸水层封存、二氧化碳驱提高石油采收率、二氧化碳驱替煤层气等各种 CCS 关键技术,为中国乃至全球 CCS 发展、推广和管理积累了非常宝贵的经验和数据。

从应用角度来看,CCS 可以说是碳中和领域的底层技术,只要 CCS 技术成本足够低,我们几乎可以不改变化石能源利用的现状,直接在所有使用化石能源的设备加上 CCS 装置就可以继续使用。但实际上,CCS 技术涉及多个流程,其中捕集环节还会消耗大量能量,成本不可能低,所以我们只能用于那些实在无法减排的领域，如用于基荷和调峰的燃煤电站、水泥厂，以及因其他化学反应而产生二氧化碳的化工厂等。在炼钢领域，CCS与氢能存在竞争，成本较低者可能会成为炼钢厂实现碳中和的首选技术。

5. 清洁煤技术

清洁煤炭技术主要包括煤炭加工、清洁煤气化、煤炭转化以及污染控制与废弃物处理等。

煤炭加工是指在燃烧前对煤炭进行前端处理（包括洗煤、型煤、配煤、水煤浆），对可能的排放污染物进行有效控制。目前主要的清洁燃煤技术是循环流化床锅炉加工技术，它通过一系列的燃煤净化、分离，达到提高煤炭资源利用率和降低污染的目的。

清洁煤气化是以煤或煤焦为原料，以氧气等为气化剂，在高温条件下通过化学反应将煤或煤焦中的可燃成分转化为气体燃料的过程。煤气化技术主要有固定床气化炉、流化床气化炉与流床气化炉3种。煤炭转化主要包括煤炭气化和煤炭直接液化，其中煤炭气化是将煤炭形态转化，有利于运输与提高燃烧效率，提高了资源利用率，也包含地下气化。污染控制与废弃物处理是指在煤炭燃烧后对生成的污染物进行处理与净化。

此外，煤炭的资源化利用也日益兴起，主要包括煤矸石综合利用、矿井水与煤泥水的净化和利用、煤层气的开发利用等。

清洁煤技术从技术工艺上划分，主要分为直接燃煤洁净技术和煤转化为洁净燃料技术。直接燃煤洁净技术主要包括燃烧前净化加工技术、燃烧中净化技术和燃烧后净化处理技术。其中燃烧前净化加工技术主要包括选煤、型煤加工及水煤浆技术，其中以选煤为主。与其他方式相比，选煤是清洁煤技术的前提，能够以较低的成本最大程度地除去煤炭中大部分的矸石、灰分，部分硫分和其他有害杂质，从而减少燃煤对大气的污染。燃烧中净化技术主要包括流化床技术和先进燃烧器技术。流化床技术具有燃烧温度低、燃烧效率高、燃料使用范围广、脱硫效率高以及有效控制氮氧化物排放等优点。先进燃烧器技术能有效减少二氧化硫和氮氧化物的排放。燃烧后净化处理技术主要包括消烟除尘和脱硫脱氮技术。在消烟除尘方面，电厂一般都采用静电除尘；而脱硫分干法和湿法，脱硫效率都可达90%。干法脱硫是用浆状石灰喷雾与烟气中二氧化硫反应，生成干燥颗粒硫酸钙，用集尘器收集；湿法是用石灰水淋洗烟尘，最后生成浆状亚硫酸排放。

煤转化为洁净燃料技术主要包括煤气化技术、煤液化技术、煤气化联合循环发电和燃煤磁流体发电技术。其中整体煤气化联合循环发电系统发电技术在洁净煤发电领域中被普遍认为是最具竞争力和发展前景的燃煤发电技术之一。随着科技进步和国内外能源形势的转变，洁净煤技术已经将重点更多地放在煤转化为洁净燃料技术上。目前阶段煤转化为洁净燃料技术主要是指煤气化、煤液化和煤气化联合循环发电技术，我国在这些方面均取得了较大的技术进步和优秀的技术成果，其中煤液化技术取得的成果尤为卓著。

目前，我国已建成全球最大的清洁高效煤电供应体系，燃煤发电机组大气污染物的超低排放标准高于世界主要发达国家和地区，燃煤发电已不再是我国大气污染物的主要来源，我国的煤炭产业及技术总体水平处于世界领先水平。

随着技术的进步，我国清洁煤技术取得了一系列创新突破成果。我国在煤直接、间接液化等成套关键技术上具有自主知识产权，工业示范工程也已实现安全、稳定、长期满负荷运行；开发了多种具有自主知识产权的高效低成本煤气化技术，彻底摆脱了大型煤气化技术对国外进口的依赖；研发建设了世界首套百万吨级煤直接液化商业装置，并实现长周期稳定运行；研制了400万吨/年煤间接液化成套技术，并实现商业化运行，目前煤制油年产能已达921万吨；建成了世界首套年产60万吨煤制烯烃工业化生产装置，首次实现由煤化工向石油化工原料的转换，目前年产能超过1300万吨。此外，我国在煤制乙二醇、煤制天然气等技术发展和产业应用方面，均取得了重大突破。

6. 智能监管技术

传统碳足迹、碳核算的方式，普遍存在企业参与积极性不足，碳种类标准不统一，数据不完备以及虚构、造假、丢失，监管过程中行为与信息的溯源查证问题等。在云计算、大数据、移动互联网、物联网应用快速发展的时代背景之下，碳监测核算技术越来越受到重视，碳监测核算行业也不断和互联网技术的发展做结合，碳监测核算正不断走向科技化、智能化、自动化。

中共中央政治局 2019 年 10 月 24 日下午就区块链技术发展现状和趋势进行第十八次集体学习。习近平总书记强调，区块链技术的集成应用在新的技术革新和产业变革中起着重要作用。我们要把区块链作为核心技术自主创新的重要突破口，明确主攻方向，加大投入力度，着力攻克一批关键核心技术，加快推动区块链技术和产业创新发展。

作为数字经济的发展基石，新一代信息技术引领的新型基础设施建设已成为我国谋求高质量发展的重要要素。区块链技术应用已延伸到数字金融、物联网、智能制造、供应链管理、数字资产交易等多个领域。2020 年 4 月 20 日，国家发展改革委召开例行在线新闻发布会，正式明确"新基建"范围，区块链技术作为新技术基础设施被纳入"新基建"范围内。

整体来说，区块链技术所包含的"不可伪造""全程留痕""可以追溯溯源""公开透明""多方协作维护"等核心特征，可以与碳排放行业中的计量、核算、交易、监管等行为进行有机结合。通过碳排放监管平台，为参与协作的多方提供基于区块链的数据采集接口，通过整合碳排放源头碳数据采集设备所采集的碳监测数据，与核查流程中关键环节的各个角色如企业、核查机构统计并上传的碳核查数据；同时，进一步整合相应监管覆盖范围内行政机构提供的交通流量、燃油燃气、电力能源、植物排放等碳排放相关的数据（该数据需符合《企业温室气体排放报告核查指南（试行）》中的具体要求），利用区块链技术实现碳排放监管平台中行为、信息、数据的可信生产、可信计算、可信存证，并通过赋予监管方区块链系统的最高权限，可以实现监管方对于碳监测数据采集处理、碳核算处理计算、碳数据存储存证每个环节的信息数据和参与方行为的有效监管。

二、完善碳交易市场，做好绿色服务

碳交易是《京都议定书》为促进全球温室气体排减，以国际公法作为依据的温室气体排减量交易。在6种被要求排减的温室气体中，二氧化碳为最大宗，所以这种交易以每吨二氧化碳当量（tCO_2e）为计算单位，并且通称为"碳交易"。其交易市场称为碳市场。

ICAP秘书处发布的《全球碳排放交易：ICAP 2023年进展报告》称，自2014年以来，全球实际运行的碳市场数增加了一倍多，从13个项目增加到了目前的28个。碳市场体系覆盖的排放量占全球温室气体排放总量的比例也从8%跃升到71%，从2014年的不到40亿吨增加到了目前的90亿吨。这些市场涉及亚洲、欧洲、北美洲和澳洲。其管辖区域占全球总GDP的54%、总人口的1/3。2022年全球二氧化碳许可证交易额达到了创纪录8500亿欧元（约合9090亿美元）。全球最大的碳市场——欧盟碳排放交易体系（EUETS）已于2005年启动，2022年度成交额约7510亿欧元，比2021年度增长10%，占全球总量的87%。

中国于2011年10月底下发《关于开展碳排放权交易试点工作的通知》，正式批准北京、上海、天津、重庆、湖北、广东、深圳七大城市作为实践开展碳排放权交易试点。自2013年起，这七大碳试点陆续开展交易，标志着中国向低碳绿色发展迈出了市场化的崭新一步。

中国的七个碳交易试点彼此之间独立，并拥有各自的碳排放总量控制上限，覆盖行业范围，控排阈值，配额分配方式和处罚机制（表2-14）。例如，湖北，广东和重庆是工业大省市，因此其碳市场主要控排行业为钢铁、水泥、化工和电力此类高碳排行业，其纳入碳市场的排放门槛也较高。北京、上海和深圳的第三产业则相对发达，因此这三个地区的碳交易不仅包括高碳行业，还包括交通运输业和航空业此类第三产业。纳入企业以其年度二氧化碳排放量设置纳入门槛，碳配额分配基于祖父法（历史法）和基准线法相结合，并辅以用于稳定市场的小型拍卖。

表2-14 中国碳排放权交易试点的机制设计比较

	北京	天津	上海	重庆	湖北	广东	深圳
启动交易时间	2013.11	2013.12	2013.11	2014.06	2014.04	2013.12	2013.06
2020年减排目标	20.5%	19%	20.5%	19.5%	19.5%	20.5%	45%（基于2005）
配额总量（亿吨）	0.54, 0.47, 0.47, 0.46, 0.45, 0.5, 0.45 (2013—2019)	1.6, 1.6, 1.6, 1.5, 1.5, 1.5 (2013—2019)	1.6, 1.6, 1.62, 1.55, 1.56, 1.58, 1.58 (2013—2019)	1.15, 0.96, 1, 1, 1.3, 1.17 (2014—2019)	3.24, 2.8, 1, 2.53, 2.57, 2.56, 2.7 (2014—2019)	3.88, 4.08, 4.08, 3.86, 4.22, 4.22, 4.65 (2013—2019)	0.33, 0.33, 0.34, 0.30, 0.29, 0.30, 0.29 (2013—2019)
覆盖区域碳排放总量	>45%	50%~60%	>57%	>40%	>35%	>60%	>40%
交易平台	北京环境交易所	天津排放权交易所	上海环境能源交易所	重庆碳排放权交易中心	湖北碳排放权交易中心	广东碳排放权交易所	深圳排放权交易所
排放门槛	2013—2015年：二氧化碳排放量≥1万吨的企业；2016年及以后：二氧化碳排放量≥5000吨的企业	2009年以来，二氧化碳排放量≥2万吨的企业	工业行业：≥2万吨碳排放的重点排放企业；非工业行业：≥1万吨碳排放的重点排放企业	2008—2012年任意年度排放量≥2万吨的工业企业	2014年：2010—2011年任意一年综合能耗≥6万吨标准煤；2017年：2014—2016年任意一年综合能耗≥1万吨标准煤	四大行业2011—2012年任一年碳排放≥2万吨（或能源消费量≥1万吨标准煤）；2017年为六个行业碳排放≥2万吨（或综合能源消费量≥1万吨标准煤）	碳排放量≥3000吨的大型公共建筑和建筑；建筑面积≥1万平方米以上的国家机关办公建筑

续表：

行业	北京	天津	上海	重庆	湖北	广东	深圳
行业	热力生产和供应、火力发电、水泥制造、石化生产、其他工业以及服务业、城市轨道交通、公共电汽车客运	钢铁、化工、电力、热力、石化、石油天然气开采等重点排放行业	钢铁、建材、电力、石化、有色、航空、港口、机场、铁路等	电力、冶金、化工、建材	电力、钢铁、水泥、化工等15个行业	电力、水泥、钢铁、石化、造纸和民航六个行业（其中前4个为四大行业企业）	能源行业（主要是发电行业、水行业）、大型公共建筑和制造业、供水建筑和制造业、公共交通业
企业数目	415~945	109~114	197~381	254	138~373	202~249	635~787
分配方式	无偿分配＋拍卖	无偿分配＋拍卖	适时拍卖，履约期拍卖	无偿分配	无偿分配	97%无偿分配+3%有偿分配	无偿分配＋拍卖
配额拍卖	有	有	有	无	无	有	有
配额核定	祖父法基准线法	祖父法基准线法	祖父法基准线法	总量控制与祖父法结合	标杆法祖父法	祖父法基准线法	总量控制法
累计交易量（万吨，截止2020.10.09）	1369	751	1642	854	7299	6325	2681
平均碳价（元/吨）	58.40	18.74	30.92	18.02	23.08	25.02	32.54
碳抵消	CCERs	CCERs	CCERs	CCERs	CCERs	CCERs	CCERs
处罚机制	碳价的3~5倍	政策处罚	5~10万元罚款	碳价的3倍	碳价的3倍＋减少配额量	5万元罚款＋减少配额量	碳价的3倍

中国碳交易市场已取得重要进展和显著成效。在碳交易市场助力下，中国碳减排成绩斐然。于 2019 年提前完成在《哥本哈根协议》中提出的 2020 年碳减排目标。至 2022 年，中国碳强度较 2005 年降低约 51%。具体到碳试点运行成效来看，截至 2022 年 5 月底，全国碳市场碳排放配额累计成交总量约 2.35 亿吨，成交额约 107.87 亿元。

碳交易已成为中国控制温室气体排放、参与全球气候治理的国家战略和推进绿色发展的重要政策工具，将对中国 2030 年之前实现碳达峰和巴黎协定减排目标，以及 2060 年之前实现碳中和起到关键性作用。

1. 认识碳交易

碳交易是指，控排企业可以向政府购买或与控排企业之间互相交易碳配额。当企业的碳排放水平超过碳配额的允许范围，该企业需要在碳市场中向政府或者其他控排企业购买碳配额。当企业的碳排放水平低于碳配额的允许范围，该企业可在碳市场中出售其剩余的碳配额。因为供求关系决定价格，交易可以通过最具成本效益的方式实现碳减排，同时，还可以为企业节约资金。为了实现碳减排，政府需要每年降低排放上限，分配给控排企业的碳配额数量也会相应下降，导致碳配额更加昂贵。那么，随着时间的推移，相较于愈发昂贵的碳配额，企业将有动力投资于清洁技术进行节能降碳，甚至超额减排并在碳市场中卖碳盈利。然而，总量控制和交易的一个问题是，政府是否设置正确的碳排放上限。过高的上限可能导致更高的排放，而过低的上限将加重企业负担，不利于经济的发展或将成本转嫁给消费者。

碳配额总量控制和交易是碳交易的运行准则。碳配额总量控制即指政府对一个地区的二氧化碳排放量的实行排放总量管制，即对该地区的二氧化碳排放量每年设置排放上限，并且随着时间的推移，排放上限将变得越来越严格。政府将所管制的碳排放总量划分为碳排放权（或者碳配额、碳排放许可证），然后根据企业的历史排放量或者行业基准，将碳排放权以无偿或者有偿拍卖的方式分配给碳市场中的控排企业。碳排放权，又可称为碳配额或排放许可证，是指企业在合规期内可以合法排放的二氧化碳总量。

碳交易的交易标的物主要有两种：碳配额和核证减排量，即配额市场和项目市场。在以碳配额总量控制和交易为运行机制下，企业有合法排放温室气体的权利，即企业拥有"碳排放权"。经主管部门核定，企业在一定时期内取得的合法排放二氧化碳的总量就是碳配额，碳配额的单位为每吨二氧化碳当量（tCO_2e）。碳配额发放给企业的分配方式一般有三种：免费分配、拍卖和混合模式（免费和拍卖相结合），其中，配额免费分配的核算方式主要有祖父法和行业基准线法。

核证减排量。核证减排量简称 CER，是指清洁发展机制（CDM）项目所产生的减排量。《京都议定书》中的 CDM 项目，提出发达国家可与发展中国家合作减排二氧化碳。发达国家拥有先进的减排技术和丰厚的经济条件，但其减排成本较高，而发展中国家减排成本低，且缺少减排技术和资金支持，因此发达国家可向发展中国家以建设 CDM 项目的形式投入减排技术和资金，发展中国家的 CDM 项目所产生的二氧化碳排放量可算作发达国家的减排任务。即 CDM 项目所减排的二氧化碳数量经联合国执行理事会签发成为 CER，CER 可被发达国家用于抵消其减排义务。类似地，中国核证减排量即 CCER，是指中国实施建设的碳减排项目（例如风电、光电、沼气项目等）所产生的减排量，通过第三方部门核准并且通过国家发改委签发后，可参加碳交易市场进行交易，CCER 减排量与控排企业进行交易后，可被控排企业用于抵消其二氧化碳排放量。中国碳市场中的 CCER 交易，是碳配额交易的重要补充，可被中国碳市场中的控排企业用于抵消其减排义务。

为了鼓励基于项目的温室气体自愿减排交易，2012 年 6 月，国家发改委颁布《温室气体自愿减排交易管理暂行办法》中指出，CCER 是由中国的碳减排项目经政府批准备案后所产生的自愿减排量，重点排放单位可使用符合要求的一定比例 CCER 来等同于配额进行清缴履约，交易完成后在国家登记簿中予以注销。自 2013 年起，各试点碳交易市场逐步启动运行（七大碳试点彼此独立运行），皆允许 CCER 作为抵消机制进入碳交易市场，使用比例为碳配额的 5%~10%。碳交易市场的运行框架如图 2-6 所示。

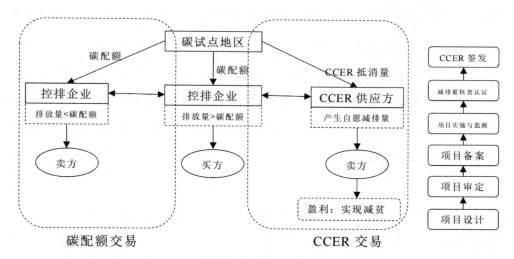

图 2-6　中国碳交易体系

同时，CCER 交易主要用以鼓励发展自愿减排项目，与配额交易相比 CCER 的交易准入均有不同种类和程度的限制，因此其交易价格往往低于配额价格，从而使企业可以以较低成本完成履约，是碳交易的重要补充机制。此后国内陆续展开了一些基于项目的自愿减排交易活动。例如，全国首笔 CCER 交易于 2013 年 11 月在北京市碳排放权交易试点完成，减排量来自龙源电力甘肃安西向阳风电项目。2014 年 11 月，天津首笔 CCER 交易通过天津排放权交易所完成，这也是中国首笔用于控排企业履约的 CCER 交易。2015 年 3 月，国内首笔 CCER 的线上交易通过广州碳排放权交易所完成。2017 年 3 月，国家发改委宣布暂停 CCER 交易 5 个事项的备案申请。此后，CCER 交易均基于此前已签发的 CCER 存量进行抵消交易。2021 年 1 月，针对即将启动的全国碳排放权交易市场，生态环境部发布的《碳排放权交易管理办法（试行）》中第 29 条规定再次肯定了 CCER 交易在全国碳排放权交易市场中的重要作用，并限定 CCER 的抵消比例不得超过碳配额的 5%。

CCER 项目的开发流程和清洁发展机制（CDM）项目一脉相承，主要包括以下步骤：项目的设计、审定、备案、实施监测，以及减排量核查、核证与签发。

截至 2018 年 4 月 30 日，国家发改委公示的 CCER 审定项目总数为 2871 个，备案项目总数为 1047 个，减排量签发项目总数为 254 个，合计签发减排量 5300 万吨二氧化碳当量。值得注意的是，CCER 项目除了可以在七个试点交易机构交易外，还可以在四川联合环境交易所、福建海峡股权交易中心这两个非试点排放权交易所进行交易。各地区对 CCER 的抵消能力均作出统一规定，即一个 CCER 等同于一个配额，可以抵消一吨二氧化碳当量的排放，但对 CCER 的抵消条件均作出不同规定（见表 2-15）。

表 2-15　各地交易所的 CCER 交易规则

CCER 交易所	准入比例限制	准入地域限制	准入时间限制	准入类型限制
北京	5	接受跨区域 CCER	2013 年 1 月 1 日以后实际产生的减排量	非水电项目和非减排 HFCs、PFCs、N_2O、SF6 气体的项目
上海	5	接受跨区域 CCER	2013 年 1 月 1 日以后实际产生的减排量	无
广东	10	接受跨区域 CCER	无	CO_2，CH_4 减排项目占项目减排量 50% 以上；水电项目以及化石能源（不包括煤层气）的发电、供热和余能（余热、余压、余气）利用项目除外
深圳	10	接受跨区域 CCER	无	可再生能源和新能源发电项目；清洁交通减排项目；海洋固碳减排项目；林业碳汇项目；农业减排项目
湖北	10	仅限使用湖北境内产生的 CCER	2013 年 1 月 1 日以后实际产生的减排量	非大中型水电项目；鼓励优先使用农林类项目
天津	10	接受跨区域 CCER	2013 年 1 月 1 日以后实际产生的减排量	仅来自二氧化碳气体项目，且水电项目除外
重庆	8	接受跨区域 CCER	2010 年 12 月 31 日以后实际产生的减排量，碳汇项目不受此限制	非水电项目
四川	无	接受跨区域 CCER	无	无
福建	≤确认排放量的 5%（林业碳汇：10%）	未知	无	非水电项目

2. 理解碳市场

碳市场总体来说分为两种，一种是基于总量控制的碳市场，这种市场通常是由政府主导，强制让其管辖范围内的某些企业参与进来，未达到排放目标便会受到惩罚的市场，又称为强制减排市场。对于这种市场，有适用于它的整套顶层设计和实施方案，而且通常两个强制减排市场之间无法互通。另一种是自愿减排市场，对于这种市场，并没有明确的参与企业，也可以说所有的企业甚至个人都可以参加。相对于强制减排市场，自愿减排市场没有那么多的条条框框。参与自愿减排市场的通常是各行业的头部企业及其供应链，为了履行社会责任而参与。

碳市场建立的目的，一句话概括就是发挥资本在资源配置中的作用。简单点说，就是让钱自动流向减排性价比最高的领域，从而降低全社会的减排成本。对于每个行业、每个企业，它们减少1吨碳排放所需要的投资是不同的，从投资收益最大化的角度来看，应该优先选择减排成本最低的行业和企业实施减排。那通过什么方法找到这个减排成本最低的地方呢？引入资本，把减排量变成可量化的资产就是最好的方法，因为资本会自动流向可以产生更多收益的地方。

3. 碳交易政策对绿色发展的影响机理

（1）对经济增长的影响机理

大量研究表明，碳交易政策会影响经济增长，主要影响机制是因为碳交易政策的实施为企业带来额外减排任务，企业需要对比其减排成本和市场碳价，倘若其减排成本高于市场碳价，这些高减排成本的企业会倾向于购买碳配额，倘若其减排成本低于碳价，这些低减排成本的企业会倾向于大力减排二氧化碳，并将多余的碳配额卖出。在此过程中，高减排成本企业需要购买碳配额，低减排成本企业需要投入减排研发或是更换清洁生产设备，均为实现碳减排付出了成本。而这势必会影响企业的财务收支，从而影响企业的盈利能力。特别是，企业是国民经济的根基，而碳排放量较大的工业企业又是我国经济发展的重中之重，企业的经营好坏、盈利与否与我国经济增长息息相关。由此可见，碳交易政策的实施势必会影响经济增长。从碳交易政策实施的长期性考量，理想状态下应实现促进经济增长的初衷，然而我国碳交易尚处于起步阶段，企业购买碳配额、更新减排设备均需投入大量成本，现阶段下，碳交易政策对经济增长的影响究竟是起积极作用还是负面影响尚不明确。

（2）对大气污染的影响机理

大量研究表明，碳交易政策的实施的确会减少碳排放，碳减排的主要措施和途径包括产业结构升级、减少化石能源消费、清洁技术创新等。实际上二氧化碳和大气污染物具有同根同源性。2015 年，中国发电行业消耗了煤炭消费总量的 52%，其排放的二氧化碳占全国二氧化碳排放总量的比重超过 40%。与此同时，发电行业排放的二氧化硫和氮氧化物分别占全国二氧化硫排放总量和氮氧化物排放总量的 27% 和 25%，而这些都是 $PM_{2.5}$ 的重要前体物。具体来说，$PM_{2.5}$ 的主要组成部分是硫酸盐和硝酸盐，前者主要通过燃煤排放的二氧化硫大气光化学转化氧化形成，后者则主要来自于汽油柴油燃烧产生的 NO_x。已有研究表明，减少碳排放的行动通常会减少共同排放的大气污染物，至 2020 年，中国碳交易政策可将广东省的二氧化硫和氮氧化物的排放量分别减少 12.4% 和 11.7%。由此可见，碳交易政策的实施会协同减少大气污染。

（3）对非化石能源的影响机理

化石能源消费会产生大量二氧化碳，在碳交易背景下，代表合法排放二氧化碳的碳配额成为稀缺资源，能将化石能源消费的环境成本内部化，因此化石能源的使用成本受到碳配额的限制将会上升，化石能源的市场竞争力将会下降。迫于化石能源使用成本的上升，企业将可能转向消费非化石能源。特别是，消费非化石能源是减少碳排放的有力途径。已有研究表明，非化石燃料发电量每增加 1% 可将二氧化碳排放量减少 0.82%。由此可见，碳交易政策的实施可能会推动非化石能源发展。

（4）对生态减贫的影响机理

碳交易政策实现生态减贫、改善人民生活水平的影响主要体现在碳交易市场中 CCER 交易。影响机理主要有两种，第一种是通过交易实现生态减贫进而改善人民生活水平。如图 2-6 所示，配额交易主要发生于同一试点地区内的控排企业之间，而 CCER 交易发生在控排企业与来自全国各地 CCER 项目的供应方之间。因此，CCER 交易在实现控排企业减排的同时为 CCER 项目供应方带来经济收益这可能为项目所在地带来减贫效应，从而改善人民生活水平。第二种是通过 CCER 项目的开发实施实现生态减贫改善人民生活水平。CCER 项目类型多样，包括风力发电、太阳能发电、沼气、水力发电、生物质发电、废物处理、瓦斯发电、余热与地热利用等，CCER 此类低碳减排项目的开发实施可以为项目所在地带来就业效应，从而实现生态减贫，改善人民生活水平。由此可见，碳交易政策的实施可能会产生减贫效应，改善人民生活水平。

4. 碳交易带动中国绿色发展新引擎

生态环境部于 2021 年 1 月发布《碳排放权交易管理办法（试行）》中指出，该办法出台的目的是在应对气候变化和促进绿色低碳发展中充分发挥市场机制作用。碳交易作为推动绿色发展的重要举措，可以利用其市场机制促进绿色经济增长、降低污染排放、倒逼企业采用新技术开发非化石能源消费以及改善人民生活水平，在经济、环境、技术和社会四个系统产生绿色发展效应。

首先，推动绿色经济增长是中国碳交易政策实现绿色发展的物质基础。绿色发展要求在发展中做到"绿水青山"与"金山银山"同时兼得，二者不可偏废。然而，以碳减排为目的的碳交易会推动企业发展新旧动能转换，倒逼企业淘汰落后产能、转型升级，而这一过程势必会影响企业经营状况，反向影响着企业生存和长期发展。因此，了解碳交易对经济的潜在影响可以帮助管理者从环境管理以及影响企业盈利能力的方式来确定战略发展规划，是正确设计碳交易体系并使其维持运营的关键。

其次，降低污染排放是中国碳交易政策实现绿色发展的自然前提。碳交易作为推动中国绿色发展的重大创新实践，可以有效分配碳排放权并从源头上减少化石能源消费，这对于缓解气候变化、改善大气污染具有重要意义。实际上，早在 2014 年《北京市碳排放权交易管理（试行）》中便指出，该措施的目的是控制温室气体排放并共同控制大气污染。然而中国碳交易市场在除降低碳排放外，是否在改善大气污染方面产生环境效应仍值得关注。

大量研究表明，碳交易政策的实施的确会减少碳排放，碳减排的主要措施和途径包括产业结构升级、减少化石能源消费、清洁技术创新等。实际上，二氧化碳和大气污染物具有同根同源性。2015 年，中国发电行业消耗了煤炭消费总量的 52%，其排放的二氧化碳占全国二氧化碳排放总量的比重超过 40%。与此同时，发电行业排放的二氧化硫和分别占全国二氧化硫排放总量和氮氧化物排放总量的 27% 和 25%，而这些都是 $PM_{2.5}$ 的重要前体物。具体来说，$PM_{2.5}$ 的主要组成部分是硫酸盐和硝酸盐，前者主要通过燃煤排放的 SO_2 大气光化学转化氧化形成，后者则主要来自于汽油柴油燃烧产生的 NO_x。已有研究表明，减少碳排放的行动通常会减少共同排放的大气污染物，至 2020 年，中国碳交易政策可将广东省的二氧化硫和氮氧化物的排放量分别减少 12.4% 和 11.7%。由此可见，碳交易政策的实施会协同减少大气污染。

再次，开发非化石能源消费的中国碳交易政策是实现绿色发展的重要途径和技术支撑。发展非化石能源可以实现经济活动过程和结果的"绿色化""生态化"。2020 年 12 月国务院发布的《新时代的中国能源发展》白皮书显示，发展非化石能源是推进能源绿色低碳转型的重要途径，是推进生态文明建设、推动高质量发展的重要方式。而在碳交易政策背景下，碳排放权成为稀缺资源，碳价将提高化石能源利用成本，抑制化石能源的市场竞争力，促进企业自主转向消费非化石能源。已有研究表明，非化石燃料发电量每增加 1% 可将二氧化碳排放量减少 0.82%。由此可见，碳交易政策的实施可能会推动非化石能源发展。

最后，改善人民生活水平是中国碳交易政策实现绿色发展的关键目的。无论是碳交易政策还是推动绿色发展，其都是通过解决影响人民生产生活的生态环境问题，从而达到提升人民生活水平，实现人民美好生活的目的。而减贫脱贫则是改善人民生活水平的第一步。碳交易政策可能有助于改善人民生活水平，特别是碳交易市场中的核证减排量（CCER）交易，能将贫困地区减排项目所产生的减排量用于抵消企业排放的二氧化碳,形成"工业补农业,城市补农村,排碳补固碳"的市场化生态补偿机制。而这一机制的设计有助于打破区域环境资源禀赋对经济发展形成的约束和限制,实现生态低碳减贫,提升人民生活水平。

第三章　光伏扶贫：可再生能源的时代机遇

第一节　能源变革与可再生能源的时代机遇

能源是国民经济和社会发展的重要基础。新中国成立以来，我国逐步建成较为完备的能源工业体系。改革开放后，为适应经济社会快速发展需要，我国推进能源全面、协调、可持续发展，成为世界上最大的能源生产消费国和能源利用效率提升最快的国家。党的十八大以来，我国能源发展进入新时代。

经过多年发展，我国能源供应保障能力不断增强，基本形成了煤、油、气、电、核、新能源和可再生能源多轮驱动的能源生产体系。

2020 年底发布的《新时代的中国能源发展》白皮书称，2019 年中国一次能源生产总量达 39.7 亿吨标准煤，为世界能源生产第一大国。可再生能源开发利用规模快速扩大，水电、风电、光伏发电累计装机容量均居世界首位。

国家能源局数据显示，2020 年，我国能源综合生产能力达到 41 亿吨标准煤，原油产量为 1.95 亿吨，天然气产量达到 1925 亿立方米，发电总装机容量达到 22 亿千瓦，油气管道总里程达到 17.5 万千米，县级行政区全部通上大电网，经济社会发展和民生用能需求得到有效保障。

受我国能源资源禀赋特点影响，新中国成立初期，煤炭占全国能源消费总量的 90% 以上。经过多年的不懈努力，我国能源生产和消费结构不断优化，煤炭占我国能源消费总量比重总体呈下降趋势。

早在我国《能源发展"十二五"规划》中，在综合考虑安全、资源、环境、技术、经济等因素的基础上，从控制总量、提高能效、调整结构、保障安全、保护环境、改善民生、深化改革等方面提出了"十二五"能源发展主要目标：一次能源消费总量控制目标为 40 亿吨标准煤，能源综合效率提高到 38%，单位国内生产总值能耗比 2010 年下降 16%；非化石能源占一次能源消费比重达到 11.4%；国内一次能源生产能力 36.6 亿吨标准煤；建设山西、鄂尔多斯盆地、蒙东、西南、新疆五大国家综合能源基地；单位国内生产总值二氧化碳排放比 2010 年下降 17%；能源开发利用产生的细颗粒物（$PM_{2.5}$）排放强度下降 30% 以上；能源基本公共服务水平显著提高，解决无电地区人口用电问题；重点领域改革取得新突破，能源行业管理全面加强。

同时，"十二五"时期对加快能源生产和利用方式变革，强化节能优先战略，全面提高能源开发转化和利用效率，控制能源消费总量，构建安全、稳定、经济、清洁的现代能源产业体系，并从勘探开发、加工转化、供应方式变革、储运设施建设、民生改善、消费总量控制、体制机制改革、科技装备提升、国际合作等九个方面进行了部署安排。主要为：一是加强国内资源勘探开发，集约高效开发煤炭和油气资源，积极有序发展水电，安全高效发展核电，加快发展风能、太阳能等可再生能源；二是推进能源高效清洁转化，高效清洁发展煤电，推进煤炭洗选和深加工升级示范，集约化发展炼油加工产业，有序发展天然气发电；三是推动能源供应方式变革，大力发展分布式能源，推进智能电网建设，加强新能源汽车供能设施建设；四是加快能源储运设施建设，提升储备应急保障能力；五是实施能源民生工程，推进城乡能源基本公共服务均等化；六是控制能源消费总量，加强用能管理，全面推进节能提效；七是推进电力、煤炭、油气等重点领域改革，理顺能源价格机制；八是加快科技创新能力建设，实施重大科技示范工程，提高装备自主化水平；九是深化能源国际合作，积极参与境外能源资源开发，扩大能源对外贸易和技术合作，维护能源安全。

"十三五"期间，我国已建成世界最大的清洁煤电供应体系；"十三五"以来，我国非化石能源消费增量占到一次能源消费增量的 40%，较"十二五"期间的增量占比上升了 14 个百分点。

近年来，随着能源总量不断发展壮大、用能方式加快变革，我国能源生产和消费结构不断优化。传统能源利用方式加快转变，清洁低碳转型步伐逐步加快。煤炭加工转化水平大幅提高，成品油质量升级扩围提速，重点领域电能替代初见成效。

据调研，2019 年我国煤炭消费占能源消费总量比重为 57.7%，比 2012 年降低 10.8 个百分点；天然气、水电、核电、风电等清洁能源消费量占能源消费总量比重为 23.4%，比 2012 年提高 8.9 个百分点。能源绿色发展对碳排放强度下降起到重要作用，2019 年碳排放强度比 2005 年下降 48.1%。

近年来，能源企业、行业纷纷向新能源领域进军，将清洁低碳作为未来发展方向之一。"碳达峰碳中和"战略目标制定以来，我国大力发展清洁能源，推动能源电力从高碳向低碳、从以化石能源为主向以清洁能源为主转变，在能源供给侧，构建多元化清洁能源供应体系。将非化石能源放在能源发展优先位置，大力推进低碳能源替代高碳能源、可再生能源替代化石能源；坚持绿色发展导向，大力推进化石能源清洁高效利用，优先发展可再生能源，安全有序发展核电，加快提升非化石能源在能源供应中的比重。

一、能源的时代发展形势与变革

1. 世界能源发展形势

能源是现代社会的血液。十八世纪以后，煤炭、石油、电力的广泛使用，先后推动了第一、第二次工业革命，使人类社会从农耕文明迈向工业文明，能源从此成为世界经济发展的重要动力，也成为各国利益博弈的焦点。当今世界，化石能源大量使用，带来环境、生态和全球气候变化等领域一系列问题，主动破解困局、加快能源转型发展已经成为世界各国的自觉行动。新一轮能源变革兴起，将为世界经济发展注入新的活力，推动人类社会从工业文明迈向生态文明。

一是能源清洁低碳发展成为大势。在人类共同应对全球气候变化大背景下，世界各国纷纷制定能源转型战略，提出更高的能效目标，制定更加积极的低碳政策，推动可再生能源发展，加大温室气体减排力度。各国不断寻求低成本清洁能源替代方案，推动经济绿色低碳转型。联合国气候变化《巴黎协定》提出了新的更高要求，明确 21 世纪下半叶实现全球温室气体排放和吸收相平衡的目标，将驱动以新能源和可再生能源为主体的能源供应体系尽早形成。

二是世界能源供需格局发生重大变化。世界能源需求进入低速增长时期，主要发达国家能源消费总量趋于稳定甚至下降，新兴经济体能源需求将持续增长，占全球能源消费比重不断上升。随着页岩油气革命性突破，世界油气开始呈现石油输出国组织、俄罗斯—中亚、北美等多极供应新格局。中国、欧盟等国家（地区）可再生能源发展，带动全球能源供应日趋多元，供应能力不断增强，全球能源供需相对宽松。

三是世界能源技术创新进入活跃期。能源新技术与现代信息、材料和先进制造技术深度融合，太阳能、风能、新能源汽车技术不断成熟，大规模储能、氢燃料电池、第四代核电等技术有望突破，能源利用新模式、新业态、新产品日益丰富，将带来人类生产生活方式深刻变化。各国纷纷抢占能源技术进步先机，谋求新一轮科技革命和产业变革竞争制高点。

四是世界能源走势面临诸多不确定因素。近年来，国际油价大幅震荡，对世界能源市场造成深远影响，未来走势充满变数。新能源和可再生能源成本相对偏高，竞争优势仍不明显，化石能源主体地位短期内难以替代。受俄乌战争带来的影响与启发，地缘政治关系日趋复杂，不稳定不确定因素明显增多。能源生产和消费国利益分化调整，全球能源治理体系加速重构。

2. 我国能源发展形势

"十四五"和"十五五"是我国现代化建设承上启下的关键阶段，我国经济总量将持续扩大，人民生活水平和质量全面提高，能源保障生态文明建设、社会进步和谐、人民幸福安康的作用更加显著，我国能源发展将进入从总量扩张向提质增效转变的新阶段。

一是我国能源消费将持续增长。一方面，实现全面建成小康社会和现代化目标，人均能源消费水平将不断提高，刚性需求将长期存在。另一方面，我国经济发展进入新常态，经济结构不断优化、新旧增长动力加快转换，粗放式能源消费将发生根本转变，能源消费进入中低速增长期。

二是绿色低碳成为能源发展方向。随着生态文明建设加快推进，大幅削减各种污染物排放，有效防治水、土、大气污染，显著改善生态环境质量，要求能源与环境绿色和谐发展。同时，积极应对气候变化，更加主动控制碳排放，要求坚决控制化石能源总量，优化能源结构，将推动能源低碳发展迈上新台阶。

三是能源体制不断健全完善。随着全面深化改革的不断推进，国家治理体系和治理能力现代化将取得重大进展，发展不平衡、不协调、不可持续等问题逐步得到解决，能源领域基础性制度体系也将基本形成，能源发展水平与人民生活质量同步提高。

四是能源国际合作水平持续提高。随着我国深度融入世界经济体系，对内对外开放相互促进，开放型经济新体制加快构建，创新驱动发展战略深入实施促进能源科技实力显著提升，在国际能源合作和治理中将发挥更加重要的作用。

3. 能源变革的机遇挑战

加快推进能源革命蕴含大有可为的机遇和优势。落实新发展理念，全面推进生态文明建设，建设美丽中国，为推进能源革命提供了不竭动力。我国发展潜力大、韧性强，实施"一带一路"建设、京津冀协同发展、长江经济带发展"三大战略"，推进新型城镇化，为推进能源革命构筑了广阔舞台。经济发展进入新常态，能源消费增速放缓，供应压力有所减轻，为推进能源革命拓展了回旋余地。全社会对能源开发利用普遍关切，广大人民群众节能环保意识不断增强，为推进能源革命奠定了广泛基础。

加快推进能源革命，是一项长期战略任务，更是一项复杂系统工程，面临现实困难与挑战。我国人口众多、人均能源资源拥有量相对较低，随着经济规模不断扩大，资源约束日益趋紧。发展方式粗放，能源利用效率低，生产和使用过程中环境污染问题突出、生态系统退化，控制碳排放任务艰巨。能源科技整体水平与能源结构转型要求不适应，支撑引领作用不够强，关键核心技术自主创新能力不足。与传统化石能源相比，新能源在技术经济性等方面竞争优势不明显，通过市场作用调节能源结构的机制尚不完善。体制机制难以适应构建现代能源体系的需要，改革创新刻不容缓。世界能源地缘关系日趋复杂，保障开放条件下的能源安全面临诸多挑战。

总体上看，推进能源革命机遇与挑战并存，机遇大于挑战。必须统筹全局，把握机遇，因势利导，主动作为，集中力量实现战略目标。

4. 能源变革的重要意义

推进能源革命，有利于促进我国供给侧结构性改革，提升经济发展质量和效益，推动经济行稳致远，支撑我国迈入中等发达国家行列；有利于增强能源安全保障能力，有效应对各种风险和突发事件，提升整体国家安全水平；有利于优化能源结构、提高能源效率，破解资源环境约束，全面推进生态文明建设；有利于增强自主创新能力，实现科技、能源、经济紧密结合；有利于全面增强我国在国际能源领域的影响力，积极主动应对全球气候变化，彰显负责任大国形象；有利于增加基本公共服务供给，使能源发展成果更多惠及全体人民，对于全面建成小康社会和加快建设现代化国家具有重要现实意义和深远战略意义。

二、可再生能源的时代机遇

到 2030 年，我国非化石能源占一次能源消费比重将达到 25%，风电、太阳能发电总装机容量将达到 12 亿千瓦以上。2020 年 12 月 12 日，习近平主席在气候雄心峰会上庄严承诺："中国历来重信守诺，将以新发展理念为引领，在推动高质量发展中促进经济社会发展全面绿色转型，脚踏实地落实上述目标，为全球应对气候变化作出更大贡献。"

作为《巴黎协定》的积极践行者，中国始终信守对国际社会的郑重承诺，在绿色发展和生态文明建设中主动作为，通过建立健全绿色低碳循环发展经济体系，积极参与气候变化国际谈判，力争 2030 年前二氧化碳排放达到峰值，努力争取 2060 年前实现碳中和，展现了负责任大国的担当。

作为降低碳排放的重要抓手，我国可再生能源迎来新的发展阶段。"十四五"时期，我国生态文明建设进入到以降碳为重点战略方向、推动减污降碳协同增效、促进经济社会发展全面绿色转型、实现生态环境质量改善由量变到质变的关键时期。必须贯彻创新、协调、绿色、开放、共享的新发展理念，把实现减污降碳协同增效作为促进经济社会发展全面绿色转型的总抓手，抓住资源利用这个源头，抓住产业结构调整这个关键，支持绿色低碳技术创新成果转化。

2022 年 6 月，国家发改委、国家能源局、财政部、自然资源部、生态环境部、住房城乡建设部、农业农村部、气象局、林草局等部门联合印发《"十四五"可再生能源发展规划》（以下简称《规划》）。《规划》提出，到 2025 年，可再生能源消费总量达到 10 亿吨标准煤左右，占一次能源消费的 18% 左右；可再生能源年发电量达到 3.3 万亿千瓦时左右，风电和太阳能发电量实现翻倍；全国可再生能源电力总量和非水电消纳责任权重分别达到 33% 和 18% 左右，利用率保持在合理水平；到 2035 年，我国将基本实现社会主义现代化，碳排放达峰后稳中有降，在 2030 年非化石能源消费占比达到 25% 左右和风电、太阳能发电总装机容量达到 12 亿千瓦以上的基础上，上述指标均进一步提高。可再生能源加速替代化石能源，新型电力系统取得实质性成效，可再生能源产业竞争力进一步巩固提升，基本建成清洁低碳、安全高效的能源体系。

同时，将不断健全体制机制，市场化发展可再生能源。深化"放管服"改革，健全可再生能源电力消纳保障机制，完善可再生能源市场化发展机制，建立健全绿色能源消费机制。

"十四五"时期可再生能源发展将坚持集中式与分布式并举、陆上与海上并举、就地消纳与外送消纳并举、单品种开发与多品种互补并举、单一场景与综合场景并举，以区域布局优化发展，"三北"地区优化推动基地化规模化开发，西南地区统筹推进水风光综合开发，中东南部地区重点推动就地就近开发，东部沿海地区积极推进海上风电集群化开发；以重大基地支撑发展，明确以沙漠、戈壁、荒漠地区为重点，加快建设黄河上游、河西走廊、黄河几字湾、冀北、松辽、新疆、黄河下游等七大陆上新能源基地，藏东南、川滇黔桂两大水风光综合基地和五大海上风电基地集群；以示范工程引领发展，重点推进技术创新示范、开发建设示范、高比例应用示范等三大类18项示范工程，加快培育可再生能源新技术、新模式、新业态；以行动计划落实发展，重点推进城镇屋顶光伏行动、千乡万村驭风行动、千家万户沐光行动、乡村能源站等九大行动计划，以扎实有效的行动保障规划全面落地。

《规划》围绕可再生能源发展与生态文明建设、新型城镇化、乡村振兴、新基建、新技术等深度融合，重点部署了九大行动，以扎实有效的行动保障规划全面落地。

一是城镇屋顶光伏行动，重点推动可利用屋顶面积充裕、电网接入和消纳条件好的政府大楼、交通枢纽、学校医院、工业园区等建筑屋顶发展分布式光伏，提高建筑屋顶分布式光伏覆盖率。

二是"光伏+"综合利用行动，在农业领域开展农光互补、渔光互补，在交通领域推进光伏在新能源汽车充电桩、高速铁路沿线设施、高速公路服务区等领域应用，在信息领域开展光伏与5G基站、数据中心等融合。

三是千乡万村驭风行动，创新风电投资建设模式和土地利用机制，以县域为单元大力推动乡村风电建设。

四是千家万户沐光行动，统筹乡村屋顶资源、村集体集中场地开展分布式光伏建设，助力乡村振兴。

五是新能源电站升级改造行动，推进老旧风电和光伏发电设备退役和升级改造，提升电站发电效率和运行安全性。

六是抽水蓄能资源调查行动，加大抽水蓄能电站选点工作力度，选择不涉及生态红线、地形地质等条件合适的站点，加快开发建设。

七是可再生能源规模化供热行动，推动建筑领域、工业领域可再生能源供热，统筹规划、建设和改造供热基础设施，建立可再生能源与传统能源协同互补、梯级利用的供热体系。

八是乡村能源站行动，在居住分散、集中供暖供气困难、可再生能源资源丰富的乡村地区，建设以生物质成型燃料加工站为主的乡村能源站；在人口规模较大、具备集中供暖条件的乡村地区，建设以生物质锅炉、地热能等为主的乡村能源站。

九是农村电网巩固提升行动，加快国家乡村振兴重点地区及革命老区的农村电网巩固提升工程，推进中东部地区城乡供电服务均等化进程，提升农村电网信息化、自动化、智能化水平，筑牢乡村振兴电气化基础。

三、充分发挥市场在资源配置中的决定性作用，不断完善能源的现代化治理体系

还原能源商品属性，加快形成统一开放、竞争有序的市场体系，充分发挥市场配置资源的决定性作用和更好发挥政府作用。以节约、多元、高效为目标，创新能源宏观调控机制，健全科学监管体系，完善能源法律法规，构建激励创新的体制机制，打通能源变革发展快车道。

1. 构建有效竞争的能源市场体系

坚持社会主义市场经济改革方向，加快形成企业自主经营、消费者自由选择、商品和要素自由流动的能源市场体系。

加快形成现代市场体系。政府减少对能源市场的干预，减少对能源资源直接分配和微观经济活动的行政管理，抓紧构建基础性制度，保障资源有序自由流动。全面推进能源行政审批制度改革，完善负面清单，鼓励和引导各类市场主体依法平等参与负面清单以外的能源领域投资运营。积极稳妥发展混合所有制，支持非公有制发展，实现市场主体多元化。建立完善的油气、煤炭、电力以及用能权等能源交易市场，确立公平开放透明统一的市场规则。打破地区封锁、行业垄断，加强市场价格监管和反垄断执法，严厉查处实施垄断协议、滥用市场支配地

位和滥用行政权力等垄断行为。

全面推进能源企业市场化改革。着力推动能源结构、布局、技术全面优化。实施国有能源企业分类改革，坚持有进有退、有所为有所不为，着力推进电力、油气等重点行业改革。按照管住中间、放开两头的原则，有序放开发电和配售电业务。优化国有资本布局，完善现代企业制度，提高投资效率，充分发挥在保护资源环境、加快转型升级、履行社会责任中的引领和表率作用，更好适应能源消费需求升级。增强国有经济活力、控制力、影响力、抗风险能力，做优做强，更好服务于国家战略目标。

2.建立主要由市场决定价格机制

全面放开竞争性环节价格，凡是能由市场形成价格的，都要交给市场。加强对市场价格的事中事后监管，规范价格行为。推动形成由能源资源稀缺程度、市场供求关系、环境补偿成本、代际公平可持续等因素决定能源价格机制。稳妥处理和逐步减少交叉补贴。

加强政府定价成本监审，推进定价公开透明。健全政府在重要民生和部分网络型自然垄断环节价格的监管制度。落实和完善社会救助、保障标准与物价上涨挂钩的联动机制，保障困难群众基本用能需求。

3.创新能源科学管理模式

加快政府职能转变，持续推进简政放权、放管结合、优化服务改革，建立健全战略谋划、规划实施、政策配套、监管到位的能源科学管理模式。

加强战略规划引领。加强能源重大问题的战略谋划，强化顶层设计，不断提高能源宏观管理的全局性、前瞻性、针对性。做好能源规划、年度计划及各类专项规划之间的有效衔接，建立规划实施、监督检查、评估考核机制，保障规划有效落实，进一步提高规划的科学性、权威性和约束力。创新和完善能源宏观调控，按照总量调节和定向施策并举、短期和中长期结合、国内和国际统筹、改革和发展协调的要求，推动实现能源总量和强度控制、优化能源结构、防控风险和保护环境。

创新宏观政策配套机制。完善鼓励清洁能源加快发展的产业政策和投融资机制。加强用能权与用水权、排污权、碳排放权初始分配制度，以及土地有偿使用管理制度相衔接，统筹推进能源资源合理高效利用。研究完善矿产资源权益金及配套制度，维护资源所有者和投资者权益，健全政府依法有序投放、企业公开公平竞争的能源矿业资源管理机制。建立健全支撑能源绿色发展的财税、金融服务体系。健全能源统计制度，完善计量体系和能源消费总量、环境质量、节能减排等目标考核体系，推进能源管理体系认证。加强能源信息收集整理，及时跟踪研究国内外能源发展情况及动态。

重塑能源监管体系。统筹能源管理体制改革，明确中央与地方的能源监管职责。推进能源领域信用体系建设，保障政府科学决策、市场有序发展。完善监管协调机制，建立健全权责清晰、规则统一、方式得当、执法有力的现代能源监管框架。

持续提升监管效能。完善能源市场准入制度，统一准入"门槛"，强化资源、环境、安全等技术标准。运用市场、信用、法治等手段，加强对能源市场主体行为的持续性动态监管，防范安全风险，维护市场秩序，保障社会公共利益和投资者、经营者、消费者合法权益。加强监管能力建设，创新监管方法和手段，提高监管的针对性、及时性、有效性。

4. 建立健全能源法治体系

以能源法治平衡各方利益，以能源法治凝聚能源改革共识，坚持在法治下推进改革，在改革中完善法治。

建立科学完备、先进适用的能源法律法规体系。根据形势发展需要，健全能源法律法规体系，加强能源监管法律法规建设，研究完善相关配套实施细则，做好地方性法规与法律、行政法规的衔接。

及时修订废止阻碍改革、落后于实践发展的法律法规。增强能源法律法规的及时性、针对性、有效性。

四、引导和推动能源需求侧变革

强化约束性指标管理，同步推进产业结构和能源消费结构调整，有效落实节能优先方针，全面提升城乡优质用能水平，从根本上抑制不合理消费，大幅度提高能源利用效率，加快形成能源节约型社会。

1.坚决控制能源消费总量

以控制能源消费总量和强度为核心，完善措施、强化手段，建立健全用能权制度，形成全社会共同治理的能源总量管理体系。

实施能源消费总量和强度"双控"。把能源消费总量、强度目标作为经济社会发展重要约束性指标，推动形成经济转型升级的倒逼机制。合理区分控制对象，重点控制煤炭消费总量和石油消费增量，鼓励可再生能源消费。建立控制指标分解落实机制，综合考虑能源安全、生态环境等因素，贯彻区域发展总体战略和主体功能区战略，结合各地资源禀赋、发展现状、发展潜力，兼顾发展质量和社会公平。实施差别化总量管理，大气污染重点防控地区严格控制煤炭消费总量，实施煤炭消费减量替代，扩大天然气替代规模。东部发达地区化石能源消费率先达到峰值，加强重点行业、领域能源消费总量管理。严格节能评估审查，从源头减少不合理能源消费。

构建用能权制度。用能权是经核定允许用能单位在一定时期内消费各类能源量的权利，是控制能源消费总量的有效手段和长效机制。建立健全用能权初始分配制度，确保公平、公开。推进用能预算化管理，保障优质增量用能，淘汰劣质低效用能，坚持节约用能，推动用能管理科学化、自动化、精细化。培育用能权交易市场，开展用能权有偿使用和交易试点，研究制定用能权管理的相关制度，加强能力建设和监督管理。

2.打造中高级能源消费结构

大力调整产业结构，推动产业结构调整与能源结构优化互驱共进，使能源消费结构迈入更加绿色、高效的中高级形态。

以能源消费结构调整推动传统产业转型升级。提高市场准入标准，限制高能耗、高污染产业发展及煤炭等化石能源消费。推动制造业绿色改造升级，化解过剩产能，依法依规淘汰煤炭、钢铁、建材、石化、有色、化工等行业环保、能耗、安全生产不达标和生产不合格落后产能，促进能源消费清洁化。统筹考虑国内外能源市场和相关产业变化情况，灵活调节进出口关税，推进外贸向优质优价、优进优出转变，减少高载能产品出口。

以产业结构调整促进能源消费结构优化。大力发展战略性新兴产业，实施智能制造工程，加快节能与新一代信息技术、新能源汽车、新材料、生物医药、先进轨道交通装备、电力装备、航空、电子及信息产业等先进制造业发展，培育能耗排放低、质量效益好的新增长点。提高服务业比重，推动生产性服务业向专业化和价值链高端延伸、生活性服务业向精细化和高品质转变，促进服务业更多使用清洁能源。通过实施绿色标准、绿色管理、绿色生产，加快传统产业绿色改造，大力发展低碳产业，推动产业体系向集约化、高端化升级，实现能源消费结构清洁化、低碳化。

3.深入推进节能减排

坚持节能优先总方略，把节能贯穿于经济社会发展全过程和各领域，健全节能标准和计量体系，完善节能评估制度，全面提高能源利用效率，推动完善污染物和碳排放治理体系。

把工业作为推动能源消费革命的重点领域。综合运用法律、经济、技术等手段，调整工业用能结构和方式，促进能源资源向工业高技术、高效率、高附加值领域转移，推动工业部门能耗尽早达峰。对钢铁、建材等耗煤行业实施更加严格的能效和排放标准，新增工业产能主要耗能设备能效达到国际先进水平。大力推进低碳产品认证，促进低碳生产。重构工业生产和组织方式，全面推进工业绿色制造，推动绿色产品、绿色工厂、绿色园区和绿色供应链全面发展。加快工艺流程升级与再造，以绿色设计和系统优化为重点，推广清洁低碳生产，促进增产不增能甚至增产降能。以新材料技术为重点推行材料替代，降低原材料使用强度，提高资源回收利用水平。推行企业循环式生产、产业循环式组合、园区循环式改造，推进生产系统和生活系统循环链接。充分利用工业余热余压余气，鼓励通过"能效电厂"工程提高需求侧节能和用户响应能力。

充分释放建筑节能潜力。建立健全建筑节能标准体系，大力发展绿色建筑，推行绿色建筑评价、建材论证与标识制度，提高建筑节能标准，推广超低能耗建筑，提高新建建筑能效水平，增加节能建筑比例。加快既有建筑节能和供热计量改造，实施公共建筑能耗限额制度，对重点城市公共建筑及学校、医院等公益性建筑进行节能改造，推广应用绿色建筑材料，大力发展装配式建筑。严格建筑拆除管理，遏制不合理的"大拆大建"。全面优化建筑终端用能结构，大力推进可再生能源建筑应用，推动农村建筑节能及绿色建筑发展。

全面构建绿色低碳交通运输体系。优化交通运输结构，大力发展铁路运输、城市轨道交通运输和水运，减少煤炭等大宗货物公路长途运输，加快零距离换乘、无缝衔接交通枢纽建设。倡导绿色出行，深化发展公共交通和慢行交通，提高出行信息服务能力。统筹油、气、电等多种交通能源供给，积极推动油品质量升级，全面提升车船燃料消耗量限值标准，推进现有码头岸电设施改造，新建码头配套建设岸电设施，鼓励靠港船舶优先使用岸电，实施多元替代。加快发展第三方物流，优化交通需求管理，提高交通运输系统整体效率和综合效益。

实施最严格的减排制度。坚决控制污染物排放，主动控制碳排放，建立健全排污权、碳排放权初始分配制度，培育和发展全国碳排放权交易市场。强化主要污染物减排，重点加强钢铁、化工、电力、水泥、氮肥、造纸、印染等行业污染控制，实施工业污染源全面达标排放行动，控制移动源污染物排放。全面推进大气中细颗粒物防治。构建机动车船和燃料油环保达标监管体系。扩大污染物总量控制范围，加快重点行业污染物排放标准修订。提高监测预警水平，建立完善全国统一的实时在线环境监控系统，加强执法监督检查。依法做好开发利用规划环评，严格建设项目环评，强化源头预防作用和刚性约束，加快推行环境污染第三方治理。

4. 推动城乡电气化发展

结合新型城镇化、农业现代化建设，拓宽电力使用领域，优先使用可再生能源电力，同步推进电气化和信息化建设，开创面向未来的能源消费新时代。

大幅提高城镇终端电气化水平。实施终端用能清洁电能替代，大力推进城镇以电代煤、以电代油。加快制造设备电气化改造，提高城镇产业电气化水平。提高铁路电气化率，超前建设汽车充电设施，完善电动汽车及充电设施技术标准，加快全社会普及应用，大幅提高电动汽车市场销量占比。淘汰煤炭在建筑终端的直接燃烧，鼓励利用可再生电力实现建筑供热（冷）、炊事、热水，逐步普及太阳能发电与建筑一体化。

全面建设新农村新能源新生活。切实提升农村电力普遍服务水平，完善配电网建设及电力接入设施、农业生产配套供电设施，缩小城乡生活用电差距。加快转变农业发展方式，推进农业生产电气化。实施光伏（热）扶贫工程，探索能源资源开发中的资产收益扶贫模式，助推脱贫致富。结合农村资源条件和用能习惯，大力发展太阳能、浅层地热能、生物质能等，推进用能形态转型，使农村成为新能源发展的"沃土"，建设美丽宜居乡村。

加速推动电气化与信息化深度融合。保障各类新型合理用电，支持新产业、新业态、新模式发展，提高新消费用电水平。通过信息化手段，全面提升终端能源消费智能化、高效化水平，发展智慧能源城市，推广智能楼宇、智能家居、智能家电，发展智能交通、智能物流。培育基于互联网的能源消费交易市场，推进用能权、碳排放权、可再生能源配额等网络化交易，发展能源分享经济。加强终端用能电气化、信息化安全运行体系建设，保障能源消费安全可靠。

5. 树立勤俭节约消费观

充分调动人民群众的积极性、主动性和创造性，大力倡导合理用能的生活方式和消费模式，推动形成勤俭节约的社会风尚。

增强全民节约意识。牢固树立尊重自然、顺应自然、保护自然的理念，加强环保意识、生态意识，积极培育节约文化，使节约成为社会主流价值观，加快形成人与自然和谐发展的能源消费新格局。把节约高效作为素质教育的重要内容。发挥公共机构典型示范带动作用，大力提倡建设绿色机关、绿色企业、绿色社区、绿色家庭。加强绿色消费宣传，坚决抵制和反对各种形式的奢侈浪费、不合理消费。

培育节约生活新方式。开展绿色生活行动，推动全民在衣食住行游等方面加快向文明绿色方式转变。继续完善小排量汽车和新能源汽车推广应用扶持政策体系。适应个性化、多元化消费需求发展，引导消费者购买各类节能环保低碳产品，减少一次性用品使用，限制过度包装。推广绿色照明和节能高效产品。

完善公众参与制度。增强公众参与程度，扩大信息公开范围，使全体公民在普遍享有现代能源服务的同时，保障公众知情权。健全举报、听证、舆论和公众监督制度。发挥社会组织和志愿者作用，引导公众有序参与能源消费各环节。

五、调整和推进能源供给侧改革

立足资源国情，实施能源供给侧结构性改革，推进煤炭转型发展，提高非常规油气规模化开发水平，大力发展非化石能源，完善输配网络和储备系统，优化能源供应结构，形成多轮驱动、安全可持续的能源供应体系。

1. 推动煤炭清洁高效开发利用

煤炭是我国主体能源和重要工业原料，支撑了我国经济社会快速发展，还将长期发挥重要作用。实现煤炭转型发展是我国能源转型发展的立足点和首要任务。

实现煤炭集中使用。多种途径推动优质能源替代民用散煤，大力推广煤改气、煤改电工程。制定更严格的煤炭产品质量标准，逐步减少并全面禁止劣质散煤直接燃烧，大力推进工业锅炉、工业窑炉等治理改造，降低煤炭在终端分散利用比例，推动实现集中利用、集中治理。

大力推进煤炭清洁利用。建立健全煤炭质量管理体系，完善煤炭清洁储运体系，加强煤炭质量全过程监督管理。不断提高煤电机组效率，降低供电煤耗，全面推广世界一流水平的能效标准。加快现役煤电机组升级改造，新建大型机组采用超超临界等最先进的发电技术，建设高效、超低排放煤电机组，推动实现燃煤电厂主要污染物排放基本达到燃气电厂排放水平，建立世界最清洁的煤电体系。结合棚户区改造等城镇化建设，发展热电联产。在钢铁、水泥等重点行业以及锅炉、窑炉等重点领域推广煤炭清洁高效利用技术和设备。按照严格的节水、节能和环保要求，结合生态环境和水资源承载能力，适度推进煤炭向深加工方向转变，探索清洁高效的现代煤化工发展新途径，适时开展现代煤化工基地规划布局，提高石油替代应急保障能力。

促进煤炭绿色生产。严控煤炭新增产能，做好新增产能与化解过剩产能衔接，完善煤矿正常退出机制，实现高质量协调发展。实施煤炭开发利用粉尘综合治理，限制高硫、高灰、高砷、高氟等煤炭资源开发。强化矿山企业环境恢复治理责任，健全采煤沉陷区防治机制，加快推进历史遗留重点采煤沉陷区综合治理。统筹煤炭与煤层气开发，提高煤矸石、矿井水、煤矿瓦斯等综合利用水平。加强煤炭洗选加工，提高煤炭洗选比例。促进煤炭上下游、相关产业融合，加快煤炭企业、富煤地区、资源枯竭型城市转产转型发展。

2. 实现增量需求主要依靠清洁能源

大力发展清洁能源，大幅增加生产供应，是优化能源结构、实现绿色发展的必由之路。推动清洁能源成为能源增量主体，开启低碳供应新时代。

推动非化石能源跨越式发展。坚持分布式和集中式并举，以分布式利用为主，推动可再生能源高比例发展。大力发展风能、太阳能，不断提高发电效率，降低发电成本，实现与常规电力同等竞争。因地制宜选择合理技术路线，广泛开发生物质能，加快生物质供热、生物天然气、农村沼气发展，扩大城市垃圾发电规模。创新开发模式，统筹水电开发经济效益、社会效益和环境效益。在具备条件的城市和区域，推广开发利用地热能。开展海洋能等其他可再生能源利用的示范推广。采用我国和国际最新核安全标准，安全高效发展核电，做好核电厂址保护，优化整合核电堆型，稳妥有序推进核电项目建设，加强铀资源地质勘查，实行保护性开采政策，规划建设核燃料生产、乏燃料后处理厂和放射性废物处置场。

积极推动天然气国内供应能力倍增发展。加强天然气勘查开发，建设四川、新疆等天然气生产供应区，加快推动鄂尔多斯盆地、沁水盆地与新疆等地区不同煤阶煤层气，以及四川盆地及外围、中下扬子地区、北方地区页岩气勘查开发，推动煤层气、页岩气、致密气等非常规天然气低成本规模化开发，稳妥推动天然气水合物试采。处理好油气勘查开发过程中的环境问题，严格执行环保标准，加大水、土、大气污染防治力度。

推动分布式成为重要的能源利用方式。在具备条件的建筑、产业园区和区域，充分利用分布式天然气、分布式可再生能源，示范建设相对独立、自我平衡的个体能源系统。根据分布式能源供应情况，合理布局产业集群，完善就近消纳机制，推动实现就地生产、就地消费。

3.推进能源供给侧管理

坚持严控能源增量、优化存量，着力提升能源供给质量和效率，扩大有效供给，合理控制能源要素成本，增强供给的适应性和灵活性。

建立健全能源生产、配送、交易管理市场化制度，推动能源优质优供，引导能源消费升级。完善产能退出机制，加快淘汰能源领域落后产能。分级分类建立能源产品标准体系并逐步完善提高，严禁不合格能源生产和交易使用。通过技术进步降低清洁能源成本，完善支持清洁能源发展的市场机制，建立健全生态保护补偿机制，推动化石能源外部环境成本内部化，合理确定煤炭税费水平。建立多元化成品油市场供应体系，实现原油、煤炭、生物质等原料的生产技术和产品的协同优化。优化能源系统运行，打造能源高效公平流动基础设施平台。建立能源基础设施公平性接入的有效监督机制，降低输配成本，提高能源供给效率。

4.优化能源生产布局

综合考虑能源资源禀赋、水资源条件、生态环境承载力以及能源消费总量和强度"双控"等因素，科学确定能源重点开发基地，统筹能源生产与输送。

合理布局能源生产供应。东部地区，充分利用国内外天然气，发展核电、分布式可再生能源和海上风电，积极吸纳其他地区富余清洁能源，率先减煤。中部地区，大力发展分布式可再生能源，做好煤炭资源保护性开发，总体上降低煤炭生产规模，加快发展煤层气，建设区外能源输入通道及能源中转枢纽。西南地区，建设云贵川及金沙江等水电基地，大力发展川渝天然气，积极发展生物质能源，加快调整煤炭生产结构。西北地区，建设化石能源和可再生能源大型综合能源基地，保障全国能源平衡。东北地区，加快淘汰煤炭落后产能，大力发展新能源和可再生能源，实现供需平衡，完善国外能源输入通道。加快建设海上油气战略接续区，稳步推进海洋能开发利用。按照炼化一体化、装置规模化、产业园区化、产品清洁化的要求，优化石油炼化产业布局。

有效衔接能源开发地与输送网。实行能源优先就地平衡，尽量减少远距离大规模输送。结合全国能源生产供应布局，统筹多种能源输送方式，推进能源开发基地、加工转换基地与能源输送通道的同步规划、同步建设。加快能源输送网络转型，减少网络冗余，提高系统运行效率，扩大可再生能源有效利用，推动能源输送网络运营调度升级提效。

5.全面建设"互联网+"智慧能源

促进能源与现代信息技术深度融合，推动能源生产管理和营销模式变革，重塑产业链、供应链、价值链，增强发展新动力。

推进能源生产智能化。鼓励风电、太阳能发电等可再生能源的智能化生产，推动化石能源开采、加工及利用全过程的智能化改造，加快开发先进储能系统。加强电力系统的智能化建设，有效对接油气管网、热力管网和其他能源网络，促进多种类型能流网络互联互通和多种能源形态协同转化，建设"源—网—荷—储"协调发展、集成互补的能源互联网。

建设分布式能源网络。鼓励分布式可再生能源与天然气协同发展，建设基于用户侧的分布式储能设备，依托新能源、储能、柔性网络和微网等技术，实现分布式能源的高效、灵活接入以及生产、消费一体化，依托能源市场交易体系建设，逐步实现能源网络的开放共享。

发展基于能源互联网的新业态。推动多种能源的智能定制，合理引导电力需求，鼓励用户参与调峰，培育智慧用能新模式。依托电子商务交易平台，实现能源自由交易和灵活补贴结算，推进虚拟能源货币等新型商业模式。构建基于大数据、云计算、物联网等技术的能源监测、管理、调度信息平台、服务体系和产业体系。打造能源企业"大众创业、万众创新"平台，全面推进能源领域众创众包众扶众筹。

六、作为能源转型升级"压舱石"，技术需不断完成革新突破

立足自主创新，准确把握世界能源技术演进趋势，以绿色低碳为主攻方向，选择重大科技领域，按照"应用推广一批、示范试验一批、集中攻关一批"路径要求，分类推进技术创新、商业模式创新和产业创新，将技术优势转化为经济优势，培育能源技术及关联产业升级的新增长点。

1. 普及先进高效节能技术

以系统节能为基础，以高效用能为方向，将高效节能技术广泛应用于工业、建筑、交通等各领域。

工业节能技术。发展工业高效用能技术，加强生产工艺和机械设备节能技术研发，重点推动工业锅（窑）炉、电机系统、变压器等通用设备节能技术研发应用。深入推进流程工业系统节能改造，完善和推广工业循环利用、系统利用和梯级利用技术。广泛应用原料优化、工业余热、余压、余气回收利用和电厂烟气余热回收利用技术。推行产品绿色节能设计，推广轻量化低功耗易回收等技术工艺。

建筑节能技术。推广超低能耗建筑技术以及绿色家居、家电等生活节能技术，发展新型保温材料、反射涂料、高效节能门窗和玻璃、绿色照明、智能家电等技术，鼓励发展近零能耗建筑技术和既有建筑能效提升技术，积极推广太阳能、地热能、空气热能等可再生能源建筑规模化应用技术。

交通运输节能技术。突破新能源汽车核心技术，发展节能汽车技术，完善高铁、新型轨道交通节能关键技术，积极开发大型飞机、船舶材料及燃料加工技术。研发和推广交通与互联网融合技术，利用交通大数据，发展城市智能交通管理技术、车联网等交通控制网技术。

2. 推广应用清洁低碳能源开发利用技术

强化自主创新，加快非化石能源开发和装备制造技术、化石能源清洁开发利用技术应用推广。

可再生能源技术。加快大型陆地、海上风电系统技术及成套设备研发，推动低风速、风电场发电并网技术攻关。加快发展高效太阳能发电利用技术和设备，重点研发太阳能电池材料、光电转换、智能光伏发电站、风光水互补发电等技术，研究可再生能源大规模消纳技术。研发应用新一代海洋能、先进生物质能利用技术。

先进核能技术。推动大型先进压水堆核电站的规模化建设，钠冷快中子堆核电厂示范工程及压水堆乏燃料后处理示范工程的建设，以及高温气冷堆等新型核电示范工程建设；推进小型智能堆、浮动核电站等新技术示范，重点实施自主知识产权技术的示范推广。突破铀资源攻深找盲技术和超深大型砂岩铀矿高效地浸、铀煤协调开采等关键技术，探索盐湖及海水铀资源低成本提取技术，开展先进核电燃料的研究和应用，开发事故容错核燃料技术、先进核燃料循环后处理技术及高放废物处理处置技术。

煤炭清洁开发利用技术。创新煤炭高效建井和智能矿山等关键技术、煤炭无人和无害化等智能开采、充填开采、保水开采以及无煤柱自成巷开采技术，开展矿井低浓度瓦斯采集、提纯、利用技术攻关。创新超高效火电技术、超清洁污染控制技术、低能耗碳减排和硫捕集封存利用技术、整体煤气化联合循环发电技术等，掌握燃气轮机装备制造核心技术。做好节水环保高转化率煤化工技术示范。

油气开发利用技术。积极研究应用油气高采收率技术和陆地深层油气勘查开发技术。探索致密气、页岩气压裂新技术、油页岩原位开采技术。研发推广适合不同煤阶的煤层气抽采技术。推动深海油气勘查开发、海上溢油等事故应急响应和快速处理技术及装备研发。加快重劣质油组合加工技术等关键技术研发，积极推动油品质量升级关键技术研发及推广，突破分布式能源微燃机制造技术，推广单燃料天然气车船应用技术。

3. 大力发展智慧能源技术

推动互联网与分布式能源技术、先进电网技术、储能技术深度融合。

先进电网技术。加强新能源并网、微网等智能电网技术研发应用，推动先进基础设施和装备关键技术、信息通信技术及调控互动技术研发示范。完善并推广应用需求侧互动技术、电力虚拟化及电力交易平台技术，提升电网系统调节能力。

储能技术。发展可变速抽水蓄能技术，推进飞轮、高参数高温储热、相变储能、新型压缩空气等物理储能技术的研发应用，发展高性能燃料电池、超级电容等化学储能技术。研发支持即插即用、灵活交易的分布式储能设备。

能源互联网技术。集中攻关能源互联网核心装备技术、系统支撑技术，重点推进面向多能流的能源交换路由器技术、能气交换技术、能量信息化与信息物理融合技术、能源大数据技术及能源交易平台与金融服务技术等。

4. 加强能源科技基础研究

实施人才优先发展战略，重点提高化石能源地质、能源环境、能源动力、材料科学、信息与控制等基础科学领域的研究能力和水平。

开展前沿性创新研究。加快研发氢能、石墨烯、超导材料等技术。突破无线电能传输技术、固态智能变压器等关键核心技术。发展快堆核电技术。加强煤炭灾害机理等基础理论研究，深入研究干热岩利用技术。突破微藻制油技术、探索藻类制氢技术。超前研究个体化、普泛化、自主化的自能源体系相关技术。

重视重大技术创新。集中攻关可控热核聚变试验装置，力争在可控热核聚变实验室技术上取得重大突破。大力研发经济安全的天然气水合物开采技术。深入研究经济性全收集全处理的碳捕集、利用与封存技术。

七、坚持践行多边主义，全方位加强国际能源合作

按照立足长远、总体谋划、多元合作、互利共赢的方针，加强能源宽领域、多层次、全产业链合作，构筑连接我国与世界的能源合作网，打造能源合作的利益共同体和命运共同体。

1. 实现海外油气资源来源多元稳定

完善海外重点合作区域布局，丰富能源国际合作内涵，把握好各方利益交集。

构建多元化供应格局。有效利用国际资源，加快重构供应版图，形成长期可靠、安全稳定的供应渠道。

打造能源命运共同体。把握和扩大能源国际合作各方的利益交集，充分照顾合作东道国现实利益，把我国能源合作战略利益与资源国经济发展和改善民生需求充分结合起来。能源走出去企业要切实履行当地社会责任，促进互利共赢。

创新合作方式。坚持经济与外交并重、投资和贸易并举，充分利用高层互访、双多边谈判、对外经济援助等机会，创新完善能源国际合作方式。发挥资本和金融优势，推动资源开发与基础设施建设相结合。

2. 畅通"一带一路"能源大通道

巩固油气既有战略进口通道，加快新建能源通道，有效提高我国和沿线国家能源供应能力，全面提升能源供应互补互济水平。

确保能源通道畅通。巩固已有主要油气战略进口通道。推动建立陆海通道安全合作机制，做好通道关键节点的风险管控，提高设施防护能力、战略预警能力以及突发事件应急反应能力，建设安全畅通的能源输送大通道。

完善能源通道布局。加强陆海内外联动、东西双向开放，加快推进"一带一路"国家和地区能源互联互通，加快能源通道建设，提高陆上通道运输能力。推动周边国家电力基础网络互联互通。

推进共商共建共享。与相关国家和地区共同推进能源基础设施规划布局、标

准规范、经营管理的对接，加强法律事务合作，保障能源输送高效畅通。以企业为主体，以基础设施为龙头，共建境外能源经贸产业园区。

3. 深化国际产能和装备制造合作

引技引智并举，拓宽合作领域，加大国际能源技术合作力度，推动能源产业对外深度融合，提升我国能源国际竞争力。

引进先进适用技术。通过相互投资、市场开放等手段，引进消化吸收和再创新清洁煤、乏燃料处理、智能电网等关键、适用能源技术，鼓励掌握先进技术的国外企业参与国内非常规油气勘查开发、清洁低碳能源开发利用等。

提升科技全球协同创新能力。积极参与前瞻性能源技术国际研发应用合作平台和机制建设，密切跟踪掌握关键重点领域前沿动态。加强政府间、企业间、研究机构间合作与交流，创新能源领域人才合作培养机制。积极参与制定先进能源技术标准，推动国内技术标准国际化。

融入全球能源产业链。发挥比较优势，培育一批跨国企业，增强国际竞争力，推动能源生产和高效节能装备、技术、服务"走出去"。联合技术先进国家共同开拓第三方国际市场，深度融入全球能源产业链、价值链、物流链。

4. 增强国际能源事务话语权

积极参与国际能源治理。推动全球能源治理机制变革，共同应对全球性挑战，打造命运共同体。巩固和完善我国双边多边能源合作机制，积极参与国际机构改革进程。

积极承担国际责任和义务。坚持共同但有区别的责任原则、公平原则、各自能力原则，积极参与应对气候变化国际谈判，推动形成公平合理、合作共赢的全球气候治理体系。广泛开展务实交流合作，推动发达国家切实履行大幅度率先减排等《联合国气候变化框架公约》义务。支持发展中国家开发清洁能源和保护生态环境，树立负责任的大国形象。

八、不断提高综合保障能力，"能源的饭碗必须端在自己手里"

始终保持忧患意识、危机意识，立足国内，着眼全球，构建涵盖能源供给利用、储备应急、监督管理等各方面的综合保障体系，把能源安全的主动权牢牢掌握在自己手中。

1. 形成多元安全保障体系

统筹不同能源品种、生产输送消费环节、当前和长远需要，全面提高能源安全保障的综合协同能力。

推动多元化保障安全。加大国内油气勘探开发力度，稳定国内供应，确保油气安全。加强煤炭、核能、可再生能源等供应安全。妥善处理不同能源品种替代互补关系，实现多能互补。

强化全过程安全保障。加快构建结构多元、供应稳定的现代能源产业体系。坚持节能优先，合理控制能源消费需求。提升能源安全输送能力，统筹煤、电、油、气网运设施能力建设，建设架构合理、坚强可靠的骨干输电通道，形成全面覆盖的油气管网，实现能源便捷流动、灵活调运。

坚持长短结合。积极应对市场短期供应中断，防范突发事件和短期价格剧烈波动影响。更加注重能源长期可持续安全，统筹能源安全与生态环境安全，把新能源、新技术、气候变化作为新能源安全观的重要内容。

2. 增强战略储备和应急能力

建立政府储备与企业储备并重、中央储备与地方储备分层、资源储备与技术储备结合、战略储备与应急响应兼顾、国内储备与国际储备互补的能源储备机制。

扩大能源资源及产品储备规模。完善能源储备设施布局，增强长期战略性储备、平时和应急调峰性储备能力。加快石油储备基地建设，科学确定储备规模。积极发展天然气应急调峰设施，提升天然气应急调峰能力，加快地下储气库、沿海液化天然气应急调峰站等建设。统筹考虑储电、储热、储冷等多种储备方式，发挥好调节供需平衡和能源缓冲作用。

增强替代能源能力储备。增强煤制油、煤制气等煤基燃料技术研发能力，积极研发生物柴油、燃料乙醇、生物纤维合成汽油等生物液体燃料替代技术，大力推进纯电动汽车、燃料电池等动力替代技术发展，发展氢燃料等替代燃料技术。积极推动替代技术产业示范。

健全能源预警应急体系。强化能源生产、运行、环境等领域事故应急能力建设，开发能源预测预警模型，建立预测预警平台，定期跟踪并发布信息，畅通反馈机制。制定应急预案、完善演练制度和应急调度机制，提高能源应急响应能力，有效减少能源中断带来的损失。

3. 提升生产运行安全水平

加大能源安全生产投入，加强能源行业安全监管，全面提升煤电油气运安全水平。

加大安全生产投入。全面普查煤矿隐蔽致灾因素，加快关闭煤与瓦斯突出等灾害隐患严重的煤矿。加大老旧油气管道和电网改造力度，做好基础设施保护与隐患排查治理工作。强化炼厂、油库、油气加注站等重大危险源管控。加强核安全队伍建设，进一步提高核能与核技术安全水平，降低核与辐射安全风险。尽快出台能源互联网技术安全制度，加强安全研判和预控。

加强行业安全监管。完善和落实安全生产责任、管理制度和考核机制，严格责任追究，坚决遏制能源领域重特大安全事故发生。创新安全生产监管执法机制，加强能源项目全过程安全监管，重点开展源头监管和治理，及时排查化解安全隐患。加强安全生产诚信体系建设。整合建立能源安全生产综合信息平台。加强监管执法队伍建设。

九、实施重大战略行动，推进重点领域率先突破

围绕能源革命战略目标，选择重点突破领域，通过示范建设和实施重大工程，推动落实各项战略任务。

1.全民节能行动

开展千家万户绿色节能活动，深入开展反过度包装、反食品浪费、反过度消费行动，完善国家节能技术推广机制。实施一批节能改造重点工程，推动重点用能单位节能行动。推行合同能源管理和重点用能行业能效"领跑者"制度。加强节能监察。建设节约型公共机构示范单位，全面建设节约型办公区。建立能流物流高效循环、梯级利用的复合型工厂和园区。全面实行供热计量收费，推广绿色施工及装配化建造方式。深入推进"车、船、路、港"千家企业节能低碳交通运输专项行动。

2.能源消费总量和强度控制行动

将全国能耗总量和强度双控目标分解到各地区和重点用能单位，严格考核、监督和问责。推行用能预算管理制度，研究在大气污染联防联控重点区域、经济发达地区和大中城市率先开展用能权使用和交易试点，结合综合经济社会效益等，对重点行业企业排序，建立初始用能权核定制度。全面淘汰分散燃煤小锅炉，推动电代油、气代油、生物燃料替代，提高燃油经济性标准。严格控制煤炭消费总量，确保实现空气质量治理阶段性达标。

3.近零碳排放示范行动

重点控制电力、钢铁、建材、化工等行业的碳排放。继续推进公交优先发展战略，推广新能源汽车。京津冀、长三角、珠三角地区碳排放率先达到峰值。深入开展低碳省（区、市）、市、城镇、产业园区、社区试点示范，实施近零碳排放区示范工程。开展碳捕集利用封存试点。推动建设全国统一的碳排放权交易市场，实行重点单位碳排放报告、核查、核证和配额管理制度。

4.电力需求侧管理行动

充分发挥电力需求侧管理在供给侧结构性改革中的作用，开展工业领域电力需求侧管理专项行动，并在交通、建筑、商业领域推广示范。制定工业领域电力需求侧管理指南，形成一批示范企业和园区。建设电力需求侧管理平台。支持技术创新及产业化应用，形成工业领域电力需求侧管理推荐产品和技术目录。建设产业联盟及相关中介组织，加快培育电能服务产业。实施电力需求侧管理评价，推动形成科学、有序、安全、节约的现代用能管理体系。组织万家工业企业参与专项行动。

5. 煤炭清洁利用行动

全面实施燃煤电厂节能及超低排放升级改造，坚决淘汰关停落后产能和不符合相关强制性标准要求的燃煤机组。到 2030 年，煤炭用于发电的比重不断提高，燃煤电厂平均供电煤耗进一步降低，超低污染物排放煤电机组占全国 80% 以上。多措并举，全面推进散煤治理。

6. 天然气推广利用行动

进一步明确积极发展天然气政策，高效利用天然气。实施大气污染治理重点地区气化工程，根据资源落实情况，加快重点地区燃煤设施和散煤燃烧天然气替代步伐，做好供需季节性调节。提高城市燃气化率。有序发展天然气调峰电站，积极推进天然气冷热电三联供，大力发展天然气分布式能源，推动天然气和新能源融合发展。开展交通领域气化工程，大力推进车、船用燃油领域天然气替代，加快内河船舶液化天然气燃料的推广应用。

7. 非化石能源跨越发展行动

优化风电和光伏发电布局，加快中东部可再生能源发展，稳步推进"三北"地区风光电基地建设，建立弃风率和弃光率预警考核机制，实现可再生能源科学有序发展。鼓励可再生能源电力优先就近消纳，充分利用规划内输电通道实现跨区外送。大力推进生物质能原料基地建设，扩大生物质能利用规模。开展地热能示范县、示范乡镇建设。开展海洋能示范项目建设。在生态优先前提下积极有序推进大型水电基地建设，因地制宜发展中小型水电站，大力推进抽水蓄能电站建设，科学有序开发金沙江等水电。到 2030 年，非化石能源发电量占全部发电量的比重力争达到 50%。

8. 农村新能源行动

更好发挥能源扶贫脱贫攻坚作用，改善贫困地区用能条件，通过建设太阳能光伏电站、开发水电资源等方式,探索能源开发收益共享等能源扶贫新机制。建立农村商品化能源供应体系,稳步扩大农村电力、燃气和洁净型煤供给,加快替代农村劣质散煤,提高物业化管理、专业化服务水平。统筹推进农村配电网建设、太阳能光伏发电和热利用。在具备条件的农村地区,建设集中供热和燃气管网。就近利用农作物秸秆、畜禽粪便、林业剩余物等生物质资源,开展农村生物天然气和沼气等燃料清洁化工程。到2030年,农村地区实现商品化能源服务体系。

9. 能源互联网推广行动

融合应用信息、电力、储能、电力电子、新能源技术,搭建能源互联网基础架构。建设能源智能化、综合能源网和信息通讯基础设施,开发能源联网交易体系,创新能源交易商业模式。发展储能和电动汽车应用、智慧用能和增值服务,培育绿色能源交易市场,发展能源大数据服务应用等。建设国际领先的能源互联网技术标准体系。

10. 能源关键核心技术及装备突破行动

强化创新基础,依托骨干企业、科研院所和高校,建设一批具有影响力的能源技术研究基地(平台)。优化能源科研机构组织运行方式,建立健全激励机制。加强能源基础理论联合研究,增强原始创新、集成创新能力,在重要的能源核心技术和关键材料方面取得突破,梯次开展重大示范工程。调整优化能源装备制造布局,推动产业集聚向产业集群转型升级,建设全球重大能源装备制造基地。加强能源装备领域产业计量测试中心建设,提供全产业链、全溯源链、全生命周期计量测试服务。

11. 能源供给侧结构性改革行动

持续深化国有能源企业改革,完善油气和电力主体多元的市场化体系,增强市场活力和市场竞争力,转变国有企业经营机制,做优做强,提高能源供应质量和效率。加快油气交易平台建设,完善电力市场交易平台。推动新能源基地配套布局天然气、抽水蓄能等调峰电厂,提高发电稳定性。开展化石能源产品质量达标行动，完善煤炭产品质量标准体系。加强油气管网、电网接入公平性监管，加强煤炭质量监测和抽查管理。加快建设排污权、碳交易市场，实现化石能源外部成本内部化。实施能源生产安全保障行动。

12. 能源标准完善和升级行动

在建筑建材、车用燃油、汽车排放、家用电器、商品煤、燃煤锅炉等方面，制修订更加严格的节能环保标准。在太阳能发电、核电安全、能源互联网、新能源汽车、充电设施等方面，完善技术标准体系。加快前沿性创新技术转化为标准。超前部署创新领域标准研究。建立标准及时更新机制。落实责任主体，加强标准执行，严格监督考核，完善奖惩制度。

13. "一带一路" 能源合作行动

陆上依托国际大通道，以沿线中心城市为支撑，以重点经贸产业园区为合作平台，推动能源投资和贸易；海上以重点港口为节点，畅通能源输送通道。联合开发水能、光伏、风能、生物质能、地热能、海洋能等资源，打造清洁能源合作样板。实施低碳示范区、减缓和适应气候变化及人员培训合作项目。

第二节 光伏扶贫

能源是农业农村发展的重要物质基础，贫困地区脱贫摘帽、农业农村现代化离不开充足的能源保障。在脱贫攻坚过程中，坚持适度超前原则，积极推进贫困地区用能基础设施建设，农村能源建设取得明显成效。实施全面解决无电人口问题三年行动计划，2015 年底全面解决了无电人口用电问题。我国高度重视农村电网改造升级，着力补齐农村电网发展短板。实施小城镇中心村农网改造升级、平原农村地区机井通电和贫困村通动力电专项工程。2018 年起，重点推进深度贫困地区和抵边村寨农网改造升级攻坚。加快天然气支线管网和基础设施建设，扩大管网覆盖范围。在天然气管网未覆盖的地区推进液化天然气、压缩天然气、液化石油气供应网点建设，因地制宜开发利用可再生能源，改善农村供能条件。

北方地区清洁取暖取得明显进展，改善了城乡居民用能条件和居住环境。

十八大以来，以习近平同志为核心的党中央，从人民利益和幸福出发，提出了"精准扶贫"的战略思想。在党中央的全面领导下，全国上下坚持精准扶贫、精准脱贫，坚决打赢脱贫攻坚战，做到脱真贫、真脱贫，我国扶贫取得举世瞩目的成就。

"十三五"是我国脱贫攻坚决战决胜的关键时期，实行行之有效的扶贫办法成为关键。光伏扶贫作为精准扶贫工作的新途径和扩大光伏市场的新领域受到了全社会的广泛关注，成为我国"十大精准扶贫工程"之一。

据国家能源局披露，2012—2021年，国家创新实施光伏扶贫工程，累计建成2636万千瓦光伏扶贫电站，惠及近6万个贫困村、415万户贫困户、每年产生发电收益180亿元，相应安置公益岗位125万个。光伏扶贫为国家全面打赢脱贫攻坚战立下汗马功劳。

光伏扶贫是将扶贫变"漫灌"为"滴灌"，将光伏发电与精准扶贫结合起来，更重要的是社会效益。光伏扶贫是实施精准扶贫、精准脱贫的重要举措，是推进产业扶贫的有效措施，是造福贫困地区、贫困群众的民生工程。

2018年3月，国家能源局、国务院扶贫办在颁布的《光伏扶贫电站管理办法》中已开始明确提出"鼓励采用达到'领跑者'技术指标的先进技术产品"。同年，中共中央、国务院公开发布《关于打赢脱贫攻坚战三年行动的指导意见》，要求在条件适宜地区，以贫困村村级光伏电站建设为重点，有序推进光伏扶贫。7月31日，由国务院扶贫办、国家能源局主持的全国村级光伏扶贫电站建设管理工作会召开，标志着光伏扶贫正式落实全面转向村级扶贫模式，村级光伏扶贫被认定作为主流扶贫模式向纵深推进。此次会议也明确提出了提升电站质量的要求，将光伏扶贫带入了一个划时代的分水岭。

与20世纪最初的几年相比，近十年来，在技术进步的推动下，全球光伏发电成本下降了90%之多。成本的下降及环境问题的日益严峻，推动以光伏为主的可再生能源在全球最经济能源类型中占据主导地位。

光伏扶贫项目开启了扶贫开发由"输血式扶贫"向"精准扶贫"的转变，一次投入、长期受益。从光伏产业角度看，实现了拉动产业发展、光伏应用与农村资源的有效利用。从社会效益看，光伏扶贫既是扶贫工作的新途径，也是扩大光伏市场的新领域，有利于人民群众增收就业，有利于人民群众生活方式的变革，具有明显的产业带动和社会效益。

通过多年的探索与努力，光伏扶贫取得了稳定带动群众增收脱贫、有效保护生态环境、积极推动能源领域供给侧结构性改革"一举多得"的效果。尤其对于"无业可扶、无力脱贫"等劳动力缺乏、技能缺乏的失能与弱能家庭。同时，光伏扶贫对我国整个光伏产业来说也产生了明显的带动效应，实现了产业发展和社会效益的"双丰收"。

一、光伏扶贫的基本概念

光伏扶贫是 2015 年国务院扶贫办确定实施的十项精准扶贫工程之一，其他精准扶贫工程分别为：干部驻村帮扶、职业教育培训、扶贫小额信贷、易地扶贫搬迁、电商扶贫、旅游扶贫、构树扶贫、致富带头人创业培训、龙头企业带动，其中干部驻村帮扶、职业教育培训等属于传统扶贫项目，电商扶贫、光伏扶贫、构树扶贫等属于新手段、新方法。其中，光伏扶贫是资产收益扶贫的有效方式，是产业扶贫的有效途径。通过在具备光伏扶贫实施条件的地区，利用政府性资金投资建设光伏电站，政府性资金的资产收益全部用于扶贫。

我国太阳能资源很丰富，适合发展光伏发电的地区约占全国总面积的九成以上。光伏发电清洁高效、技术可靠、建设期短、收益稳定，可保证贫困户 20~25 年持续稳定获得发电收益，相对一般性的产业扶贫手段优势明显。一是对政府投资有放大效应。以容量 300 千瓦的村级电站为例，若由地方政府全额投资 200 万元（按 2016—2017 年投资水平估算）建设，考虑运维和税费等，20 年内可获得约 560 万元收入，政府投资相当于放大了近 3 倍。二是能够产生附加经济和社会效益。结合光伏扶贫电站建设，推动实施农村电网改造，有利于农村能源安全；

采用农光互补，可提高土地综合利用率，增加农业和相关产业收益。三是可提升贫困村的治理水平。村级光伏扶贫电站发电收益形成村集体经济，可调动村民参与乡村自治的积极性，激发内生动力。

光伏扶贫实行中央统筹、省负总责、市（县）抓落实的管理体制，其组织主体、实施主体和责任主体是地方政府。具体是由国务院扶贫办牵头建立协调推进机制，负责建立、管理全国光伏扶贫信息管理系统、全国光伏扶贫信息监测系统，审核甄别帮扶对象、明确建设资金来源、指导收益分配等。国家能源局主要做好电站计划管理、明确实施要求、提供政策保障。财政部负责财政补贴资金优先发放。国家发展改革委负责提供价格政策支持。电网公司负责保障扶贫电站的并网和消纳。

光伏扶贫定位是产业扶贫的众多方式之一，不是唯一方式。光伏扶贫见效快、收益稳定，但有的地方将扶贫对象扩大化，提出将所有或大多数贫困户的脱贫问题都通过光伏扶贫解决，存在一哄而上、"一光了之"的现象，这既不符合精准扶贫、精准脱贫要求，也会导致可再生能源补贴资金缺口快速增大等问题。为此，中央和国家有关部门多次强调各地要因地制宜选择适合自身的扶贫方式，各地需统筹考虑本地区的光照、接网和资金条件，合理定位光伏扶贫实施目标，不允许地方将所有贫困户的脱贫问题都通过光伏扶贫解决。

（一）光伏扶贫工程的相关要求和早期一些探索性质的光伏电站扶贫相比下的异同点

1. 电站建设模式

早期光伏扶贫鼓励各地根据实际情况，探索户用光伏、村级光伏扶贫电站、集中式光伏扶贫电站等多种建设模式。按照脱贫攻坚决策部署，在总结前期光伏扶贫工作实施的基础上，后期明确了要以村级光伏扶贫电站为主要建设模式。

2. 政府出资要求

早期光伏扶贫工作可由政府、企业、金融机构等共同参与，按资产收益型扶贫模式管理，政府出资对应收益用于村集体或者建档立卡贫困户收益。当前光伏扶贫电站由各地根据财力可能筹措资金建设，包括各级财政资金以及东西协作、定点帮扶和社会捐赠资金，并明确光伏扶贫电站不得负债建设，企业不得投资入股。

3. 收益分配方式

早期光伏扶贫原则上按照每位扶贫对象每年获得 3000 元以上收益分配。当前光伏扶贫电站收益分配与使用管理，按国务院扶贫办《村级光伏扶贫电站收益分配管理办法》（国开办发〔2017〕61 号）执行，光伏扶贫电站发电收益形成村集体经济，用以开展公益岗位扶贫、小型公益事业扶贫、奖励补助扶贫等。

（二）光伏扶贫的重要政策文件

①《关于组织开展光伏扶贫工程试点工作的通知》（国能新能〔2014〕495号）。2014 年 11 月 15 日，由国家能源局、国务院扶贫办印发。

②《关于实施光伏发电扶贫工作的意见》（发改能源〔2016〕621号）。2016年 3 月 23 日，由国家发展改革委、国务院扶贫办、国家能源局、国家开发银行、中国农业发展银行印发。

③《关于"十三五"光伏扶贫计划编制有关事项的通知》（国能发新能〔2017〕39 号）。2017 年 8 月 1 日，由国家能源局、国务院扶贫办印发。

④《关于支持光伏扶贫和规范光伏发电产业用地的意见》（国土资规〔2017〕8 号）。2017 年 9 月 25 日，由原国土资源部、国务院扶贫办、国家能源局印发。

⑤《村级光伏扶贫电站收益分配管理办法》（国开办发〔2017〕61 号）。2017 年 12 月 11 日，由国务院扶贫办印发。

⑥《关于印发〈光伏扶贫电站管理办法〉的通知》（国能发新能〔2018〕29号）。2018 年 3 月 26 日，由国家能源局、国务院扶贫办印发。

⑦《国家能源局新能源司和国务院扶贫办开发指导司负责同志就〈光伏扶贫电站管理办法〉答记者问》。2018 年 7 月 31 日，由国家能源局、国务院扶贫办对外发布。

⑧《关于做好光伏扶贫电站验收评估工作的通知》（国能综通新能〔2018〕

198 号）。2018 年 12 月 19 日，由国家能源局、国务院扶贫办印发。

（三）国家下达的光伏扶贫重点规模计划

2015 年 3 月，国家能源局印发《关于下达 2015 年光伏发电建设实施方案的通知》（国能新能〔2015〕73 号），安排 150 万千瓦规模专门用于光伏扶贫试点县的配套光伏电站项目，下达的光伏扶贫电站分布在河北、山西、安徽、甘肃、宁夏、青海 6 个省（区）。

2016 年 3 月，国家发改委、国务院扶贫办、国家能源局、国家开发银行和中国农业发展银行印发《关于实施光伏扶贫工作的意见》（发改能源〔2016〕621 号），提出重点在条件较好的 16 个省（区、市）的 471 个县开展光伏扶贫工作，"其他光照条件好的贫困地区可按照精准扶贫的要求，因地制宜推进实施"。

2016 年 10 月，国家能源局和国务院扶贫办印发《关于下达第一批光伏扶贫项目的通知》（国能新能〔2016〕280 号），下达 516 万千瓦光伏扶贫项目，分布在河北、河南等 14 个省（区、市），其中村级电站（含户用）共计 218 万千瓦，集中式地面电站共计 298 万千瓦。

2016 年 12 月，国家能源局印发《关于调整 2016 年光伏发电建设规模有关问题的通知》（国能新能〔2016〕383 号），提出 2016 年 12 月 31 日前在建档立卡贫困村建成并网或者已经备案在建的 300 千瓦及以下的村级光伏扶贫电站纳入 2016 年光伏年度建设规模。

2017 年 2 月，国家能源局印发《2017 年能源工作指导意见的通知》（国能规划〔2017〕46 号），提出精准实施光伏扶贫工程，进一步优化光伏扶贫工程布局，优先支持村级扶贫电站建设。

2017 年，国家能源局印发《关于同意将 2015 年调增甘肃省 8 万千瓦光伏电站指标明确为光伏扶贫规模的复函》（国能综函新能〔2017〕245 号），以及《关于同意将深能福塔喀什塔什库尔干 20 兆瓦光伏并网发电项目明确为光伏扶贫项目的复函》（国能综函新能〔2017〕284 号），明确了共计 10 万千瓦的光伏规模为光伏扶贫规模。

2017 年 7 月，国家能源局印发《关于可再生能源发展"十三五"规划实施的指导意见》（国能发新能〔2017〕31 号）中明确各省（区、市）2017 年度新增建设规模优先建设光伏扶贫电站，河北、河南、江西、湖南、湖北、云南、广东等提前使用 2017 年建设规模超过 50 万千瓦的省份新增建设规模全部用于建设光伏扶贫电站，总规模 450 万千瓦。

2017 年 12 月，国家能源局、国务院扶贫办印发《关于下达"十三五"第一批光伏扶贫项目计划的通知》（国能发新能〔2017〕91 号），下达 14 个省（区）、236 个县的 8689 个村级光伏扶贫电站，总规模 419 万千瓦。

2019 年 4 月，国家能源局、国务院扶贫办印发《关于下达"十三五"第二批光伏扶贫项目计划的通知》（国能发新能〔2019〕37 号），下达 15 个省（区）、165 个县的 3961 个村级光伏扶贫电站，总规模 167 万千瓦。

（四）光伏扶贫的主要技术标准

①《精准扶贫村级光伏电站技术导则》GB/T 36115—2018。

②《村镇光伏发电站集群控制系统功能要求》GB/T 36116—2018。

③《村镇光伏发电站集群接入电网规划设计导则》GB/T 36117—2018。

④《精准扶贫村级光伏电站管理与评价导则》GB/T 36119—2018。

二、光伏扶贫的总体性政策

光伏扶贫的帮扶对象为列入国家光伏扶贫实施范围的建档立卡贫困村的建档立卡贫困户，优先扶持深度贫困地区和弱劳动能力贫困人口。在确定光伏扶贫帮扶对象时，可通过调查摸清当地扶贫对象、贫困人口的具体情况，按照贫困户自愿、民主评议、村内初审公示、乡镇审核的程序选定符合条件的扶贫对象。

结合国家脱贫攻坚和光伏扶贫工作的逐步深入，光伏扶贫的重点实施范围逐步完善。在 2016 年国家发布《关于实施光伏发电扶贫工作的意见》（发改能源〔2016〕621 号）文件时，明确光伏扶贫的重点实施范围为前期开展试点的、光照条件较好的 16 个省（区、市）的 471 个国家级贫困县。之后，为助力深度贫困户地区脱贫攻坚、确保全面建成小康社会，将"三区三州"深度贫困地区纳入了光伏扶贫重点实施范围。

在光伏扶贫项目试点阶段，光伏扶贫建设模式主要包括地面光伏电站、户用光伏系统和村级光伏电站三类。按照中央脱贫攻坚决策部署，2018年进一步明确光伏扶贫电站原则上应在建档立卡贫困村按照村级电站方式建设，根据当地实际情况，确有必要并经充分论证可以联建方式建设村级电站。其中，以村级光伏扶贫电站为主要建设模式的原因有：村级扶贫电站建设规模及对应资金需求量适中，贫困县可根据当地财力实际情况安排资金因地制宜地实施项目建设，形成村集体经济；村级电站实施可结合农村电网改造等同步实施，提高农村电网用电安全，且全额消纳更有保障；村级电站产权归村集体所有，电站收益由村集体按收益管理办法自行研究分配，激发村集体内生动力。

《光伏扶贫电站管理办法》发布后新建光伏扶贫项目按照办法要求严格管理。办法发布前的项目则按"尊重历史、做好衔接、宽严相济、好事办好"原则妥善处理，已建成或在建的老项目，有国家政策文件依据且符合当时政策规定条件的，经国务院扶贫办光伏扶贫信息管理系统审核通过后纳入国家光伏扶贫目录。新建项目，严格按照办法要求实施，符合规定的，经国务院扶贫办光伏扶贫信息管理系统审核通过后，纳入国家光伏扶贫目录。

自2014年光伏扶贫实施以来，中央和国家有关部门一直强调各地在光照资源较好的贫困地区因地制宜开展光伏扶贫项目建设，要量力而行，自愿开展，有多少钱办多少事。按照光伏扶贫的现行政策，地方不管是申请建设光伏扶贫项目和还是决定停止建设光伏扶贫项目均属于自愿行为。项目放弃建设不违反现有的相关规定。因各种原因无法实施或自愿放弃的，由省级扶贫、能源主管部门及时将有关情况报告国务院扶贫办和国家能源局，相应项目不再纳入光伏扶贫实施项目范围和国家光伏扶贫目录。未按期建成并网的项目视为自动放弃，不再纳入国家光伏扶贫目录。

开展光伏扶贫工作一般需要落实以下条件：一是要精准识别帮扶对象；二是

要结合扶贫需要落实各项建设条件，主要包括建设场址、用地、接网消纳；三是要根据工作要求落实建设资金、明确组织形式；四是应及时制定收益分配的办法或细则。

在开展光伏扶贫项目用地等有关方面，为积极保障光伏扶贫项目用地，原国土资源部、国务院扶贫办和国家能源局印发了《关于支持光伏扶贫和规范光伏发电产业用地的意见》（国土资规〔2017〕8号），明确对深度贫困地区脱贫攻坚中建设的光伏发电项目，以及国家能源局、国务院扶贫办确定下达的全国村级光伏扶贫电站建设规模范围内的光伏发电项目，变电站及运行管理中心、集电线路杆塔基础用地按建设用地管理，各地在编制土地利用总体规划和年度土地利用计划中应予以重点保障，并依法办理建设用地审批手续；场内道路用地可按农村道路用地管理；光伏方阵使用永久基本农田以外的农用地的，在不破坏农业生产条件的前提下，可不改变原用地性质；采用直埋电缆方式敷设的集电线路用地，实行与项目光伏方阵用地同样的管理方式。

《关于支持光伏扶贫和规范光伏发电产业用地的意见》（国土资规〔2017〕8号）明确规定"对使用永久基本农田以外的农用地开展光伏复合项目建设的，省级能源、国土资源主管部门商同级有关部门，在保障农用地可持续利用的前提下，研究提出本地区光伏复合项目建设要求（含光伏方阵架设高度）、认定标准，并明确监管措施，避免对农业生产造成影响"。鉴于目前光伏扶贫项目大多是复合项目，相关省份应尽快制定相关的管理办法或规定。

在接网方面，要求电网企业加大贫困地区农村电网改造工作力度，将村级光伏扶贫项目的接网工程优先纳入农村电网改造升级计划，电网企业确保村级扶贫电站和接入电网工程同步建成投产；对集中式光伏扶贫电站，电网企业将其接网工程纳入绿色通道办理。

在消纳方面，要求电网公司制定合理的光伏扶贫项目并网运行和电量消纳方案，保障光伏扶贫项目优先调度与全额消纳。

在收益方面，光伏扶贫电站不参与竞价，执行国家制定的光伏扶贫价格政策。

同时，光伏扶贫项目的价格水平优于全国普通光伏项目，全国光伏项目上网电价已在 2017、2018、2019 逐年进行下调，光伏扶贫项目电价则未予调整。纳入国家可再生能源电价附加资金补助目录的村级光伏扶贫电站（含联村电站），对应的Ⅰ~Ⅲ类资源区上网电价保持不变，仍分别按照每千瓦时 0.65 元、0.75 元、0.85 元执行。

根据年等效利用小时数将全国划分为三类太阳能资源区，年等效利用小时数大于 1600 小时为Ⅰ类资源区；年等效利用小时数在 1400~1600 小时之间为Ⅱ类资源区；年等效利用小时数在 1200~1400 小时之间为Ⅲ类资源区。三类资源区执行不同的光伏标杆上网电价。

一类资源区包含宁夏全省、青海（海西）、甘肃（嘉峪关、武威、张掖、酒泉、金昌）、新疆（哈密、塔城、阿勒泰、克拉玛依）、内蒙古（呼和浩特、包头、乌海、鄂尔多斯、巴彦淖尔、乌兰察布、锡林郭勒）。

二类资源区包含北京、天津、黑龙江、吉林、辽宁，四川、云南、内蒙古（赤峰、通辽、兴安盟、呼伦贝尔）、河北（承德、张家口、唐山、秦皇岛）、山西（大同、朔州、忻州），陕西（榆林、延安）、青海（西宁、海东、海北、黄南、海南、果洛、玉树）、甘肃（兰州、天水、白银、平凉、庆阳、定西、陇南、临夏、甘南）、新疆（乌鲁木齐、吐鲁番、喀什、和田、昌吉、博州、伊犁、克州）。

三类资源区则是一二类之外的其他地区。

光伏扶贫项目的收益来自于项目的发电收入。光伏扶贫项目发电收入为项目所发电量与当地光伏扶贫项目标杆电价的乘积，其中包括了基础电费收入和补贴收入两部分，基础电费收入即为项目所在地脱硫燃煤标杆电价与所发电量的乘积，补贴收入即为光伏扶贫项目补贴强度与项目发电量的乘积。

光伏扶贫项目的发电收益需惠及贫困村村集体和贫困户，通过设置公益岗位、开展公益事业以及设立奖补等方式分配发电收益。2017 年国务院扶贫办印发了《村级光伏扶贫电站收益分配管理办法》，对收益分配方式方法进行了详细的规定。其中，建档立卡贫困户可享受的各项扶贫政策由扶贫主管部门根据脱贫攻坚任务总体安排进行统筹考虑。

光伏扶贫项目优先纳入可再生能源补助目录，补助资金优先发放，原则上年度补助资金于次年一季度前发放到位。财政部对光伏扶贫项目单列补助目录，对列入可再生能源电价附加资金补助目录内的集中式光伏扶贫电站，优先拨付用于扶贫部分的补贴资金。

在投资方面，随着光伏发电产业的发展，光伏发电系统设备价格和建设成本比较透明，村级光伏电站主要设备的出厂价一般和普通光伏项目相差不大。但考虑到村级光伏电站的规模效应不明显，且部分贫困地区较偏远，建设条件较差，村级光伏扶贫电站的整体建设投资略高于普通光伏电站是合理的。

在产权方面，政府性资金建设的村级光伏电站的产权应归村集体所有；在贫困户屋顶及院落安装的户用光伏系统的产权归贫困户所有；地方政府指定的投融资主体与投资企业按照资产收益型项目建设要求合资建设的光伏扶贫电站，项目资产应归双方共有。

村级光伏扶贫电站由各地根据财力可能筹措资金建设，包括各级财政资金以及东西协作、定点帮扶和社会捐赠资金。光伏扶贫电站不得负债建设，企业不得投资入股。

但企业可以通过以下三种方式参与光伏扶贫工作：一是以市场化方式参与项目建设和运行维护，鼓励企业采用设计采购施工（EPC）总承包方式承担县域内村级电站建设工作。二是与政府合资建设集中式光伏扶贫电站，双方按投资比例分成。三是鼓励光伏企业积极履行社会责任，在普通光伏电站开发中，以市场化收益支持扶贫事业，但此类项目不纳入国家组织的光伏扶贫项目。

在全国光伏扶贫信息监测系统中，按建档立卡贫困村代码、电站类型和并网时间等因素，对光伏扶贫项目统一编码、建立目录，享受光伏扶贫相关政策。其中，户用光伏扶贫项目需要满足国家对于光伏扶贫规模计划管理的有关要求，各地应根据自身申报及计划下达情况合理安排户用光伏扶贫项目建设工作，对于超出国家下达规模或计划的，不能纳入国家光伏扶贫政策支持范围，但可享受国家对于户用自然人光伏项目的相应政策。

三、光伏扶贫的建设与实施

1. 原则与要求

村级光伏扶贫电站的建设实施要依照"规划、设计、施工、验收、运维"五统一原则。县级及以上政府部门负责光伏扶贫项目建设统一规划，落实项目建设条件，由具有一定专业资质的工程单位进行设计施工，并做好项目竣工验收和运行评估，后期做好定期运行维护。

光伏扶贫项目建设质量直接关系项目是否可以长期持续为贫困户带来收益，同时项目建设质量涉及周边群众人身财产安全。因此，宜选择具备住建部门颁发的《电力工程施工总承包三级》或以上资质的企业进行光伏扶贫项目建设。

国家要求村级光伏扶贫电站由县级及以上政府统一招标建设。光伏扶贫电站的建设、运行和维护，都需要通过招标等市场化方式委托专业机构进行办理。

2. 前期工作

关于选址，一是场址太阳能资源较好、当地气象条件满足光伏建设要求。二是场址土地较平坦、地质条件较好、施工条件较好、产权明晰。三是场址土地不得属于征收土地使用税、耕地占用税的范围，不得占用基本农田，并符合《关于支持光伏扶贫和规范光伏发电产业用地的意见》（国土资规〔2017〕8号）规定。四是场址电网接入基础较好，电网公司负责建设配套接入电网工程，将光伏扶贫电站接网工程优先纳入电网改造升级计划，确保村级扶贫电站和接入电网工程同步建成投产。五是场址无建筑、树木等遮挡。

关于设备选型。光伏组件、逆变器等主要设备应采用国家资质检测认证机构认证的产品。鼓励采用达到"领跑者"技术指标的先进产品，如多晶硅电池组件和单晶硅电池组件的光电转换效率应分别达到17%和17.8%以上。

光伏发电项目设计建设的技术标准有：

①《光伏发电站设计规范》GB 50797—2012。

②《光伏发电站施工规范》GB 50794—2012。

③《光伏发电工程施工组织设计规范》GB/T 50795—2012。

④《光伏发电站工程验收规范》GB/T 50796—2012。

⑤《光伏发电系统接入配电网技术规定》GB/T 29319—2012。

⑥《独立光伏系统技术规范》GB/T 29196—2012。

⑦《光伏发电站接入电力系统技术规定》GB/T 19964—2012。

⑧《并网光伏发电系统验收技术规范》CNCA/CT S0004—2010。

⑨《分布式电源并网技术要求》GB/T 33593。

⑩《焊接结构用耐候钢》GB/T 4172。

⑪《建筑结构荷载规范》GB 50009—2015。

⑫《钢结构设计规范》GB 50017。

（三）中期工作

在对项目建设质量进行过程管控时，除可通过选择具有较好资质的建设单位以外，还可考虑完善相关制度等方式，如要求合理设置质量保证金、要求建设企业严格按照光伏项目施工等国家规程规范和技术标准开展建设、制定和完善当地光伏扶贫项目建设管理要求并按关键工程节点进行管控，请质量监督机构进行监督检查等。

关于保障扶贫电站建设运维质量，国家要求从以下四个方面来抓：一是主要设备应符合国家检测认证要求。二是通过招标等市场化方式委托专业机构负责光伏扶贫电站的建设、运行和维护。三是电站建设应符合国家相关规程规范和技术要求，确保质量与安全。四是鼓励采用设计采购施工（EPC）总承包方式统一开展县域内村级电站建设。此外，光伏扶贫电站根据建设规模、资金来源（如企业投资、政府投资）等，执行国家项目许可管理的相关规定。

4.后期工作

虽然光伏扶贫项目建设周期较短，但其持续运行发电时间长，电站的建设质量和运行水平关系到扶贫收入，为保障建设质量和扶贫效果，有必要对项目建设质量进行验收，对项目运行情况进行定期评估。

光伏扶贫电站的验收工作一般应通过招标等市场化方式，由具有一定专业资质和技术能力的机构按照国家相关规程规范和技术要求进行验收。鼓励以市(区、县)为单位统一组织开展光伏扶贫电站的验收工作。

省级政府能源、扶贫主管部门根据光伏扶贫政策要求，制定光伏扶贫电站验收评估工作方案，建立验收评估工作机制，省级能源主管部门牵头组织集中式光伏扶贫电站的验收、评估，省级扶贫主管部门牵头组织村级电站（含户用）的验收、评估。国务院扶贫办、国家能源局对光伏扶贫电站验收和评估情况进行监督检查。

（1）光伏扶贫项目验收评估

①建设质量。电站建设应符合国家相关规程规范和技术要求。

②建设资金。建设资金须符合《光伏扶贫电站管理办法》等相关规定。

③运行维护。电站发电功率、衰减率、等运行指标须满足光伏工程国家标准。

④收益分配。收益分配须满足《村级光伏扶贫电站收益分配管理办法》（国开办〔2017〕61号）等相关规定，根据当地实际情况制定具体的分配办法。

⑤群众满意度。光伏扶贫项目的帮扶对象对扶贫效果的满意程度。

其中，光伏发电项目验收包括项目质量验收和项目性能测试。

（2）光伏发电项目现场质量检查

①电站实际装机功率。

②光伏组件质量。

③支架形式和质量。

④光伏方阵基础形式。

⑤光伏组件/阵列排布及安装质量。

⑥电缆型号和质量。

⑦电缆铺设情况。

⑧光伏与逆变器容量比。

⑨逆变器集中度 / 位置和机房。

⑩汇流箱功能及质量。

⑪汇流箱内电气间隙 / 爬电距离。

⑫变压器安装方式距离。

⑬防雷接地。

⑭电站围栏。

⑮光伏方阵清洗方案 / 用水量。

⑯环境评估。

⑰设备标识。

（3）光伏发电项目性能检测

①污渍遮挡损失。

②光伏组件性能衰降。

③光伏组件组串的串并联失配损失。

④ MPPT 偏离损失。

⑤光伏组串温升损失。

⑥热斑功率损失。

⑦隐裂功率损失。

⑧光伏方阵相互遮挡或远端障碍物遮挡损失。

⑨直流线损。

⑩逆变器效率。

⑪逆变器 MPPT 效率。

⑫变压器效率。

⑬交流线损。

⑭并网点电能质量。

⑮并网点功率因数。

同时，国务院扶贫办还依托国家电网有限公司建立了全国光伏扶贫信息监测系统。一是实现全国光伏扶贫电站、设备级数据的全量接入及监测；二是实现光伏扶贫电站电费结算、质量跟踪、验收评估、收益分配、运行维护、扶贫成效等环节的精准管控，形成数据融合、业务联动、运监一体的光伏扶贫工作管理机制，实现光伏扶贫工作"可观、可测、可控、可溯"。

全国光伏扶贫信息监测系统具备"391"功能架构，即3大板块+9大功能服务+1个技术支撑中心。其中：3大板块指监测系统展示包括电站地图分布、发电收益、电站运维及扶贫成效三大板块；9大功能服务指电站建设全周期管理、收益核算分配全流程、电站数据接入及监测、电站智能运维、光伏扶贫设备阳光采购、运维培训及认证注册、电站及设备质量智能评估、大数据智能支撑、扶贫成效对标及分析9大功能服务；1个技术支撑中心指提供全国光伏扶贫信息监测系统的全面技术支撑服务。

四、光伏扶贫项目的运行与维护

光伏扶贫项目运行维护既要保障项目的安全可靠，也要保障项目运行质量，实现设计发电量和发电收入的长期稳定，从而保障扶贫收益。

光伏扶贫项目的运行维护通常包括现场环境维护、现场运行状态巡检、设备维护、故障处理等方面。主要可分为普通日常维护操作和专业光伏维护两类，其中普通日常维护主要包括：通过定期巡检等方式，查看光伏组件有无破损、逆变器和接线线路有无松动或破损、是否有设备报警或停止运行；定期对光伏组件进行擦洗清洁，保持采光面清洁；对场地内进行除草等，排除安全隐患。专业光伏维护主要包括：对损坏的组件、逆变器等设备进行修理或更换，对逆变器、涉网设备等的故障报警的情况进行对应的技术处理和修复等。

光伏发电项目运行维护的技术标准有：

①《晶体硅光伏（PV）方阵I–V特性的现场测量》GB/T 18210—2000。

②《光伏系统性能监测－测量、数据交换和分析导则》GB/T 20513—2006。

③《光伏发电系统专用电缆产品认证技术规范》CNCA/CTS 0023—2013。

④《电击防护、装置和设备的通用要求》IEC 61140—2009。

⑤《并网光伏系统——系统文件、投运测试和检查的最低要求》IEC 62446—2009。

⑥《光伏系统能量性能评估方法技术标准》IECTC 82。

⑦《电业安全工作规程》GB 26164。

⑧《光伏发电站继电保护技术规范》GB/T 32900。

⑨《分布式电源并网运行控制规范》GB/T 33592。

⑩《电厂标识系统编码标准》GB/T 50549。

（一）主要模式

目前进行运行维护的主要模式包括地方政府（如村集体）自行组织运维、地方政府组织以市场化方式委托专业机构负责光伏扶贫电站的运维、光伏企业提供运维等。

地方政府应依法确定光伏扶贫电站的运维企业。村级光伏电站（含户用）可由县政府统一选择承担运营管理或技术服务的企业，鼓励通过招标或其他竞争性比选方式公开选择；集中式光伏扶贫电站的运行管理由与地方政府指定的投融资主体合作的商业化投资企业承担，鼓励商业化投资企业承担所在县级区域内村级光伏电站（含户用）的技术服务工作。

从光伏扶贫项目运行维护的主要内容来看，普通日常光伏维护专业性不强、技术难度较低且一般不涉及人员安全等方面的影响，可由建档立卡贫困户在接受培训后，通过村集体设置的公益岗位等参与光伏组件清洗、场区环境维护等工作。

光伏扶贫项目涉及一定的专业光伏维护工作，需要具备光伏技术知识，有的还需要相应人员具备涉电工作资质。具有相应资质的光伏企业或专业机构可通过参与地方政府组织的运维机构招标等参与光伏扶贫项目的运行维护工作。

（二）评价与收益

各地应当因地制宜建立电站运维质量的评价体系，根据光伏扶贫电站实际运行年限和运行状况，充分运用全国光伏扶贫信息监测系统成果，每年组织滚动核定和评估电站发电能力、电站实际发电小时数、发电收益、运维费用等，对电站运维情况进行综合评价。

运维管理是光伏扶贫电站稳定、安全、持续发电的有力保障，县级政府要统一按照市场化标准制定本行政区域内村级光伏扶贫电站运维成本标准。运维成本由村集体从电站收益中列支，或由县级政府统筹安排。

光伏扶贫电站是以扶贫为目的，利用政府性资金投资建设的光伏电站，其产权归村集体所有，电站收益将长期用于村集体经济建设和增加贫困户收益，光伏扶贫项目具有扶贫资金使用效率扩大化、收益长效可持续性的特点，出售光伏扶贫项目或设备将有可能造成公共资产流失、贫困户返贫等，因此不允许村集体及贫困户私自出售光伏扶贫项目或设备。国家相关法律法规另有规定的按相关规定执行。

同时，为保障电站收益，提高电站抗风险能力，鼓励县级政府开发和运用保险工具避险，保费从光伏扶贫收益中列支，或由县政府统筹安排。

（三）监测及有关注意事项

充分利用全国光伏扶贫信息监测系统，进行光伏扶贫电站发电能力分析，掌握光伏扶贫电站的发电情况，开展对村级光伏扶贫电站的动态监测和全生命周期管理。同时，可通过全国光伏扶贫信息监测系统或当地电网企业调阅项目发电量信息，或可通过查看电站的关口计量表查阅项目发电量情况。

光伏扶贫项目运行期间，可能涉及运行安全的注意事项有：

①保持光伏组件光洁、不被物体遮挡。不应在组件上、组件南侧或上方覆盖衣物或放置、悬挂或安装其他物品，定期清理组件上面的异物，如树叶、微型垃圾、灰尘、鸟粪等，避免组件局部区域被遮挡后影响发电量，或甚至引发设备过热导致的短路、起火。

②保持安装支架稳固。不应在支架上拉绳悬挂物品、搭建临时物体等，影响支架的稳定性，导致支架或基础偏离影响设备质量。

③保持太阳能发电设备及线路不被破坏。无专门设计时应禁止牛羊等牲畜进入场内，避免破坏线缆或设备，造成设备故障或动物触电等情况。

④注意场区防火。不应在场区附近动用明火，定期清理场地内的杂草灌木等，以防造成火灾隐患。

⑤注意人员涉电安全。应对需进入场区的日常维护人员进行涉电设施的安全培训，在场区四周悬挂安全警示标志，避免无关人员进入场区造成触电等危险。

⑥光伏扶贫项目安装的涉电设备较多，宜通过在场地周围安装围栏等方式将项目场地进行封闭管理，一方面可以防止无关人员、家禽牲畜误入发电区导致触电等事故发生，另一方面是可避免人员、家禽牲畜破坏线缆等设备，还可防止设备被盗。

五、光伏扶贫项目的补贴

光伏扶贫项目以项目投运时国家光伏扶贫电价政策执行并网后保持 20 年不变，具体补贴标准按照国务院价格主管部门的相关文件执行。其中：纳入国家"十三五"第一批、第二批项目计划的村级光伏扶贫电站（含联村电站），对应的 I ～ Ⅲ类资源区上网电价分别按照每千瓦时 0.65 元、0.75 元、0.85 元执行。

资金来自于国家可再生能源基金。国家可再生能源基金主要来自于可再生能源电价附加，向除居民生活和农业生产以外的其他用电征收，目前的可再生能源电价附加标准为每千瓦时 1.9 分钱。

（一）审核

目前国务院扶贫办和国家能源局已组织了三次存量项目审核工作：第一次是 2018 年 1 月对各地填报的 2017 年底的存量光伏扶贫项目进行了审核，并将审核结果于 2018 年 2 月转财政部；第二次是 2018 年 10 月对各地填报的 2018 年 8 月 31 日前并网发电的存量光伏扶贫项目进行了审核，并将审核结果于 2018 年

12 月转财政部；第三次是 2019 年 10 月对各地填报的 2018 年 12 月 31 日前并网发电的存量光伏扶贫项目进行了审核。

具有明确的文件依据且扶贫对象、建设模式、资金筹措、收益分配均符合国家政策要求，按程序纳入国家光伏扶贫电站目录，经财政部审核确认后对外公布。

各省级扶贫主管部门、能源主管部门会同省级电网公司对管辖地区申报项目审核，并将审核通过的项目清单在省级扶贫部门的官方网站公示，公示时间不少于一周，公示无异议的项目通过全国光伏扶贫信息管理系统填报项目信息，完成申报工作。国务院扶贫办会同国家能源局通过全国光伏扶贫信息管理系统进行审核，审核通过后纳入国家光伏扶贫电站目录，享受光伏扶贫相关政策。

（二）拨付

为支持贫困地区脱贫攻坚，确保光伏扶贫收益及时惠及广大贫困人口，对列入可再生能源资金补助目录内的光伏扶贫项目，财政部优先拨付用于扶贫部分的补贴资金，保证贫困户及时足额获得收益，确保光伏扶贫效果。

国务院扶贫办会同国家能源局审核确定国家光伏扶贫电站目录，财政部对纳入国家光伏扶贫财政补贴目录的光伏扶贫项目优先拨付补贴资金。国家电网有限公司、南方电网有限责任公司经营范围内的光伏扶贫项目，由国家电网有限公司、南方电网有限责任公司分别负责补贴资金的申请和拨付；地方独立电网企业经营范围内的光伏扶贫项目，由省级财政、价格、能源、扶贫主管部门负责补贴资金的申请和拨付。

国家财政部对纳入补贴目录的光伏扶贫项目优先拨付补贴资金。对于光伏扶贫电站，用于扶贫部分的补贴资金由电网企业或财政部门直接拨付至当地扶贫发电收入结转机构，由扶贫主管部门监督拨付使用。集中电站按照其扶贫容量拨付补贴资金。

目前对集中式光伏扶贫电站，财政部提前拨付的补贴只针对其中的扶贫容量，其余容量需要单独按照普通商业光伏项目申报可再生能源补贴。

六、光伏扶贫项目的收益分配

发电收入指光伏扶贫电站按照光伏扶贫项目上网电价乘以发电量计算得到的发电收入，包括燃煤标杆电价对应的基础电费收入和光伏发电财政补贴收入两部分。发电收益指发电收入扣除运行维护、相关税费后实际可用于扶贫的资金。

早期光伏扶贫项目按照地方政府出资比例按股分红，原则上保障每位扶贫对象获得 3000 元以上年收入。

村级光伏扶贫电站由各地根据《村级光伏扶贫电站收益分配管理办法》要求，由有光伏扶贫任务的建档立卡贫困村村委会制定收益分配使用计划，提交村民代表大会通过后上报乡镇政府审核并报县扶贫办备案。收益分配使用计划应激发贫困户内生动力，建立公益岗位并根据每个岗位实际设定合理的收益标准。

村级光伏扶贫电站的发电收益，可用于开展公益岗位扶贫、小型公益事业扶贫、奖励补助扶贫等，还可根据实际情况用于发展村集体经济。

（一）分配管理

村级光伏扶贫电站收益分配和使用应统一设立账簿和科目，分村建立台账。各地应加强村级光伏扶贫电站收益分配使用的监督管理，资金发放的全流程要保存相关资料，每一环节发放责任人和接收人均须签字留档备查，对违规违纪问题督促整改并进行问责，对好做法好经验推广宣传。

有光伏扶贫任务的建档立卡贫困村，可由村委会每年制定收益分配使用计划，提交村民代表大会通过后上报乡镇政府审核并报县（市、区）扶贫办备案。收益分配使用计划向村民公示，作为实施收益分配的依据。村委会根据分配使用计划对年度实际发电收益进行分配，并在年底公告收益分配使用结果。

村集体可以按照《村级光伏扶贫电站收益分配管理办法》的相关要求，根据实际情况可动态调整分配办法和帮扶对象。

（二）结转机构

光伏扶贫发电收入结转机构是指县（市、区）政府指定或委托负责光伏扶贫电站发电收入结转的机构。村级电站和集中电站用于扶贫部门的补贴资金由电网企业或财政部门直接拨付至当地收入结转机构，由扶贫主管部门监督拨付使用。

结转机构负责光伏扶贫项目发电收入结转工作，原则上一个县一个结转机构就可以满足实际工作需要，各地可根据实际情况，确定设置结转机构的数量。

通常由县（市、区）政府指定或委托相关机构负责光伏扶贫发电收入结转工作。县级供电公司根据村级光伏扶贫电站实际上网发电量核算发电收入。燃煤标杆电价对应收入按季度结转到结转机构的专户，并由该机构划拨至光伏扶贫项目所在的村集体；光伏发电财政补贴由财政部通过电网公司或地方财政部门拨付到结转机构专户，补贴收入须在项目纳入国家补贴目录后才能享受，通常于第二年一季度前结转至相关机构的专户，并由结转机构划拨至有光伏扶贫任务的建档立卡贫困村。

七、整县推进

2021 年 2 月，在北京召开的全国脱贫攻坚总结表彰大会上，习近平总书记庄严宣告，我国脱贫攻坚战取得了全面胜利！我国如期完成了新时代脱贫攻坚目标任务，提前 10 年完成联合国 2030 年可持续发展议程的减贫目标。脱贫摘帽不是终点，而是新生活、新奋斗的起点。打赢脱贫攻坚战、全面建成小康社会后，要在巩固拓展脱贫攻坚成果的基础上，做好乡村振兴这篇大文章，接续推进脱贫地区发展和群众生活改善。

9 月 14 日，国家能源局正式印发《公布整县（市、区）屋顶分布式光伏开发试点名单的通知国能综通新能〔2021〕84 号》，将各地报送的试点县（市、区）名单予以公布。

根据通知，全国共有 676 个，全部列为整县（市、区）屋顶分布式光伏开发试点，要求试点工作严格落实"自愿不强制、试点不审批、到位不越位、竞争不垄断、工作不暂停"的工作要求。

试点过程中，不得以开展试点为由暂停、暂缓其他项目立项备案、电网接入等工作。对于试点过程中不执行国家政策、随意附加条件、变相增加企业开发建设成本的，将取消试点资格。重点内容有：

①国家能源局将依托可再生能源发电项目开发建设按月调度机制，对试点地区各类屋顶分布式光伏发电项目备案、开工、建设和并网情况等进行全过程监测，按季度公布相关信息。

②国家能源局将于每年一季度对上年度各试点地区的开发进度、新能源消纳利用、模式创新以及合规情况等进行评估并予公布。

③ 2023 年底前，试点地区各类屋顶安装光伏发电的比例均达到《通知》要求的，列为整县（市、区）屋顶分布式光伏开发示范县。

④各试点地区要改善新能源开发建设营商环境，降低屋顶分布式光伏开发建设非技术成本，减轻投资开发企业负担。试点过程中，不得以开展试点为由暂停、暂缓其他项目立项备案、电网接入等工作。对于试点过程中不执行国家政策、随意附加条件、变相增加企业开发建设成本的，将取消试点资格。非试点县（市、区）按既有相关规定继续开展各类光伏发电项目开发建设工作。

⑤各地电网企业要在电网承载力分析的基础上，配合做好省级电力规划和试点县建设方案，充分考虑分布式光伏大规模接入的需要，积极做好相关县（市、区）电网规划，加强县（市、区）配电网建设改造，做好屋顶分布式光伏接网服务和调控运行管理。

⑥各省级能源主管部门要加强对本地区试点工作的组织领导和工作指导，规范开发建设市场秩序，对试点工作中出现的问题和偏差要及时处理和纠正；要通过制定示范合同文本等方式，切实保护农户合法权益，对借屋顶分布式光伏开发之机，以各种名目损害农民利益的，要严肃查处，纳入不良信用记录和失信惩戒名单。派出机构要加强对试点地区政策执行、开发进度及电网接入、并网消纳情况的监管，确保整县（市、区）屋顶分布式光伏开发试点工作规范开展。

⑦国家能源局将组织专家通过现场调研等方式，加强对各地区试点工作的指导和协调，及时完善政策措施。各试点地区对工作推进过程中发现的问题要及时

向国家能源局反映。

基于"光伏扶贫"探索积累的经验,"整县推进"正在成为乡村振兴重要的推动力。政策推动的效果立竿见影,2021年,我国新增光伏装机约53吉瓦,分布式光伏占了55%左右,达29吉瓦,这是分布式光伏历史首次超越集中式光伏。中国光伏行业协会预测,2022—2025年,我国年均新增光伏装机将达到83~99吉瓦,分布式光伏有望继续占据半壁江山,甚至持续超越集中式光伏。

前景光明,吸引了多方力量前来角逐,其中不乏华能、三峡、大唐、国家电投等大型央企。以国家电投为例,2021年12月,公司召开县域和大用户开发推介会,要求各单位要以等不起、坐不住的姿态,以钉钉子精神研究、推动、部署县域和大用户开发工作,尽快推动县域和大用户开发形成新局面。大唐集团也表示,集团积极响应国家关于整县推进分布式光伏开发试点工作,已取得了51个试点县区、总容量约1.2吉瓦的成绩。

《中共中央 国务院关于做好2022年全面推进乡村振兴重点工作的意见》中指出,要坚决守住不发生规模性返贫底线,促进脱贫人口持续增收。推动脱贫地区更多依靠发展来巩固拓展脱贫攻坚成果,让脱贫群众生活更上一层楼。巩固光伏扶贫工程成效,在有条件的脱贫地区发展光伏产业。

进入"十四五"时期,随着"整县推进"等模式的落地,分布式可再生能源将为乡村带来更多收益和就业,使乡村居民可以更多地就近就业,使乡村实现经济社会综合发展。据调研统计,目前,全国户用光伏安装户数已超200万户,直接从业者30万人,加上间接和兼职人员,从业人数可能翻倍,户用光伏创造了大批就业岗位。

当前,我国正在推动可再生能源发展与生态文明建设、新型城镇化、乡村振兴、新基建、新技术等深度融合,不断拓展可再生能源发展新领域、新场景,通过"整县推进屋顶分布式光伏开发"等方式推动光伏在乡村的落地,将带来光伏产业发展与乡村振兴的"共赢"。在"整县推进"的"护航"下,分布式光伏将大幅提升乡村的电气化水平,光伏发电提供的稳定收益,也将更好地惠及亿万农户，进一步带动广大乡村发展。

第三节　光伏扶贫的案例调研与分析

国家层面布局光伏扶贫工作，始于 2014 年。当年 11 月，国家能源局和国务院扶贫办联合印发《关于组织开展光伏扶贫试点工作的通知》，决定在河北、山西、安徽、甘肃、宁夏、青海六省（区）开展光伏扶贫试点工作。

2015 年 3 月，国家能源局印发《关于下达 2015 年光伏发电建设实施方案的通知》，安排 150 万千瓦规模专门用于光伏扶贫试点县的配套光伏电站项目，下达的光伏扶贫电站分布在河北、山西、安徽、甘肃、宁夏、青海六省（区）。

2016 年 3 月，国家发展改革委、国务院扶贫办、国家能源局、国家开发银行、中国农业发展银行印发《关于实施光伏发电扶贫工作的意见》，提出重点在条件较好的 16 个省（区、市）的 471 个县（市、区）开展光伏扶贫工作。

其后，随着国家和各省（区、市）的相关政策不断完善，各地落地项目逐年增加，光伏扶贫效益持续稳定。本节中，课题组将结合宁夏、青海等省（自治区）的调研案例先进经验与甘肃省的实际情况进行对比，对扎实推进光伏扶贫电站建设、管理、运营与维护等方面经验与特点展开综合分析，旨在探索出部分可参考复制推广的经验，以期为其他地区如何通过发挥自然资源优势、做强优势产业，进而健全完善脱贫防贫长效机制、筑牢乡村振兴基础提供借鉴。

一、宁夏

处西北内陆地区的宁夏，被毛乌素沙漠、腾格里沙漠、巴丹吉林沙漠三面包围，将这里世代居住的百姓困在了贫穷之中。尤其是西海固（宁夏回族自治区南部山区的代称）地区，更素有"苦瘠甲天下"之称，被列入我国脱贫攻坚主战场。

但同时，宁夏地势海拔高、日照时间长、辐射强度高，属于太阳辐射高能区。

作为国家新能源综合示范区，宁夏在积极推进光伏产业发展的同时，考虑脱贫攻坚迫切需要，在西海固等贫困地区积极探索光伏与民生扶贫相结合。

5年多来，宁夏光伏扶贫项目总装机规模达到16.9%万千瓦，其中90%在西海固地区，涉及10个县（区）385个贫困村，占全宁夏贫困村总数的35%。光伏扶贫改变了西海固地区许多人家的贫困日子，为西海固地区打赢脱贫攻坚发挥了积极作用。

宁夏从事光伏扶贫电站建设是从2014年底开始的。按照国家能源局、国务院扶贫办有关要求，组织上报了盐池县、同心县等县区光伏扶贫试点项目，装机规模总计5.157万千瓦，被纳入国家第一批、第二批光伏扶贫补助目录。2019年11月29日，伴随红寺堡区新庄集乡光伏扶贫村级电站并网成功，由国网宁夏电力负责的宁夏回族自治区"十三五"第一批、第二批光伏扶贫村级电站的并网工作均已全部完成，规模共计11.9万千瓦，涉及349个贫困村的2.6336万户贫困户，预计年均发电收入将超1亿元。光伏扶贫已成为西海固地区打赢脱贫攻坚战的一项有力武器。

从西海固地区整体搬迁到银川市永宁县闽宁镇的原隆村是较早享受到光伏扶贫电站实惠的贫困村。原隆村占地1845亩左右，共有住户1987户。2016年初，原隆村5兆瓦光伏扶贫项目正式开始建设，将光伏发电设备安装于1635住户屋顶，每户3千瓦，2016年6月30日并网发电。年均发电量约650万千瓦时，年均发电收入约580万元，运营期25年，总计收入约1.24亿元。

据悉，2019年，原隆村发电收入总计约140万元左右，按1998户居民计算，平均每户约700元。光伏扶贫收益重点向残疾人户和丧失劳动能力家庭、村内公益岗位、建档立卡户倾斜，确保扶贫效益得到最大的发挥。

据介绍，原隆村2018年167万元、2019年140万元的收入是在49%股份基础上获得的。原隆村光伏扶贫电站项目最初由永宁县中科嘉业电力有限公司投资4500万元建设，先期由永宁县通过财政回购项目49%股份，2019年底剩余51%的股份由闽宁镇全部回购，从2020年起，原隆村光伏扶贫电站将给村集体带来每年 300 万元的收入。

在宁夏加快光伏扶贫电站建设中，国网宁夏电力公司起到了不可或缺的作用。据相关负责人介绍，国网宁夏电力积极配合光伏扶贫项目建设进程，在贫困地区农网改造方面，建设 35~110 千伏变电站 7 座，新增配变容量 20.1 万千伏安，线路长度 5685 千米，着力提升贫困地区电网薄弱环节；在光伏扶贫项目接网工程建设方面，建设 35 千伏变电站一座，线路长度 221 千米，有力提升农村电网分布式电源接纳能力。

宁夏区发展改革委相关负责人介绍说，宁夏的光伏扶贫工作有几个特点：一是运维前置，运维企业在项目招标时就提前介入，确保电站设计科学合理，从源头上确保光伏扶贫项目"建得好"。二是"双兜底运维"，采用第三方运维模式，将电站所有权和经营权分离，由专业机构为电站业主兜底发电量、兜底电站资产安全，保证了光伏扶贫电站的收益"管得好"。三是收益分配智能化，光伏扶贫电站发电收益通过光伏扶贫电站智能运管中心资金分配系统，按照各县事先制定的分配方案，直接拨付至村，系统定期自动分配，并生成明细报表，平台信息公开，确保光伏扶贫项目收益"用得好"。

宁夏中科嘉业新能源研究有限公司是宁夏大部分光伏扶贫电站的第三方运维公司，公司建立的光伏扶贫电站大数据分析研究运维平台为农户从光伏扶贫电站实在获利起到了画龙点睛的作用。平台以"系统精准服务、运维实时高效、扶贫公开透明、监管全程规范"为标准，接入所有运维电站数据信息，由平台负责对光伏扶贫电站全寿命周期管理。平台将全国、省、市、县、乡镇、村级、电站共分为 7 级，对宁夏所有光伏扶贫电站运行情况进行全方位实时监管。通过光伏扶贫信息平台，各光伏扶贫电站发电量、发电收益、电站发电状态、排名等所有信息、实时数据都可以在运管中心监盘大屏直观看到，一目了然，也可详细到每个电站、每乡、每村、每户的信息监测查询，信息数据实时更新、实时监管；通过手机 APP，县级部门、乡镇、村管理人员和老百姓按照不同的权限查看电站发电量、发电收入、收益分配发放、建档立卡户受益分配明细等关键信息，受益贫困群众在通过实名认证后可清晰查询到自己历次的收益分配明细，实现光伏扶贫工作掌上管理、智能管理。

宁夏光伏扶贫电站突破传统"谁建设，谁运维"的"包干制"，彭阳县共有的 47 个村级电站建设点，位置偏远，运维全里程 1120 千米，运维难度很大。当地引用专业运维公司，通过高度智能化不仅解决了运维难题，还通过实现"无人值守"，光伏扶贫电站运维人员由传统运维模式下的 94 人降至 12 人，每年节约运维费用 200 万元。47 个偏远电站，运维单位自主打点标注确定到达电站路径，利用"光伏扶贫"手机 APP 中设置的一键导航功能还可精准前往电站。此外，电站现场安装智能安全预警设备，采用人脸识别、语音报警和异常驱离等技术，将接近到扶贫电站的可疑人员和大型动物进行驱离。针对紧急情况系统的语音对接功能和视频监控功能更是能消除电站和监控中心的空间距离，从而保证电站的资产安全和周边居民的人身安全。

截至 2020 年 4 月 5 日，宁夏光伏扶贫电站的发电量累计已达到 20 934 万千瓦时，发电收益 15 771 万元，受益人员 15.8619 万户。光伏扶贫工程，让靠天吃饭的农村百姓看到了新能源带来的希望，为宁夏人民开拓了一条脱贫致富路。

二、青海

脱贫攻坚战打响以来，青海充分利用光照资源禀赋，将光伏扶贫发展成为破解贫困地区产业匮乏难题、保障贫困人口持续稳定增收的重要产业；形成了因地制宜、领先全国的光伏扶贫青海模式；以最洁净的资源打造最绿色的产业，为青海建设清洁能源示范省助力。目前，青海省光伏扶贫电站装机总规模达 73.16 万千瓦，惠及建档立卡贫困户 7.75 万户，为每户带来不低于 3000 元的纯收入，为青海打赢脱贫攻坚战奠定了坚实基础。

1. 飞地模式＋村级联建

集西部地区、民族地区、高原地区、贫困地区于一身，青海省是我国集中连片特困地区和国家扶贫开发重点县全覆盖区域，是深度贫困地区的典型代表。这里的大多数贫困人口居住在东部干旱山区和青南高寒牧区，生态脆弱、气候恶劣，是全国生存环境最严酷的地区之一。

平均海拔 4500 米以上，地处三江源国家级自然保护区核心腹地，玛多县是黄河中上游重要的水源涵养地和生态屏障。作为国家级深度贫困县，玛多县集中体现着青海省的贫困特性，玛多县光伏扶贫电站的建设也有着特别的意义。

2018 年 10 月 12 日，由国家电网公司捐建、总投资 3200 万元的玛多县 4.4 兆瓦村级联建光伏扶贫电站并网发电。电站年发电收入 540 万元，惠及玛多县 11 个贫困村的 621 户、1774 名贫困人口，实现户均年增收 5200 元以上。而早在 2016 年，玛多县就已建成了全国首座将发电纯收益全部用于贫困人口的光伏扶贫电站。国家电网投资 9282 万元，在青海省海西州格尔木市易地建设定点扶贫玛多县 10 兆瓦光伏电站，为玛多县 1144 户贫困户每年户均增收 3300 元。

4.4 兆瓦村级联建光伏扶贫电站是我国海拔最高、有效施工周期和实际建设周期最短的村级光伏扶贫电站，也是推动青海建设清洁能源示范省、践行习近平总书记提出的"保护三江源"、"保护中华水塔"、确保"一江清水向东流"的示范项目。电站以村级联建的方式在玛多县城以北约 2 千米的玛拉驿村选址建设，装机容量 4.4 兆瓦，占地面积约 119 亩。村级联建的方式解决了贫困地区农村房屋普遍质量较差、屋顶难以铺设光伏设施的难题。同时，青海省农牧民居住分散，与户用光伏电站相比，村级联建电站在并网工程成本和电站运维效率方面都表现出了显著优势。

据悉，青海省共有 1622 个建档立卡贫困村，其中无集体经济收入的占 95% 以上。贫困人口中因病、因残、缺劳力、缺技能的占 55.4%。这部分贫困村和贫困人口迫切需要长期稳定的资产收益。

2019 年 6 月，青海省"十三五"第一批光伏扶贫项目全部实现并网发电，全省 1622 个贫困村实现了光伏扶贫项目全覆盖。总装机 47.16 万千瓦的光伏扶贫项目预期年总收入 5.3 亿元，可为青海省贫困村村均增收 32 万元，惠及建档立卡贫困人口 6.8 万户，并确保持续 20 年的稳定收益。

采用"飞地模式",易地建设光伏扶贫电站也是青海因地制宜、因势利导探索出的发展光伏扶贫的宝贵经验。青海地域辽阔,地区差异大,东部干旱山区山大沟深,人口密集,人均可利用土地面积十分有限;青南地区生态脆弱,居住分散,不宜接入大容量光伏电站;而海南、海西地区地势平缓,荒漠化土地多,接入送出便利。通过"飞地模式",跨区域扶贫,有效解决了电站建设难题,也为未来的光伏扶贫开辟出更大的发展空间。

2. 数字管理 + 阳光运作

青海省域面积位居全国第 4 位,人口密度仅稍高于西藏,是全国最为地广人稀的区域之一。光伏扶贫电站遍布全省 39 个县、市、区,有的在海拔 4000 米以上的高寒山区,有的在连绵的戈壁荒滩。电站管理面临着自然环境恶劣、电站分布点多面广、运营成本高等诸多难题。

为推进光伏扶贫高效发展,青海省扶贫局联合国网青海省电力公司,依托青海省能源大数据中心新能源大数据平台优势,建成了全国首套省级光伏扶贫运营管理系统和全国首家省级光伏扶贫大数据中心。依托大数据平台的集中监控、视频监控、设备健康诊断等业务应用,光伏扶贫大数据中心能够跟踪监测设备运行情况及电站整体发电能力,提供发电设备故障预警、远程控制、发电量精准预测等功能,实现智能化、专业化集中运行管理。由此,青海在全国首次实现扶贫电站"无人值班、少人值守"。运行人员在大数据中心集中工作,就能管理到每一个电站、每一个设备。以集中式电站为例,以往一座电站需 7~8 人运维,通过大数据中心,运维人数减少至 2~3 人,平均每个电站每年节省人工成本 50 万元。青海省共 40 座集中式光伏扶贫电站,每年可降低成本约 2000 万元,减少整体运行成本 40% 以上。

光伏扶贫大数据中心可以管理到每一笔光伏扶贫资金、每一个贫困户。通过关联贫困户信息,实现贫困户动态管理,动态呈现扶贫收益资金的计划、兑现和实际使用情况,推进扶贫收益分配及发放精准化、精益化,让扶贫收益资金的产生、分配、发放、使用全过程在阳光下进行。

据悉，青海正着力探索光伏扶贫电站消纳新途径。国网青海电力提出了打造光伏扶贫国网样板的八项举措，将探索"智慧车联网＋绿电＋扶贫交易"模式；常态化开展光伏扶贫电站电网侧安全治理，利用调度技术支持系统和多能协调控制技术，提高电站发电能力预测水平和调度精益化水平，确保光伏扶贫电站电量全额消纳；深化光伏扶贫运营系统应用，完成统一电力市场化区块链平台建设，实现青海省光伏扶贫电站在全国范围内电量消纳情况的可追溯，提升光伏扶贫电站的信息化、集约化、专业化管理水平。

三、甘肃

2014年，甘肃省发展改革委、省扶贫办正在以"政府扶持引导、农户自愿参加，省级统筹规划、县级确保实施，先行试点探索、总结经验推广，公平公正公开、脱贫造血发展"的原则，在全省开展光伏扶贫试点摸底工作，初步确定在通渭县、清水县、临潭县、礼县、民乐县、东乡县等6个不同类型的贫困县开展光伏扶贫试点工作，以县为主体编制试点实施方案，在资金筹措、收益分配、建设运营、维护服务等方面先行先试，为开展光伏扶贫积累经验。

2016年，甘肃省发展改革委印发《甘肃省"十三五"光伏扶贫发展规划》和《甘肃省2016年光伏发电扶贫工程实施方案》，甘肃省全面启动光伏扶贫工程。《规划》利用5年时间，按照政府扶持引导、社会资本参与、农户自愿参加的原则，重点在定西、天水、庆阳、临夏、平凉、甘南、白银、兰州、武威等9个市（州）的48个贫困县（区）和酒泉市的11个整建制移民乡实施光伏扶贫工程，与新农村建设、易地扶贫搬迁工程及种植、养殖、渔业相结合，利用荒山、荒坡等土地资源，建设每户3千瓦、共计5万个户用分布式发电系统和每个约2万千瓦、共计50座的集中式电站，户用分布式光伏发电系统并网装机容量达到15万千瓦，集中式光伏扶贫电站并网装机容量105万千瓦。探索开展飞地光伏扶贫和利用现有光伏电站扶贫工作。按照集中式电站每1万千瓦带动一定数量贫困户的安排，集中式和户用两类电站共将带动占全省建档立卡贫困户总量的

9.1%、计 9.2 万贫困户（包括无劳动能力户和残疾人等）持续 20 年增收，每户每年增收 3000 元左右。

当年，已在永登、靖远、清水等 15 个县实施光伏扶贫工程。为了切实减轻贫困对象资金筹措困难，甘肃省发展改革委加大对光伏扶贫工程的支持力度，对户用分布式发电系统，按照每户 2.4 万元投入估算，省预算内基建资金将安排 1 万元，要求市县政府配套 1 万元，贫困户享受精准扶贫贷款贴息政策筹资 4000 元左右来共同筹集建设资金；集中式电站由参与扶贫的企业建设，享受国家开发银行、中国农业发展银行等提供的优惠贷款。分布式发电系统的运行维护由参与建设运营的集中式电站投资主体承担，电网企业对光伏扶贫发电项目所发电量全额收购，并优先确保光伏扶贫项目按月足额结算电费和领取国家补贴资金。户用光伏发电系统资产及收益归农户所有；集中式光伏电站由企业按月（或季度）向扶贫对象分配收益。

之后，甘肃省陆续出台了《关于加快推进"十三五"时期易地扶贫搬迁工作的意见》《关于推进绿色生态产业发展规划的通知》《关于分解下达"十三五"第二批光伏扶贫项目计划的通知》《甘肃省人民政府办公厅关于培育壮大新能源产业链的意见》等，"因地制宜选择光伏发电建设规模，开展光伏扶贫工程，运用价格杠杆促进风能、光伏等清洁能源有序发展"，"大力实施光伏扶贫工程，对符合光伏扶贫条件的县市区，按照全省'十三五'光伏发展规划，逐年实施光伏扶贫工程，鼓励分布式光伏发电与设施农业发展相结合"，"促进制造业、农业与光伏发电互补发展，探索分布式光伏发电新模式。大力实施光伏扶贫工程，完善配套电网设施，增加贫困群众的稳定收入。"

同时，国家能源局印发《关于 2016 年定点扶贫与对口支援工作要点的通知》和《关于同意将 2015 年调增甘肃省 8 万千瓦光伏电站指标明确为光伏扶贫规模的复函》（国能综函新能〔2017〕245 号），并将定点帮扶并对口支援甘肃省通渭县和清水县，促进发展如期实现脱贫摘帽和全面建成小康社会目标。

（一）清水

清水县于 2014 年被省发改委、省扶贫办列为全省首批光伏扶贫试点县，抢抓住国家能源局定点扶贫机遇，主动作为，乘势而上，积极推进光伏扶贫，走过了从"先行试点""积极推广"到"全面实施"的三个阶段。已建成各类光伏扶贫电站 833 座，累计投资 6.4 亿元，建成光伏扶贫电站 102.4 兆瓦。至 2019 年 10 月底，累计发电 7325.5 万千瓦时、上网电量 7238.6 万千瓦时，带动 11573 户贫困户年均增收 3000 元左右；带动 123 个贫困村实现村集体经济年收益 2~5 万元，牢牢兜底住了脱贫群众返贫风险的底，也为清水实施乡村振兴战略打下了坚实的基础。

为了确保光伏扶贫项目顺利落地实施，清水县组建了光伏项目建设用地工作专班，在永清、白驼、松树、黄门 4 个乡镇 11 个行政村流转土地 7370 亩，同时规划光伏产业园 3 万亩并调整了用地属性，确保了项目顺利落地。

清水县在脱贫攻坚任务重、县级财力有限的情况下，为了使项目及早建成运营，让贫困群众尽快受益，清水县利用财政资金启动建设，一边建设一边融资，采取"政府投资、引进企业投资、群众自筹"资金筹措方式，多渠道、多元化融资破解了项目建设资金不足的困局。

50 兆瓦村级光伏扶贫电站是国家能源局定点帮扶和天津市河北区东西部协作帮扶的重点能源项目，建设期间，国家能源局、甘肃省发改委和能源监管办、省电网公司多方协调，及时解决联村电站升压站建设和并网送出难题，提出，与同场区在建三峡新能源白驼 60 兆瓦风电项目合建 110 千伏升压站，共用送出线路，实现了资源、技术、人员的共享，节约投资成本 7000 多万元。50 兆瓦村级光伏扶贫电站创造了同期全国光伏扶贫电站领域单位造价最低、技术标准最高、发电效率最好、建设速度最快、受益贫困户最多的"五个之最"。

按照目前年发电量计算，清水光伏和风电新能源项目每年可节约标准煤 4.26 万吨，减排二氧化碳 11.16 万吨、二氧化硫 2560 吨、一氧化碳 970 吨、氮氧化物 1533 吨、烟尘量 468 吨，极大地改善了局部生态环境。

1. 做优做强电站质量

结合县域地形、光照和电网条件，委托国核电力规划设计研究院在该县中西部论证规划光伏产业园 3 万亩，争取省电力公司投资 2.5 亿元在黄门镇建成 330 千伏变电站。在"十三五"光伏扶贫项目前期规划中，与电网公司充分对接后，确定在 18 乡镇 20 个贫困村建设村级电站各一座共 1.2 兆瓦，在白驼镇、松树镇采取"统一设计、多村联建、分块布置、集中并网、统一管护、农光互补、产权到村、效益到户"的模式，集中联建联村电站 11 个 48.8 兆瓦，村级电站 20 座 1.2 兆瓦，地面电站 2 座 50 兆瓦，户用分布式电站 817 户 2.4 兆瓦。特别是联村电站选用 375 瓦高效单晶硅光伏组件和 75/80 千瓦组串式逆变器，设备转换效率分别提高到 19.3% 和 99%，带动 9089 户贫困户实现稳定增收，成为全省"建设规模最大、技术标准最高、收益村户最多"的村级光伏扶贫电站之一。

2. 发挥电站综合收益

电站建设是基础，收益分配是关键。结合实际，制定了《清水县村级光伏电站收益分配管理实施细则（试行）》，规范村级光伏电站收益分配方式，真正做到了"公开、公正、透明"分配发电收益。同时，推行差异化分配，扶持有产业发展意愿且收入较低的贫困户，每村扶持 10 户左右，每户每年扶持资金不少于 3000 元；不断扩展增收模式，在联村电站流转两镇 7 村 618 户一般农用地 2140 亩，亩均年流转费 260 元，已累计支付流转费 175.58 万元，户均增收 2800 多元；在光伏项目建设中，优先吸收贫困户劳动力，参与组件运输、安装和缆线输送，获得劳务收益；通过设置公益性岗位的方式，选聘项目区贫困户劳动力常年参与除草等日常管护工作，实现了家门口就近就业和常年稳定增收。

全县村级光伏电站收益累计拨付到贫困村 4723.9 万元，村均 39.04 万元，121 个贫困村动态设置公益性岗位 1325 个。村"两委"班子按照村民参公益事业的务工次数进行按劳取酬，这杜绝了"平均分"、"一发了之"和建档户坐等收钱、"养懒汉"等弊端，发挥了村级组织在群众中的引领作用，对于助推乡村振兴进程、满足农民群众美好生活需要，走农村基层善治之路，建设充满活力、和谐有序的乡村社会将发挥至关重要的作用。

在国家能源局高位推动下，新能源扶贫项目为清水带来了更多财税收入，9089 户贫困群众每年也都有了 3000 元保底收入，牢牢兜住了脱贫群众的返贫风险。截至 2020 年 5 月底，累计结算到 121 个贫困村到村收益 713.43 万元，村均实现村集体经济收入 5.90 万元。以光伏为基础的新能源产业已成为清水县推进能源供给侧结构性改革、助力县域经济社会高质量发展的"强力引擎"，成为促进当地农村贫困家庭劳动力实现家门口就近就业的"劳务市场"和助贫增收的"钱袋子"。同时，村集体经济弱小，村级公益事业资金欠缺，是制约乡村发展的难题，清水县光伏电站的建成，电站确权到村，村集体有了一定经济积累，收益 40% 的由村集体支配，彻底解决了农村公益事业缺资金、无人干，管理难的问题。

3. 切实提升服务质量

建立了国家能源局、省发改委、省能监办、电网公司、三峡公司和清水县政府多方协调的联络机制，随时沟通协调解决光伏项目建设中出现的新问题、新情况，特别是国家能源局领导多次到项目现场指导工作，上级能源行业主动发力、悉心指导，组织人员赴安徽省金寨县、山西省芮城县、甘肃省通渭县等光伏扶贫先进地区和光伏"领跑者"基地学习"取经"，为实施好"十三五"光伏扶贫项目打下了坚实基础。同时，为正确处理政府与市场的关系，成立了国有独资公司"清水县光伏扶贫开发有限责任公司"，公开招聘管理人员，择优聘用专业技术人员，负责项目建设、运维和管理等工作，为光伏电站的稳定运行、高效收益提供了人才保障。

4. 积极探索光伏 +

在清水县光伏扶贫项目不仅培育壮大了新型绿色产业，鼓起了贫困群众的腰包，也蹚出了清水生态建设的新路子，通过采取"光伏 + 药材""光伏 + 饲草""光伏 + 养羊"等"农光互补"措施，实现了光伏产业效益最大化。例如，积极协调引进中药材金银花种植项目，开展"光伏 + 金银花"扶贫。首个项目示范点选在秦亭镇长沟村，建设金银花产业示范基地200亩，采取"公司＋合作社＋农户"的模式经营管理。前3年的管理和收益归合作社，贫困户除在合作社务工增加收入外，还可进行二次分红，从第4年开始将经营权和管理权交由农户自行管理，收益全部归农户所有。2020年，每亩收益达到了1000元；预计从2021年开始至2040年，每亩收益能高达3000~5000元，每年总收益将达到50万元以上。

光伏长效产业和短期种养殖产业相结合，有效稳固了项目区域内的水土质量，推动农业产业多元化发展。一地多用，立体开发，循环发展，产生了良好经济效益和环境效益。

5. 大力改善电力基础设施

原来清水县电力设施落后，居民用电得不到可靠保障。2019年初，清水县组织县供电公司、发改局完成清水县《"小康电示范县"项目规划（2019—2030年）》，并启动实施一期项目。甘肃省发展改革委、电力公司加大对清水县2019年电力基础设施投资，总投资达1.36亿多元，完成全县电网升级改造，提高了供电可靠性、安全性，实现电力村村通。另外，还积极协调，大力推进完成了投资5500万的清水县白沙110千伏输变电站工程、投资1400万的白驼光伏风电110千伏线路送出工程、投资3600多万的清水县供电公司新生产办公楼审批立项及投资3000多万的5个供电所新建工程等重点电力基础设施项目。

6. 攻坚克难，建成特色风电扶贫项目

三峡新能源清水白驼60兆瓦风电项目是国家能源局定点帮扶的市列重点清洁能源项目，也是清水县脱贫攻坚重点产业项目，总投资4.49亿元，装机容量24座60兆瓦，配套新建110千伏升压站一座。该项目是清水历史上投资最大的单体项目，项目场区涉及白驼、松树、王河3乡镇的10个村，有单机容量2.5兆瓦的风机24座（单机基座直径18.8米、主塔高90米、主机重100吨、叶轮直径140米），35千伏集电线路21千米、塔基86座、箱变24台，与50兆瓦村级光伏电站合建110千伏升压站1座、送出线路12公里，修建运维道路10.3

公里。

该项目风机的叶片、主机、塔筒生产厂家分别在酒泉、银川、包头，要完成层层超长、超重、超高的运输报批手续，特别是从县城堆料场到项目场区有172处超限，首批叶片30千米的运输路程走了15天；专门从江西调集650吨和300吨履带式吊车各1台配合施工，才把100吨重的主机、80吨重的轮毂叶片吊装在90米高的塔筒上，施工队伍克服了雨雪路滑、山高坡陡等艰难险阻，于2022年4月24日顺利完成首台风机吊装。

项目设计寿命20年，在施工过程中，新增当地用工200多人，群众增收1400万元。项目建成后，将实现年上网电量1.178亿度电，发电收益6200多万元，年均税收850万元，同时带动330户建档立卡贫困户实现年均增收3000元，每年节约标准煤3.3万吨，减少烟尘排放335吨。

（二）通渭

定西市通渭县地处黄土高原深处，2013年底全县建档立卡贫困人口2.83万户13.44万人、贫困发生率33.6%，脱贫攻坚任务艰巨。但该县立足丰富的风、光资源，借助国家能源局定点帮扶的大好机遇，以创建全省新能源精准扶贫示范基地为目标，加快推进以风电和光电为主的新能源开发，有效加快了全县脱贫攻坚步伐，促进了经济社会转型跨越发展。

2014年被确定为"全国光伏扶贫试点县"以来，全县建成光伏电站16.24万千瓦，其中户用式电站807户2421千瓦、村级光伏电站96个9万千瓦、集中式光伏电站2个7万千瓦，扶持带动2.16万户群众稳定增收，村级电站累计收益2.23亿元、带动198个脱贫村每村每年增加集体经济收入40万元以上。"十四五"时期，通渭被确定为全省分布式光伏整县推进试点县，规划建设分布式光伏电站32.2万千瓦，建设多能互补集中式光伏电站120万千瓦，期末预计完成光伏装机136万千瓦，真正成为"陇中重要清洁能源生产基地"。

通渭风电基地于2014年获得国家能源局批复，规划在全县范围内建设风电场8个、总装机容量120万千瓦、总投资约115亿元，是全省第三个、陇中地区唯一一个百万千瓦级风电基地。基地建设以来，国家能源局跟进协调指导，华家岭、陇阳、黑燕山、尖岗山等7个风电场全面建成并网，寺子川10万千瓦风电场项目加快推进，全县风电并网总装机容量达到110万千瓦，顺利建成甘肃省陇中地区首个百万千瓦级风电基地，华能华家岭等4家风电企业成长为规模以上工业企业，新能源企业工业增加值占到全县的64.5%，成为拉动县域经济高质量发展的支柱产业和强大引擎。

1. 打造基地抢风头，借力风电促发展

2014年12月，国家能源局批复了《甘肃省通渭风电基地规划》。通渭风电基地是甘肃省继酒泉、武威民勤后的第三个百万千瓦级风电基地，也是陇中地区唯一一个百万千瓦级风电基地。《甘肃省通渭风电基地规划》以通渭县为核心区，辐射周边安定区、陇西县、会宁县，共规划布局12个风电场，总体建设规模200万千瓦。其中，在通渭县规划建设8个风电场，总装机容量达120万千瓦，总投资约115亿元，年发电总量可达22.8亿千瓦时，年可实现发电收入13亿元以上、税收收入1.75亿元。风电项目在建设中，通渭县与风电开发企业签订扶贫带动协议，风电企业每开发10万千瓦风电向县上缴纳500万元扶贫基金，主要用于建档立卡贫困户分布式光伏电站建设，以及改善项目区道路、绿化等基础设施，为全县光伏扶贫和改善项目区基础条件提供了有力支持。

2. 科学规划借光源，光伏扶贫助跨越

2014年11月，通渭县被国家能源局和国务院扶贫办确定为"全国光伏扶贫试点县"。通渭县坚持先行先试，积极探索创新，取得了初步成效。一是科学制定"十三五"光伏扶贫发展规划。2016年5月，通渭县编制完成了《通渭县"十三五"光伏扶贫发展规划》。《通渭县"十三五"光伏扶贫发展规划》结合通渭县"十三五"能源发展规划和脱贫攻坚专项规划，以打造全国新能源精准扶贫示范基地为目标，围绕马营华川和石滩两大光伏扶贫示范片区，布局实施覆盖全县18个乡镇155个贫困村的光电项目。到2020年，全县光伏扶贫装机总容量已达30万千瓦以上，其中户用分布式发电装机容量达到9000千瓦，带动贫困户

3000 户；建设村级电站 100 套，装机容量 2 万千瓦，带动贫困户 4000 户；农光一体化集中式地面电站装机容量达到 30 万千瓦，带动贫困户 3000 户。二是大力开展户用分布式光伏扶贫。2015 年，通渭县在全省率先建成 200 户户用光伏扶贫发电项目，户均装机 3 千瓦、投资 2.4 万元（其中扶贫专项资金 8000 元、风电企业援助 1.4 万元、贫困户自筹 2000 元），户均年发电量 3600 度左右，每度电按 0.88 元核算，户均每年收益 3000 元以上，连续受益 20~25 年。

3. 加快建设村级光伏电站

2022 年，通渭县按照户均投资 4 万元（其中省级专项资金 1 万元，县级配套资金 1 万元，县投融资主体城投公司贷款 2 万元）、装机 5 千瓦的标准，整合分布式光伏电站建设资金，马营镇建设的 4 个村级光伏电站，装机容量分别为 215 千瓦、130 千瓦、62 千瓦、115 千瓦。在收益分配上，按照"量化到村、股份合作、入股分红、滚动发展"的方式，村级光伏电站建设形成的资产归村级集体所有，贫困户和村集体按 3∶2 的比例进行收益分配，每年可带动贫困户 104 户，每户增收 3000 元、连续 3 年，之后重新确定贫困户进行滚动帮扶，既增加了村级集体收入，又实现了贫困户长期稳定脱贫。在建设模式上，充分利用日光温室、养殖大棚，将设施农业与光伏发电有效结合，最大限度地节约了土地资源，并实现了扶贫效应的最大化。

4. 全力打造农光一体化光伏扶贫产业示范园

通渭县于 2015 年在榜罗镇启动建设农光一体化光伏扶贫产业示范园，该项目总投资约 13 亿元、总装机容量 150 兆瓦，建成后年发电量 1.8 亿度、年产值 1.58 亿元。项目分两期进行建设，两期工程共建设 150 兆瓦，均采用农光互补一体化的建设模式。

5. 构建新能源产业格局助力乡村振兴

2021 年 12 月，国家能源局重点帮扶项目通渭风电基地尖岗山 20 万千瓦风电场实现并网发电，至此，通渭县风电并网装机容量达 110 万千瓦，顺利建成甘肃省陇中地区首个百万千瓦级风电基地。"十三五"期间，通渭县以户用分布式、村级光伏电站、集中式光伏电站三种模式，共建成光伏扶贫项目16.24万千瓦，累计实现发电3.92亿千瓦时，实现纳税2165万元。随着乡村振兴的号角全面吹响，通渭县抢抓全省分布式光伏整县推进试点县建设机遇，规划建设总投资13.4亿元的分布式光伏装机容量32.2万千瓦和总投资49.6亿元的集中式光伏项目120万千瓦，进一步扩大光伏产业发展规模，多方协调加快建设20万千瓦高效太阳能光伏组件生产线，着力打造名副其实的"新能源县"。

下一步，通渭县将继续坚持能源清洁低碳发展方向，紧盯创建新能源产业示范基地的目标，充分利用通渭及周边地区风光资源优势，建成通渭新能源产业基地，推进集中式商业光伏发电、分布式光伏发电项目建设，配套发展风机装备、光伏组件等先进制造业，促进风（光）电全产业链发展，为乡村振兴提供能源支撑。

（三）东乡

东乡县是国家重点扶持的"三区三州"深度贫困县之一，是全国唯一的以东乡族为主体的少数民族自治县。全县31.47万人中有东乡族、回族、保安族等7个少数民族，其中东乡族占88.2%。近年来，该县以习近平总书记考察东乡时重要讲话精神为引领，紧紧围绕"中华民族团结一家亲、同心共筑中国梦"的目标，把民族团结进步创建工作作为实现跨越发展、打赢脱贫攻坚战、全面建成小康社会的基础性工程来推进，始终把民族工作放在心上，牢牢抓在手上，融入到经济社会建设的方方面面。

近年来，东乡县充分利用国家、省、州光伏扶贫政策机遇，认真贯彻落实关于光伏扶贫工作要求，立足独特的山体多、光照足的自然优势，将光伏扶贫项目作为强化生态环保、培育新型产业、增加群众收入的重要举措来抓，先后建成村级光伏扶贫电站39座，总投资7.74亿元，总容量121.92兆瓦（其中"飞地模式"20兆瓦、试点项目0.6兆瓦、"十三五"第一批8.82兆瓦、"十三五"第二批30兆瓦、"十三五"第二批追加62.5兆瓦），惠及全县24个乡镇、215个有已脱贫人口的行政村、2.76万户已脱贫户以及600户帮扶监测户，215个村集体经济得到发展和壮大，有力地助推了全县脱贫攻坚取得全面胜利。同时，积极向全国光伏项目成熟地区学习，将部分适宜地区的光伏电站修建为"农光互补"光伏电站，采取"棚顶太阳能发电，棚内发展农业生产"的新型发展模式，使光伏科技与现代物理农业有机结合，发展现代高效农业，探索出了一条符合实际的扶贫新路子，进一步提高土地的综合利用率，实现土地立体化增值利用，实现光伏发展和农业生产双赢。

1. 全方位建立监测机制

立足东乡县光伏电站容量大、光伏扶贫工作任务重的实际，2020 年由州县编办批复成立了"光伏扶贫服务中心"作为光伏扶贫工作的专门机构，配备专职人员，开展日常工作。成立东乡县晟东光伏发展有限公司，负责电站运维工作，除 20 兆瓦"飞地模式"为企业建设不接入全国光伏扶贫监测系统外，其余 38 座电站均接入监测系统，通过光伏电站运行监测系统，对故障逐一排除，及时更换损坏零件，同时建立备件库，加强日常巡逻检测，确保光伏电站正常运行，持续发挥效益。制定出台了《东乡县光伏扶贫收益分配方案》和《东乡县村级光伏扶贫电站收益分配管理实施细则（试行）》，明确了光伏电站收益资金使用方向和范围，以村为单位建立光伏收益分配台账，全县 215 个村分别制定年度光伏扶贫收益分配方案，经村民主评议、乡镇审核后印发实施。

2. 全覆盖确权电站资产

按照建档立卡人口比例和村集体注资情况，将 38 座电站资产确权至 215 个村，具体为 20 兆瓦"飞地模式"的带贫资金 240 万按照建档立卡贫困人口比例确权至 9 个村，8 个单村电站装机容量 2675 千瓦确权至 8 个村，30 座联村电站装机容量 99 245 千瓦按照建档立卡人口和注资金额占比确权至 202 个村，全县所有装机容量均确权到每个村，实现收益资金覆盖全县 215 个村。

3. 定向性使用收益资金

根据《临夏州关于进一步加强光伏扶贫收益分配和公益性岗位规范管理的实施细则》修订了《东乡县光伏扶贫公益性岗位管理办法》，由电力公司每月将发电收益资金结转至县农村能源发展中心账户，由县农村能源发展中心在提取 6% 的运维费、6% 的土地流转金、约 3% 左右的税金后，将收益资金按照确权情况拨付至 215 个村集体账户。2020 年拨付到村资金 4800 万元，到村后按照"5221"（50% 收益资金用于开发公益性岗位、20% 用于村级小型公益事业劳务支出、20% 用于村集体经济提留、10% 用于奖励补助）分配比例进行使用，其中 1862 万元用于开发公益性岗位 3692 个，用于小型劳务费用支出 365 万元，用于奖补 80 万元，村集体提留 960 万元，账面结余 1533 万元。2021 年 1 至 5 月，全县光伏扶贫电站发电量 4725.92 万千瓦时，收益资金 1454.64 万元，预计全年发电量可达 1.4 亿万千瓦时以上，收益资金约 1.1 亿元。

第四章 "双碳"战略下的可再生能源产业如何助推甘肃乡村振兴

甘肃是中国西北的一个省份，有着深厚的历史文化，是古丝绸之路和现在"一带一路"建设重要的陆路通道。甘肃地处黄土高原、青藏高原、内蒙古高原三大高原的交会处，地域辽阔，地理地貌非常多样，自然风光优美，黄土高原、广袤草原、茫茫戈壁、洁白冰川，构成一幅雄浑壮丽的画卷，宛若一柄玉如意。

中华人民共和国成立特别是改革开放以来，甘肃省经济社会发展不断进步，发生了翻天覆地的变化，人民生活得到巨大改善。但是由于历史、自然、地理等多种因素的影响，甘肃在中国仍属于欠发达地区，特别是甘肃的贫困问题一直比较突出，扶贫任务重，脱贫难度大。

一是贫困人口规模大，贫困程度深。2012年，全省有贫困人口596万，占全省农村人口的近40%，86个县中有58个被国家纳入集中连片的特困地区。

二是致贫因素复杂，自然条件差，整体上干旱缺雨，山大沟深。有水的地方没土，有土的地方没水，有水有土的地方海拔太高，缺少农作物植物的必要生长条件。基础设施相对不足，医疗教育水平不高，危房数量多，贫困人口普遍缺乏一定素质的劳动力，缺乏资金技术等，且因病致贫比较多。

三是农业产业发展滞后，传统农业特征非常明显，自给半自给，商品性对外销售的能力不足，农业经营主体带贫能力也弱，产业基础非常薄弱，有的甚至一片空白。龙头企业和合作社也很少。回头看，甘肃是全国脱贫攻坚任务最重的省份之一。

党的十八大以来，党中央把脱贫攻坚摆在治国理政的突出位置。甘肃作为全国脱贫攻坚的主战场之一，切实担负起了脱贫攻坚的历史责任，在消除绝对贫困问题上取得了前所未有的成效，也取得了历史性的成就，新时代脱贫攻坚目标任务如期完成。现行标准下农村贫困人口全部脱贫、贫困县全部摘帽，贫困地区发生翻天覆地的变化，困扰甘肃千百年的绝对贫困问题得到历史性解决，撕掉了"苦甲天下"的历史标签；农村人居环境和生态环境持续改善，农村改革向纵深推进，社会保持和谐稳定，即将同步实现全面建成小康社会目标。为稳定全省经济社会发展大局，发挥了压舱石作用，为全面推进乡村振兴、加快农业农村现代化奠定了坚实基础。

产业振兴是乡村振兴的根基。在"碳达峰碳中和"战略目标下，我国的可再生能源产业将迎来千载难逢的发展机遇。"十四五"时期，是乘势而上开启全面建设社会主义现代化国家新征程，甘肃实施追赶战略，实现高质量发展，奋力推进现代化，逐步缩小同发达地区差距的关键五年。甘肃风、光资源富集，可再生能源产业的转型发展必将作为重要抓手，以推动高质量发展。本章将以甘肃落实出台的有关"双碳""能源""乡村振兴"等政策与案例相结合的方式，将可再生能源作为一项特色产业，思考如何进行科学规划、深度融入并发展壮大支持已脱贫地区，进一步拓展富民兴陇新局面，开展深入分析。

第一节　立足自身实际，量身定制"双碳"规划

为深入贯彻《中共中央、国务院关于完整准确全面贯彻新发展理念做好碳达峰碳中和工作的意见》精神，稳妥有序推进碳达峰碳中和工作，推动全省经济社会发展全面绿色转型，甘肃省委省政府于 2022 年 6 月，出台印发了《关于完整准确全面贯彻新发展理念做好碳达峰碳中和工作的实施意见》。《意见》立足新发展阶段，贯彻新发展理念，加快构建新发展格局，坚持系统观念，处理好发展和减排、整体和局部、长远目标和短期目标、政府和市场的关系，把碳达峰碳中和

纳入全省经济社会发展和生态文明建设整体布局，同实施黄河流域生态保护和高质量发展战略紧密结合，同实施"四强"行动、做好"五量"文章有机融合，以经济社会发展全面绿色转型为引领，以能源绿色低碳发展为关键，以绿色低碳科技创新为支撑，加快形成节约资源和保护环境的产业结构、生产方式、生活方式、空间格局，坚定不移走生态优先、绿色低碳的高质量发展道路，促进降碳、减污、扩绿、增长协同推进，力争与全国同步实现碳达峰碳中和。主要目标是：

到 2025 年，全省绿色低碳循环发展的经济体系初步形成，重点行业能源利用率大幅提升。单位地区生产总值能耗比 2020 年下降 12.5%，单位地区生产总值二氧化碳排放确保完成国家下达目标任务；非化石能源消费比重达到 30%，风电、太阳能发电总装机容量达到 8000 万千瓦以上；森林覆盖率达到 12%，森林蓄积量达到 2.8 亿立方米，为实现碳达峰碳中和奠定坚实基础。

到 2030 年，经济社会发展绿色转型取得明显成效，重点耗能行业能源利用效率达到国际先进水平。单位地区生产总值能耗大幅下降；单位地区生产总值二氧化碳排放比 2005 年下降 65% 以上；非化石能源消费比重达到 35%，风电、太阳能发电总装机容量达到 1.3 亿千瓦以上；森林覆盖率达到 12.5%，森林蓄积量达到 3 亿立方米左右，力争与全国同步实现碳达峰目标。

到 2060 年，绿色低碳循环发展的经济体系和清洁低碳安全高效的能源体系全面建立，能源利用效率达到国际先进水平，非化石能源消费比重达到 80% 以上，与全国同步实现碳中和目标，生态文明建设取得丰硕成果，开创人与自然和谐共生新境界。

一、推进经济社会发展全面绿色转型

（一）强化绿色低碳发展规划引领

将碳达峰碳中和目标任务全面融入全省经济社会发展中长期规划，强化省级发展规划、国土空间规划、专项规划、区域规划和市州、县（市、区）规划的支撑保障。加强全省各级各类规划间的衔接协调，确保全省各市州、各领域、各行业落实碳达峰碳中和的主要目标、发展方向、重大政策、重大工程等协调一致。

（二）优化绿色低碳发展区域布局

立足甘肃在全国生态屏障、能源基地、战略通道、开放枢纽的功能定位，用足用好"一带一路"建设最大机遇，深入推进新时代推进西部大开发形成新格局、黄河流域生态保护和高质量发展等国家重大战略。按照甘肃省第十四次党代会提出的"一核三带"区域发展格局，持续优化重大基础设施、重大生产力和公共资源布局，做大做强以兰州和兰州新区为中心、以兰白一体化为重点、辐射带动定西临夏的一小时核心经济圈，大力发展河西走廊经济带、陇东南经济带和黄河上游生态功能带，积极构建有利于碳达峰碳中和的国土空间开发保护新格局。

（三）加快形成绿色生产生活方式

大力推动节能减排，全面推进清洁生产，加快发展循环经济，加强资源综合利用，不断提升绿色低碳发展水平。扩大绿色低碳产品供给和消费，倡导绿色低碳生活方式，开展绿色低碳社会行动示范创建。把绿色低碳发展纳入国民教育体系，加大全民宣传教育，提高公众低碳发展认知认可度，凝聚全社会共识，加快形成全民参与的良好格局。

二、深度调整产业结构

（一）推动产业结构优化升级

坚持质量兴农、绿色兴农，大力发展现代丝路寒旱农业，壮大黄土高原旱作农业、河西走廊生态农业、黄河上游特色种养业、陇东南山地特色农业，促进农业固碳增效。制定实施甘肃能源、钢铁、有色金属、石化化工、建材、交通、建筑等行业和领域碳达峰实施方案。以节能降碳为导向，积极探索和有序推进重点行业清洁能源替代、低碳工艺技术改造，加快工业领域低碳转型和数字化工艺革新，全面提升工业领域高端化智能化绿色化水平。巩固钢铁、煤炭行业去产能成果。鼓励有条件的市州开展碳达峰试点园区建设，打造零碳产业园，着力构建绿色低碳工业体系。提升生产性服务业、生活性服务业和新兴服务业的低碳发展水平，推动商贸流通、信息服务提质增效、绿色低碳发展。

（二）坚决遏制高耗能高排放低水平项目盲目发展

对高耗能高排放低水平项目实行清单管理、分类处置、动态监控。新建、扩建钢铁、水泥、平板玻璃、电解铝等高耗能高排放低水平项目严格落实产能等量或减量置换。落实国家煤电、石化、煤化工等产能控制政策，新建改扩建炼油和新建乙烯、对二甲苯、煤制烯烃等石化及现代煤化工项目，须纳入国家有关领域产业规划后实施。合理控制煤制油气产能规模。加强产能过剩分析预警和窗口指导。提升高耗能高排放低水平项目能耗准入标准，严格落实环保要求，严禁建设不符合要求的高耗能高排放低水平项目。

（三）大力发展绿色低碳产业

培育新兴产业，大力发展新能源、新材料、生物医药、新能源汽车、电子信息、先进装备制造等产业，促进特色集群发展。以沙漠、戈壁、荒漠为重点建设大型风光电基地，加快构建风电、光伏发电装备制造全产业链体系，促进风电、光伏发电及相关装备制造业协同发展，打造全国重要的新能源及新能源装备制造基地。加大科技创新力度，谋划布局一批生命健康、靶向药物开发、凹凸棒、晶质石墨等未来产业。依托全国一体化算力网络国家枢纽节点（甘肃）建设，大力发展数字经济，开展"上云用数赋智"行动，推动互联网、大数据、人工智能、第五代移动通信（5G）等新兴技术与绿色低碳产业深度融合，建设绿色制造体系和服务体系，提高绿色低碳产业在全省经济总量中的比重。

三、加快构建清洁低碳安全高效能源体系

（一）完善能源消费强度和总量双控制度

严格控制全省能耗和二氧化碳排放强度，落实国家二氧化碳排放总量控制相关制度，创造条件尽早实现能耗"双控"向碳排放总量和强度"双控"转变。做好产业布局、能源规划、重大项目与能耗管理、二氧化碳排放、环境容量等目标统筹衔接，对能耗强度下降目标完成形势严峻的地区实施窗口指导，严控新上高

耗能高排放低水平项目，落实能耗等量或减量替代，推动能源要素向单位能耗产出效益高的项目优化配置。强化节能监察和执法，加强固定资产投资项目节能审查，认真落实国家关于项目审批管控及能耗置换工作要求。结合发展阶段、产业特点和资源禀赋，合理分解全省能源消费强度控制目标和二氧化碳排放强度降低目标，强化能耗和二氧化碳排放控制目标分析预警，严格目标责任落实和评价考核，压实市州责任。逐步加强甲烷等非二氧化碳温室气体管控。

（二）大幅提升能源利用效率

把节能贯穿于全省经济社会发展全过程和各领域，持续深化工业、建筑、交通运输、公共机构等经济社会重点领域节能，提升数据中心、新型通信设施能效水平。瞄准国际先进水平，开展工业高耗能行业能效对标达标，持续提升电力、钢铁、有色、建材、石化化工等重点行业能效水平，大力发展绿色低碳建筑，降低建筑能耗强度和碳排放强度。积极推广新能源与清洁能源运输工具。健全能源管理体系，强化重点用能单位节能管理和目标责任，加快推进节能降碳改造升级，持续打造重点领域、重点行业能效"领跑者"。

（三）严格控制化石能源消费

坚持先立后破、通盘谋划，在新能源安全可靠替代基础上推动传统能源逐步退出。加快传统能源绿色高效发展，促进传统能源布局优化、结构优化、效益优化。加快煤炭清洁高效利用步伐，"十四五"时期合理控制煤炭消费增长，"十五五"时期逐步减少。统筹煤电发展和保供调峰，适度增加煤电装机规模，推动煤电节能降碳改造、灵活性改造、供热改造"三改联动"，持续压降散煤消费，降低煤炭消费占一次能源消费比重。加大常规油气、非常规油气资源综合开发和清洁高效利用力度，石油消费"十五五"时期进入峰值平台期，推进工业领域燃煤替代，推动供气设施向农村延伸，合理引导扩大天然气消费。强化风险管控，加强煤气油储备能力建设，推进先进储能技术规模化应用，确保能源安全稳定供应和平稳过渡。

（四）积极发展非化石能源

立足资源禀赋和区位优势，坚持集中式和分布式并举，坚持电力外送与就地消纳结合，统筹谋划布局新型能源、调峰电源、外送通道、电能存储，稳步提升电网调峰能力，不断提高非化石能源消费比重。优先推动风能、太阳能、光热就近开发利用，持续推进酒泉千万千瓦级风电基地向特大型风光电基地迈进，打造金（昌）张（掖）武（威）千万千瓦级风光电基地。积极安全有序发展核电。合理利用生物质能。积极开展新能源配套储能建设，大力发展抽水蓄能、电化学储能、压缩空气储能和飞轮储能等，着力推动"风光储"一体化和"源网荷储"一体化建设。构建以新能源为主体的新型电力系统，提高电网对高比例可再生能源的消纳和调控能力。稳步推进氢能产业，打造规模化绿氢生产基地，构建氢能制运储用体系。

（五）深化能源体制改革

全面推进电力市场化交易，稳步推进售电侧改革，加快培育配售电侧环节独立市场主体，大力推进直购电交易，全面放开竞争性环节电价，逐步放开公益性调节性以外的发用电计划，加快推动跨省、跨区域电力交易，探索形成中长期交易为主、现货交易为补充的电力交易机制。推进电网体制改革，明确以消纳可再生能源为主的新增配电网、微电网和分布式能源的市场主体地位，加快形成以储能和调峰能力为基础支撑的新增电力装机发展机制。完善煤炭、油气等市场化改革。

四、加快推进低碳综合交通运输体系建设

（一）优化交通运输结构

推动现代信息技术与交通运输智能管理服务全面融合发展，打造现代化、高质量、智能化的综合立体交通网络体系。加快完善铁路货运网络，推动大宗货物及中长距离货物运输"公转铁"，推进大型矿区、物流园区、重要产业园区铁路专用线等"最后一公里"建设。优化客运组织，引导客运企业规模化、集约化经

营。深度融入"一带一路"等建设，推进物流优化配置和物流活动系统化组织，发展"一站式"多式联运服务，持续推进国家物流枢纽、骨干冷链物流基地设施建设。

（二）推广绿色低碳型交通工具

加快发展新能源和清洁能源交通工具，不断提升城市公共交通、出租车使用新能源汽车比重，探索推进氢燃料、液化天然气动力重型货运、冷链运输车辆应用。持续提升铁路电气化水平，普及民用机场飞机辅助动力装置（APU），积极推进码头岸电设施标准化配置。在公路服务区、机场、高铁站、城市停车区等公共区域配建充电设施，鼓励社会资本参与居民区充电设施建设、运营、管理，推动新能源汽车充电设施网络化布局。提高燃油车船能效标准，加速更新淘汰高能耗高排放老旧车船及农业机械。

（三）积极引导低碳出行

持续完善城市公共交通服务体系，加快推进兰州城市轨道交通建设，合理布局公交专用道和城市停车场、首末站交通枢纽等基础设施建设，完善共享单车等投放体系，加强城市慢行交通系统建设和环境治理，持续提升公共交通出行分担水平。采取综合措施，加大城市交通拥堵治理力度。

五、提升城乡建设绿色低碳发展质量

（一）推进城乡建设和管理模式低碳转型

优化城乡空间布局，推动兰白、酒嘉、张掖、金武、天成、平庆组团式发展，引导全省城乡空间高效、集约、协调发展，将绿色低碳要求纳入城乡规划建设管理各环节。合理规划城市建筑面积发展目标，严格管控高能耗公共建筑建设。在工程建设全过程实施绿色建造，加强建筑拆除管理，杜绝大拆大建。倡导低碳生活与绿色消费，创建绿色社区。加强城乡生态建设，提高城市绿化水平，提升城市固碳释氧能力。充分发挥乡村生态优势，加强城乡统筹建设，促进县城、小城镇、村庄融合发展，结合实施乡村建设行动，提升城乡绿色低碳发展水平。

（二）大力发展节能低碳建筑

持续提高新建建筑节能标准，加快提升建筑能效水平，大力发展超低能耗、近零能耗、低碳零碳建筑。推动既有建筑和市政基础设施节能改造，提升市政基础设施智能化水平，降低单位建筑面积能耗。全面推广绿色低碳建材，推动建筑材料循环利用，推广绿色建造方式，发展装配式建筑。逐步开展建筑能耗限额管理，推行建筑能效标识，开展建筑领域低碳发展绩效评估。完善农村建筑节能标准，引导和推动农村新建建筑按照节能标准进行建设，发展一批功能现代、风貌乡土、成本经济、结构安全、绿色环保的"宜居型"绿色农房。

（三）加快优化建筑用能结构

因地制宜推进可再生能源建筑应用，推广光伏发电与建筑一体化，加快推动建筑用能电气化和低碳化。大幅提高建筑采暖、生活热水、炊事等电气化普及率。加快推进城镇热电联产集中供暖，加快工业余热供暖规模化发展，科学推进热泵、生物质能、地热能等清洁低碳供暖。

六、加快绿色低碳重大科技攻关和推广应用

（一）强化基础科学研究和前沿技术布局

聚焦国家碳中和技术发展路线图，紧扣甘肃经济社会发展对绿色低碳技术需求，制定实施全省科技支撑碳达峰碳中和实施方案。采用"揭榜挂帅"机制，聚焦低碳零碳负碳关键技术需求，推进规模化可再生能源储能、多能互补智慧能源系统等研究，促进新材料、新能源、新一代信息技术等交叉融合。加强气候变化成因及影响、生态系统碳汇等基础理论和方法研究。推进高效率太阳能电池、氢能产业技术、空间核动力同位素电池、超高温储热能岛、电化学储能等前沿和颠覆性低碳技术攻关和应用。整合升级一批国家级和省级重点实验室、技术创新中心、重大科技创新平台，积极承担国家碳达峰碳中和重大科技项目。加快培养高水平科技人才队伍，优化高校学科结构，增设碳达峰碳中和相关学科专业。

（二）加强先进适用技术研发和推广

深入研究支撑风电、太阳能发电大规模友好并网的智能电网技术，重点加强特高压输电、柔性输电、大规模可再生能源并网与消纳、分布式能源、能源互联网、能源微网等技术研发及运用。加快推动钍基熔盐堆核能系统研发与示范应用及配套装备开发。加强电化学、压缩空气等新型储能技术攻关、示范和产业化应用。加强氢能生产、储存、应用关键技术研发、示范和规模化应用。推广园区能源梯级利用等节能低碳技术。推动气凝胶、碳基材料、稀土功能材料等新型材料研发应用。探索规模化碳捕集利用与封存技术研发、示范和产业化应用。完善绿色低碳技术评估、交易体系和科技创新服务平台，广泛引进、推广适用于甘肃经济社会发展的先进绿色低碳技术。

七、持续巩固提升碳汇能力

（一）巩固生态系统碳汇能力

严格执行国土空间规划和用途管控，严守生态保护红线，严控生态空间占用，强化北方防沙带、黄河重点生态区（含黄土高原生态屏障）、青藏高原生态屏障区等重点生态功能区建设，统筹黄河流域生态保护、生态修复和碳汇能力提升，稳定现有森林、草原、湿地、土壤、冻土等固碳作用。严格控制新增建设用地规模，推动城乡存量建设用地盘活利用。严格执行土地使用标准，加强节约集约用地评价，推广节地技术和节地模式。

（二）提升生态系统碳汇增量

落实国家重要生态系统保护修复重大工程和林业草原保护发展、黄河流域生态保护和高质量发展、青藏高原生态环境保护和可持续发展等规划和方案，开展山水林田湖草沙冰一体化保护和系统治理。科学推进大规模国土绿化行动，巩固退耕还林还草成果，实施森林质量精准提升工程，持续增加森林面积和蓄积量。加强草原生态保护修复。强化湿地保护，加强自然保护地建设。强化土地沙化防治，加强荒漠化综合治理。开展耕地质量提升行动，提升生态农业碳汇。

八、提高对外开放绿色低碳发展水平

（一）着力扩大绿色贸易规模

严格落实国家高耗能高排放产品出口政策，大力发展高质量、高技术、高附加值绿色产品贸易，持续推动集成电路、新能源、新材料、绿色农畜、文化产品等优势产品出口，持续优化贸易结构。积极扩大绿色低碳产品、节能环保服务、环境服务等进口，进一步提升全省产业装备水平和技术含量。

（二）深度融入绿色"一带一路"建设

抢抓"一带一路"最大机遇，发挥战略通道和开放枢纽等优势，加快投资合作绿色转型，在中亚地区探索共建"一带一路"绿色产业合作示范基地和清洁能源合作基地。积极参与南南合作项目建设，加强与相关国家在绿色技术、绿色装备、绿色服务、绿色金融、绿色基础设施建设等方面的交流与合作，积极推动全省新能源等绿色低碳技术和产品走出去，让绿色低碳成为甘肃融入"一带一路"的鲜明特色。加强应对气候变化领域省际间交流与合作，积极参与国家应对气候变化和环境治理工作。

九、健全法规标准和统计监测体系

（一）健全法规体系

清理甘肃现行地方性法规中与碳达峰碳中和工作不相适应的内容，做好与国家相关法律法规的衔接。适时制（修）订甘肃循环经济、生态保护、清洁生产等方面地方性法规，增强相关法规制度的针对性和有效性。加大对违法违规行为的查处力度。

（二）完善标准计量体系

落实国家碳达峰碳中和标准计量体系，严格执行能耗限额、产品设备能效强制性国家标准和工程建设等国家最新节能标准。按照国家统一规范，完善全省能源核算、检测认证、评估、审计等配套标准。严格执行国家区域、行业、企业、产品等碳排放核查核算报告标准。健全节能低碳、绿色环保产品的质量认证标准体系，构建绿色低碳技术与服务的评价标准体系，推进降碳标准化管理。执行国家重点行业和产品温室气体排放标准，落实低碳产品标准标识制度。

（三）提升统计监测能力

强化电力、钢铁、建筑等重点行业领域能耗统计监测，加强全省重点用能单位能耗在线监测系统建设。加强二氧化碳排放统计核算能力建设，提升信息化实测水平。依托和拓展全省自然资源调查监测体系，建立生态系统碳汇监测核算体系，开展全省森林、草原、湿地、土壤、冻土等碳汇本底调查和碳储量评估，加强生态保护修复碳汇成效监测评估能力建设。加强统筹协调，形成统计核算工作合力。

十、完善政策机制

（一）完善投融资政策

充分发挥政府投资引导作用，构建与碳达峰碳中和相适应的投融资体系，落实煤电、钢铁、电解铝、水泥、石化等高碳项目投资政策，加大对节能环保、新能源、低碳交通运输装备和组织方式、碳捕集利用与封存等项目的支持力度。落实国家支持社会资本参与政策，激发市场主体绿色低碳投资活力。省属国有企业要加大绿色低碳投资，积极开展低碳零碳负碳技术研发应用。

（二）积极发展绿色金融

发挥兰州新区绿色金融改革创新试验区示范引领作用，有序推进绿色低碳金融产品和服务开发，将绿色信贷纳入宏观审慎评估框架，运用碳减排货币政策工具，引导银行等金融机构为绿色低碳项目提供长期限、低成本资金。争取开发性政策性金融机构按照市场化法治化原则为全省碳达峰碳中和提供长期稳定融资支持。支持符合条件的企业上市融资和再融资用于绿色低碳项目建设运营，争取扩大甘肃绿色债券规模。通过对接国家低碳转型基金、运用全省绿色生态产业基金等方式，撬动社会资本参与全省碳达峰碳中和重大项目建设，推动经济社会绿色低碳发展。鼓励社会资本设立绿色低碳产业投资基金。建立健全绿色金融标准体系。

（三）完善财税价格政策

积极争取中央财政资金，加大全省各级财政投入，支持绿色低碳产业发展和技术研发。认真执行政府绿色采购标准，加大绿色低碳产品采购力度。落实环境保护、节能节水、新能源和清洁能源车船税收优惠。执行国家碳减排相关税收政策。建立健全促进可再生资源规模化发展的价格机制。完善差别化电价、分时电价和居民阶梯电价政策。严禁对高耗能、高排放、资源型行业实施电价优惠。有序推进供热计量改革和按供热量收费。

（四）推进市场化机制建设

积极参与全国碳排放权市场交易，根据国家部署逐步扩大市场覆盖范围，丰富交易品种和交易方式，做好纳入全国碳排放权交易市场重点排放单位的碳排放报告核查、配额分配、清缴履约等工作，建立健全能够体现碳汇价值的生态保护补偿机制。逐步推进企业、金融机构等碳排放报告和信息披露制度。探索全省用能权有偿使用和交易制度，积极参与全国用能权交易市场建设。推行合同能源管理、直购电交易等多样化市场手段，构建用能市场化调节机制。

第二节 可再生能源对"双碳"目标的支撑保障

甘肃风、光、水、火、核齐全，能源资源富集、区位优势突出，在国家能源发展战略中占有重要地位，是国家重要的新能源基地、石油炼化基地和陆上综合性能源输送大通道。近年来，在国家的大力支持帮助下，甘肃依托自身资源禀赋，不断优化资源配置，持续推进能源结构优化和产业升级，推动能源产业实现较快发展，成为带动和支撑甘肃省经济增长的重要引擎。

"十三五"期间，甘肃在能源发展过程中，存在着能源潜力与开发利用程度、电源建设与外送能力、新能源与传统能源不平衡不配套、智能电网建设滞后等诸多问题。甘肃省弃风弃光率在 2016 年高达 40% 和 30%，后 2018 年降至 19% 和 10%；在晚间用电高峰情况下，尚需通过与周边省区进行电力电量交换互济或外购，最大缺口近 200 万千瓦。此后，甘肃在国家指导帮助下，建立了综合能源基地，并通过挖掘各类能源开发潜力，统筹推进传统能源与新能源、开采与加工、消纳与外送之间的均衡协调发展，着力打造国家石油储备基地、河西新能源基地和陇东煤炭煤电基地，进一步提升酒湖直流外送水平，积极推进陇东特高直流输电工程，在甘肃构建清洁低碳、安全高效的现代能源体系，为全国能源结构优化调整做出了积极贡献。

一、关于培育壮大新能源产业链的意见

新能源是绿色低碳能源，是我国多轮驱动能源供应体系的重要组成部分，对于改善能源结构、保护生态环境、应对气候变化、实现经济社会可持续发展具有重要意义。甘肃省新能源发展起步非常早，2008 年就谋划建设全国首个千万千瓦级风电基地，全国首个太阳能光伏发电特许权招标项目也由甘肃发起。到 2015 年，全省风电并网装机位居全国第二，光伏发电并网装机位居全国第一。但随着风光电大规模开发与利用，电网消纳的问题也逐渐显现，面对严重的新能源消纳形势，在国家发展改革委、国家能源局的大力支持下，甘肃相继出台了一系列政策措施，通过直购电交易、自备电厂替代发电、电能替代、创建高比例可再生能源城市等措施，全力破解新能源消纳瓶颈，不断加大电力外送，着力解决弃风弃光限电问题。经过多年不断努力，全省新能源消纳形势持续改善，弃风、弃光率连年下降，2020 年全省风光电利用率已突破 95%，国家能源局也已明确解除甘肃风光电投资红色预警。主要特点如下：

一是资源禀赋好、区域开发条件便利。全省新能源可开发容量整体位居全国前列，主要集中在河西地区，开发条件较好。根据中国气象局 2020 年资源评估成果，100 米高度 150 瓦每平米以上，全国风能技术开发量 99 亿千瓦，甘肃 5.6 亿千瓦，全国排名第四，随着低风速风机普及利用，风资源开发量还将进一步提

升；全国光伏发电技术开发量1287亿千瓦，甘肃95亿千瓦，全国排名第5，开发利用空间巨大。从资源条件看，省内风光资源互补性强，抽水蓄能电站建设条件好，具备基地化、规模化、一体化开发条件。从市场需求看，新能源建设前景广阔，产业需求旺盛，具有较强的发展潜力和带动效应。

二是能源结构优，新能源高比例特征明显。截至2020年年底，全省新能源装机占比达到42%、发电量占总发电量比重达到21%，非化石能源占一次能源消费比重达到26.8%。从发电装机占比看，全省风电装机占电力总装机比重达到24.4%，全国排名第二；光伏发电装机占电力总装机比重达到17.2%，全国排名第七。非水可再生能源消纳量占全社会用电量的比重位居全国前列。

三是带动引领强，示范区建设成效明显。我们利用资源禀赋和产业基础优势，开展一系列国家新能源示范项目建设，巩固提升国家新能源基地的地位，建成全国首个百兆瓦级光热发电示范项目、首个平价风电上网示范项目、首个电网侧储能项目，不仅为新一轮新能源开发奠定了坚实基础，也在全国树立了新能源开发的良好形象。

四是网架结构优，扶贫惠民工程效益多元。甘肃电网已通过18回750千伏线路与宁夏、青海、新疆和陕西电网联网运行，输电能力由2016年的1400万千瓦提高到目前的2340万千瓦，巩固了甘肃电网在西北电网"坐中四连"的枢纽地位。深入推进农村电网改造工程，农村供电状况得到大幅改善。建成光伏扶贫项目127.6万千瓦，共计受益3896个建档立卡贫困村、18.92万建档立卡贫困户，夯实了贫困群众脱贫的收入基础，壮大了村集体经济收入，实现了"光伏+"的综合效益。

总的来说，甘肃新能源资源、区位和通道优势显著，具备新能源规模化开发的优越条件和现实基础。2013年2月，习近平总书记视察甘肃时指出："要大力发展战略性新兴产业，立足资源禀赋和产业基础，培育新能源、新能源装备制造、新材料、生物医药、信息技术等新兴产业，重点推进新材料产业化发展，打造全国重要的新能源及新能源装备制造基地和新材料基地，形成具有持续竞争力的新的经济增长点。"2019 年 8 月习近平总书记再次视察甘肃时指出"要围绕强龙头、补链条、聚集群,加快改造传统产业,大力培育新兴产业,推动创新要素汇聚,激发实体经济活力,形成更具竞争力的产业格局。"为深入贯彻落实习近平总书记对甘肃重要讲话和指示精神,实现 2030 年前碳达峰、2060 年前碳中和目标愿景,抓住甘肃新能源发展的窗口期和机遇期,充分发挥甘肃新能源资源禀赋、区位便利和产业基础优势,加快培育壮大新能源、新能源装备制造,促进甘肃省新能源与相关产业协同发展,打造全国重要的新能源及新能源装备制造基地。甘肃结合新能源产业基础和发展趋势,于 2021 年 6 月,制定出台了《甘肃省人民政府办公厅关于培育壮大新能源产业链的意见》(甘政办发〔2021〕40 号)(以下简称《意见》)。

《意见》以实现工业强省、产业兴省为目标,抢抓碳达峰碳中和发展机遇,提出了将资源优势与产业培育融合发展、创新驱动与产业升级互促发展、产业规划与区域布局协同发展、政府引导与市场主导协调发展的原则,促进新能源与其上下游产业深度融合,实现新能源高质量跃升发展。明确到 2025 年,新能源及相关产业增速、质量和效益更加协调,结构更趋合理,动力更为强劲,发展方式更可持续,形成新能源发、输(配)、储、用、造一体的综合产业体系,实现资源和产业融合发展。

同时,《意见》针对甘肃新能源产业发展现状和条件,分领域提出了强链、补链、延链、增链的具体内容,覆盖了新能源发展上下游全产业链。

一是传统领域新能源强链计划。重点是要围绕已经形成的新能源装备制造基础,吸引风电装备制造核心部件落地酒泉、张掖、武威等地。依托河西走廊清洁能源基地建设,引导光伏制造企业向园区集中,打造光伏装备制造完整的全产业体系。利用专业化、信息化工具,在金昌、酒泉、兰州新区等地建设智能电站管理系统,提升产业自动化水平。

二是新兴产业新业态补链计划。主要是围绕新能源产业出现的新技术新业态新模式,依托产业发展基础,加快培育储能电池应用,推动储能商业模式创新,有序推进氢能产业发展落地示范。以太阳能光热发电项目建设为重点，加大线性菲涅尔式、塔式、槽式太阳能光热发电技术攻关，提升太阳能光热发电全产业链设备制造能力，打造全国领先的太阳能光热产业示范基地。因地制宜发展"光伏+"综合利用模式，促进太阳能发电与沙漠治理、矿区生态修复、农牧业等立体化协同发展，积极创建"光伏+"应用实证平台，实现"光伏+"的综合生态效益。

三是重点领域上下游产业延链计划。主要是围绕智能输变电设备制造及系统集成，依托现有产业体系，培育现代绿色高载能产业，形成主导产品竞争优势强、龙头企业带动作用明显、产业链条较为完整、创新能力较强的特色优势产业。结合全国一体化大数据中心体系国家枢纽节点建设，规划布局一批集约化、规模化、绿色化的大数据中心和计算中心集群，培育壮大大数据等新型用电产业。

四是新能源电力外送增链计划。主要是围绕提升电网系统调峰能力，推进火电灵活性改造，加快抽水蓄能电站布局及建设，支持"风光+储能"多能互补项目。重点是结合增量配电网建设，引进可调节负荷，开展新能源市场化并网试点，持续降低新增稳定负荷用电价格。同时积极谋划新的特高压电力外送通道，落实受端电力市场，加大电力外送。

此外，《意见》还从加强组织领导、加大招商推介力度、强化要素保障、加大人才和科技创新支持等4个方面提出了保障措施，包括在市州层面成立相应工作专班负责新能源产业发展工作，实施产业链挂图作业，建立产业链重点项目库，动态管理产业链图谱和项目库；围绕打造新能源装备制造、新能源电池、储能电池等产业，大力开展产业招商推介，建立产业目录和项目清单，积极承接中东部新能源产业转移，做大做强新能源产业链；优先保障新能源重大招商项目所需用地，探索开展源网荷储和多能互补示范，持续降低用电成本；对急需引进的高层次紧缺人才，享受各类人才引进政策，强化对高层次人才公寓、教育、医疗等基本生活保障，加大科技资源共享，搭建科技合作平台，推进产业链企业科技资源开放共享等措施。《意见》的出台将构建发、输（配）、储、用、造一体的新能源综合产业体系，为推进资源优势向产业优势转变奠定了总体框架，有助于各市州依托风光电等新能源资源禀赋，科学精准承接中东部产业转移，着力培育优势特色产业集群，促进上下游产业深度融合，打好产业基础高级化、产业链现代化攻坚战。

二、关于加快建立健全绿色低碳循环发展经济体系的指导意见

（一）总体思路

"十四五"是甘肃省优化区域布局、加快转型升级、培育竞争优势的重要窗口期。在能源消费增长减速换挡、结构优化步伐加快、发展动力逐步转换的新常态下，随着人民群众对美好生活的期望更加热切，国家对资源环境管控的导向更加严格，全省经济提质增效的要求更加迫切，高质量处理好经济发展与资源环境的关系，对绿色低碳循环经济发展工作提出了更高的要求。建立绿色低碳循环发展的经济体系是建设现代化经济体系的重要组成部分，主要由绿色低碳循环发展的产业体系、绿色技术创新体系、绿色金融体系、绿色基础设施体系、绿色贸易体系和绿色消费体系等六大子体系构成，各子体系之间存在相互支撑、相互促进的关系。以资源节约、环境友好为导向，以绿色技术创新为驱动，以绿色低碳循环的产业体系为核心，统筹推动绿色低碳循环的产业发展、技术创新、产品供给、基础设施建设、市场培育与商业模式创新，最终实现经济增长、资源安全、生态环境安全、应对气候变化等多重目标的经济体系，确保实现碳达峰碳中和目标，推动甘肃省绿色发展迈上新台阶。

（二）目标任务

《意见》提出，到 2025 年，经济结构明显优化，绿色低碳循环发展的生产体系、流通体系、消费体系初步形成，绿色生态产业增加值占地区生产总值比重达到 34%，单位地区生产总值能耗较 2020 年下降 13%，单位国内生产总值二氧化碳排放降低达到国家要求。到 2035 年，绿色产业规模迈上新台阶，重点行业、

重点产品能源资源利用效率达到国际先进水平，广泛形成绿色生产生活方式，碳排放达峰后稳中有降，美丽甘肃建设目标基本实现。

（三）重点任务

建立健全绿色低碳循环发展经济体系涉及到经济社会方方面面，是一项全局性、系统性工程。《意见》从生产、流通、消费、基础设施、绿色技术、法律法规政策等6方面对绿色低碳循环发展做出了部署安排，并明确了112项重点任务和牵头单位。

一是推进生产体系绿色升级。《意见》提出实施工业绿色改造，推行工业产品绿色设计，大力发展工业再制造，全面推行清洁生产。构建农业绿色发展体系。加强绿色食品、有机农产品认证和管理，增强绿色优质农产品供给能力。提高服务业绿色发展质量，培育一批绿色流通主体，有序发展出行、住宿等领域共享经济。培育壮大绿色环保产业。积极争取创建国家绿色产业示范基地，打造培育大型绿色产业集团。实施园区产业循环化改造，推进既有产业园区和产业集群循环化改造。打造重点行业绿色供应链，开展绿色供应链试点。

二是完善绿色循环流通体系。《意见》提出提升物流绿色发展水平，着力打造综合运输大通道。完善再生资源回收利用体系，推进垃圾分类回收与再生资源回收"两网融合，加快落实生产者责任延伸制度，引导生产企业建立逆向物流回收体系。提升绿色贸易品质，积极优化贸易结构。

三是打造绿色消费体系。《意见》提出扩大绿色消费规模，推动国有企业落实绿色采购政策，加大对违规采购行为处罚力度。加强绿色产品和服务认证管理，完善认证机构信用监管机制。推广绿色低碳生活方式，倡导厉行节约，坚决制止餐饮浪费行为，因地制宜推进生活垃圾分类和减量化、资源化，全面落实部分一次性塑料制品禁限政策。

四是建设绿色基础设施。《意见》提出完善绿色低碳能源体系，大力推动风电、光伏发电发展，积极发展新能源装备制造业，推进网源荷储一体化协调发展。提升城镇环境基础设施效能，推动建设再生水梯级循环利用系统。推进生活垃圾焚烧发电，健全医疗废物收转运体系。推进交通技术设施绿色化建设改造，打造绿色公路、绿色铁路、绿色航道、绿色空港，加强新能源汽车配套基础设施建设。实施城乡人居环境提升行动，增强城市排水防涝能力，继续做好农村清洁供暖改造，推动社区基础设施绿色化和既有建筑节能改造。

五是构建绿色技术创新体系。《意见》提出加快绿色低碳技术研发，实施绿色技术创新攻关行动。促进科技经济结合，积极利用首台（套）重大技术装备政策支持绿色技术应用，严格执行绿色技术推广目录，加快推广应用先进成熟技术。

六是健全绿色法规政策体系。《意见》提出加大立法执法力度。完善绿色收费价格机制，完善污水垃圾处理收费政策制度，落实好居民阶梯电价、气价、水价制度。强化资金支持，积极争取中央财政专项资金和预算内投资，充分利用甘肃省绿色生态产业发展基金，支持相关项目建设。打造绿色金融配套体系，加大对金融机构绿色金融业绩评价考核力度。健全绿色标准、绿色认证体系和统计监测制度，强化统计信息共享，加强部门间数据联通。深化绿色交易市场机制改革，积极争取排污权、碳排放权有偿使用和交易试点。

第三节　"双碳"战略目标下，甘肃可再生能源产业助力乡村振兴的远景谋划与探析

有关规划指出，到 2035 年，甘肃乡村振兴将取得决定性进展，农业农村现代化基本实现。农业结构得到根本性改善，农民就业质量显著提高，相对贫困进一步缓解，共同富裕迈出坚实步伐；城乡基本公共服务均等化基本实现，城乡融合发展体制机制更加完善；乡风文明达到新高度，乡村治理体系更加完善；农村生态环境根本好转，美丽宜居乡村基本实现。到 2050 年，乡村全面振兴，农业强、农村美、农民富全面实现。

一、应当坚持的基本原则

坚持农民主体地位。充分尊重农民意愿，切实发挥农民在乡村振兴中的主体作用，调动全省广大农民的积极性、主动性、创造性，变"要我富"为"我要富"。把维护农民群众的根本利益、促进农民共同富裕作为出发点和落脚点，促进农民持续增收，不断提升农民的获得感、幸福感、安全感。

坚持乡村全面振兴。准确把握乡村振兴的科学内涵，深入挖掘乡村多种功能和价值，统筹谋划农村经济建设、政治建设、文化建设、社会建设、生态文明建设和党的建设，注重协同性和关联性，整体部署，协调推进。

坚持城乡融合发展。努力破除体制机制弊端，使市场在城乡资源配置中起决定性作用，更好发挥政府作用，不断推动城乡要素自由流动、平等交换，推动新型工业化、信息化、城镇化、农业现代化同步发展，加快形成工农互促、城乡互补、全面融合、共同繁荣的新型工农城乡关系。

坚持人与自然和谐共生。牢固树立和践行绿水青山就是金山银山理念，把生态环境保护摆到更加突出的位置，贯穿到可再生能源规划建设全过程，充分发挥可再生能源的生态环境效益和生态治理效益，推动可再生能源开发利用与生态环境保护协调发展、相得益彰。

坚持因地制宜、循序渐进。根据陇东、中南部、河西各地区乡村特点和发展阶段分别进行顶层设计，把握节奏、有序推进，突出重点、分类施策，体现特色、发挥优势。坚持硬件与软件并重、近期与长远结合、外力与内力齐发，既尽力而为，又量力而行，不搞层层加码和一刀切，不搞形式主义和形象工程，不搞大拆大建和千村一面。

坚持系统观念。统筹电源与电网、可再生能源与传统化石能源、可再生能源开发与消纳的关系，加快构建新型电力系统，提升可再生能源消纳和存储能力，实现能源绿色低碳转型与安全可靠供应相统一。

坚持市场主导。落实"放管服"改革，健全市场机制，破除市场壁垒，营造公平开放、充分竞争的市场环境，充分发挥市场在资源配置中的决定性作用，更好发挥政府作用，调动全社会开发利用可再生能源的积极性，不断提升可再生能源自我发展、自主发展能力。

坚持协同融合。加强可再生能源与国土、环保、水利、财税、金融等政策协同，形成促进新时代可再生能源高质量发展的强大合力，推动可再生能源与新兴技术、新型城镇化、乡村振兴、新基建等深度融合，不断拓展可再生能源发展新领域、新场景。

二、有序实现乡村振兴

充分认识乡村振兴任务的长期性和历史性，立足甘肃省情实际和区域发展特征，有序推进乡村振兴，避免超越发展阶段，不搞齐步走。一张蓝图干到底，坚持问题导向，突出重点，统筹谋划工作思路和重点任务，推动乡村全面振兴。

（一）梯次推进乡村振兴

遵循乡村发展规律的差异性，推动全省不同地区、不同发展阶段的村庄有序实现乡村振兴。整体条件好以及其他具备条件的乡村，加快推进城乡融合发展，全面提升基础设施、公共服务、乡风文明和乡村治理水平，到2022年，率先基本实现乡村振兴。对整体发展条件一般的乡村，要进一步深化农业供给侧结构性改革，加快完善基础和公共服务配套设施建设，强化乡村治理能力，争取到2035年基本实现乡村振兴。革命老区、民族地区、连片特困地区的乡村涵盖了甘肃大部分村庄，是乡村振兴的主战场，要坚持以整村推进为抓手，加大脱贫攻坚力度，加快破解发展瓶颈制约，不断增强自我发展能力，切实改变经济基础薄弱、产业发展单一、基础配套滞后的局面，全力推动实现乡村转型升级。

（二）统筹推进重点任务

当前和今后一个时期，甘肃实施乡村振兴战略要以决胜全面建成小康社会为核心，重点抓好防范化解重大风险、精准脱贫、污染防治三大攻坚战，加快补齐农村发展短板。加大对农业农村重点领域支持力度，防范化解重大风险。推动乡村振兴与脱贫攻坚的政策衔接和工作统筹，引导支持政策优先向贫困地区倾斜。着力解决农业农村突出环境问题，加快形成绿色生产方式和生活方式。坚持高质量发展，深入推进农业供给侧结构性改革，推动质量变革、效率变革、动力变革。夯实乡村振兴发展基础，不断推进城乡公共资源均衡配置和基本公共服务均等化，强化农村基层党组织建设，全面提升乡村建设水平。构建特色鲜明的扶贫产业体系，突出抓好产业扶贫，以市场为导向，立足贫困地区资源禀赋，坚持因村因户精准施策，建立健全产业到户到人的精准扶持机制。

（三）合理把握节奏力度

坚持稳中求进工作总基调，谋划符合各地区实际和要求的乡村振兴思路，制定切实可行的政策举措，明确循序渐进的工作进度，充分考虑当前和长远、局部和整体的关系，合理确定阶段性目标任务和工作重点，分步实施，精准发力，逐步深入，形成整体推进的格局，避免急于求成、层层加码。同时，充分考虑地方财政承受能力和整体经济实力，科学谋划筹资渠道，统筹各种资源和政策，推动政府和社会资本协同发力，发挥农民主体作用，形成乡村振兴可持续建设机制。

三、不断扩大乡村可再生能源的综合利用

（一）加快构建以可再生能源为基础的乡村清洁能源利用体系

一是利用建筑屋顶、院落空地、田间地头、设施农业、集体闲置土地等推进风电和光伏发电分布式发展，提升乡村就地绿色供电能力。二是继续加大力度实施农村地区清洁取暖工程，因地制宜推动生物质能、地热能、太阳能、电能供暖，完善产业基础，构建县域内城乡融合的多能互补清洁供暖体系，加快推进兰州、天水、定西、张掖、陇南等地区中深层地热能和浅层地热能资源勘查开发利用。三是大力推进煤炭清洁高效利用，推进煤炭消费替代和转型升级，持续压减散煤消费，严禁劣质煤使用，科学有序推进散煤替代。同时合理调控油气消费，有序提高新能源、清洁能源动力的交通工具比例，特别是乡村地区的营运交通工具的比例。四是提高农林废弃物、畜禽粪便的资源化利用率，发展生物天然气和

沼气，助力农村人居环境整治提升。五是全面提升节能管理能力，科学分解各县（市、区）和重点用能单位能耗强度目标，严格落实节能目标责任制，确保完成目标任务。六是推动乡村能源技术和体制创新，优化新型基础设施用能结构，采用直流供电、分布式储能、"光伏＋储能"等模式，探索多样化能源供应，提高非化石能源消费比重，促进乡村可再生能源充分开发和就地消纳，建立经济可持续的乡村清洁能源开发利用模式。七是实施节能降碳重点工程，开展建筑、交通、照明、供热等基础设施节能升级改造，推进先进绿色建筑技术示范应用，推动乡村综合能效提升。八是开展村镇新能源微能网示范，扩大乡村绿色能源消费市场，提升乡村用能清洁化、电气化水平，支撑生态宜居美丽乡村建设。

（二）城乡建设规划的碳达峰落实

1. 推动城乡建设绿色低碳转型

按照"一核三带"区域发展格局，提升城乡绿色低碳规划设计水平，推进城乡基础设施优化布局和绿色低碳发展，建设绿色城镇、绿色社区、绿色乡村，增强城乡气候韧性，增加城市建成区绿化面积，积极推进海绵城市、节水型城市。推广绿色低碳建材和绿色建造方式，加快推进新型建筑工业化，大力发展装配式建筑，积极推进装配式建筑试点项目建设，推广钢结构住宅，推动建材循环利用，强化绿色设计和绿色施工管理。建立健全以绿色低碳为导向的城乡规划建设管理机制，完善建筑拆除管理办法，杜绝大拆大建，推进建筑垃圾资源化利用，推广废弃路面材料原地再生利用。

2. 加快提升建筑能效水平

全面提升建筑节能、绿色建筑、基础设施等标准，补充完善或强化节能降碳要求，提升新建建筑绿色低碳准入标准。加快建筑节能低碳技术研发，结合甘肃气候特点、建筑功能类型，推广适宜低碳技术在全省建筑领域的应用，大力推动超低能耗建筑、低碳建筑规模化发展。加快推进既有居住建筑和公共建筑节能改造，持续推动老旧供热管网、换热站、道路照明等市政基础设施节能降碳改造。提升建筑和基础设施运行管理智能化水平，加快推广供热计量收费和合同能源管理，逐步推行公共建筑能耗限额管理制度。开展绿色建筑创建行动，推动新建建筑实施绿色建筑标准。

3.加快优化建筑用能结构

积极推进可再生能源在建筑领域的应用，大力推广光伏发电与建筑一体化发展，有序推动整县（市、区）屋顶分布式光伏试点。持续推进冬季清洁高效取暖及热电联产集中供暖，加快工业余热供暖规模化应用，因地制宜推行热泵、生物质能、地热能、太阳能等清洁低碳供暖。推广终端用能清洁电能替代，大力推进城镇以电代煤、以电代油，鼓励利用可再生能源逐步实现建筑供冷、供热、炊事等。提高建筑终端电气化水平，推动集光伏发电、储能、直流配电、柔性用电于一体的"光储直柔"建筑试点。

4.推进农村建设和用能低碳转型

推进绿色农房建设，鼓励利用乡土材料，选用装配式等新型建造方式，在具备条件的地区适度建设一批功能现代、风貌乡土、成本经济、结构安全、绿色环保的"宜居型"绿色农房。加快农房节能改造，稳步提升农房节能成效。持续推进农村地区清洁取暖，因地制宜选择适宜取暖方式，推广高效节能分布式供暖模式。加快推进农业生产电气化，发展节能农业大棚，推广节能环保灶具、电动农用车辆、节能环保农机。加快生物质能、太阳能等可再生能源在农业生产和农村生活中的应用。积极开展光伏建筑一体化建设，充分利用农村住房、农村公共建筑屋顶等资源，实施分布式光伏发电工程。加强农村电网建设，提升农村用能电气化水平。

5.有序推进高比例可再生能源示范乡村建设

加快农村用能方式变革，在农村推广电供暖、电炊入户工程，改善农村生产生活条件。鼓励利用新能源，在农村及偏远地区合理布局离网式与蓄能相结合的风力发电、光伏发电、光热发电等分布式能源供应系统，有序推进高比例可再生能源示范乡村建设。

（三）持续推进农村电网巩固提升

加大农村电网基础设施投入，加快实施农村电网巩固提升工程，聚焦脱贫地区等农村电网薄弱环节，加快消除农村电力基础设施短板，提升农村电网供电可靠性。全面提升乡村电气化水平，建设满足大规模分布式可再生能源接入、电动汽车下乡等发展需要的县域内城乡互联配电网，筑牢乡村振兴电气化基础。

尤其是要加大对甘肃脱贫地区，特别是国家乡村振兴重点地区及革命老区的农村电网巩固提升工程。推进地区城乡供电服务均等化进程，加快提升农村电网信息化、自动化、智能化水平，筑牢乡村振兴电气化基础。

加强电网基础设施建设及智能化升级，提升电网对可再生能源的支撑保障能力。加强可再生能源富集地区电网配套工程及主网架建设，提升关键局部断面送出能力，支撑可再生能源在区域内统筹消纳。推动配电网扩容改造和智能化升级，提升配电网柔性开放接入能力、灵活控制能力和抗扰动能力，增强电网就地就近平衡能力，构建适应大规模分布式可再生能源并网和多元负荷需要的智能配电网。

同时，积极推动新能源智能微电网示范建设。按照"因地制宜、多能互补、灵活配置、经济高效"的思路，在具备多元化利用条件下建设微型电网系统，以智能电网技术为支撑，以自主运行为主的方式解决特定区域的用电问题。加快推广到负荷集中区域，开展以新能源为主、燃气及其他能源为辅的新型供用电模式。

（四）因地制宜，积极推进风电和光伏发电分布式开发

立足资源禀赋，发挥区位优势，积极推动风电分布式就近开发。在符合区域生态环境保护要求的前提下，重点推广应用低风速风电技术，合理利用荒山丘陵、沿海滩涂等土地资源，创新风电投资建设模式和土地利用机制，大力推进乡村风电开发。积极推进资源优质地区老旧风电机组升级改造，提升风能利用效率。

大力推动光伏发电多场景融合开发。全面推进分布式光伏开发，规范有序重点推进整县（区）屋顶分布式光伏开发，建设光伏新村。积极推进"光伏+"综

合利用行动，鼓励农（牧）光互补、光伏治沙等复合开发模式，推动光伏在乡村及周围地区的新能源汽车充电桩、铁路沿线设施、高速公路服务区及沿线等交通领域应用，因地制宜开展光伏廊道示范。推进光伏电站开发建设，优先利用采煤沉陷区、矿山排土场等工矿废弃土地及油气矿区建设光伏电站。在河西走廊北部地区，统筹资源条件和消纳能力，建设一批光伏治沙新能源发电基地。带动沙漠治理、耐旱作物种植、观光旅游等相关产业发展，形成沙漠治理、生态修复、生态经济、沙漠产业多位一体、治用并行、平衡发展的体系。

积极推动老旧光伏电站技改升级行动，提升发电效益。深度结合乡村振兴战略规划，统筹谋划好农村具备条件的屋顶或统筹安排村集体集中场地开展分布式光伏建设，鼓励建成光伏示范村。

在风光资源禀赋优越区域，推进已达或临近寿命期的风电和光伏发电设备退役改造，提升装机容量、发电效率和电站经济性。因地制宜推进受环保约束与经济性提升要求需提早退役的风电机组和光伏电站升级改造，理顺相关政策与管理机制，推动有序发展。

（五）稳步推进生物质能多元化开发

1. 积极探索发展生物质能清洁供暖

在河西、甘南、临夏等农牧产业较多地区，合理探索发展以农林生物质、生物质成型燃料等为主的生物质锅炉供暖，鼓励采用大中型锅炉，探索进行集中供暖，开展农林生物质供暖供热示范。在大气污染防治非重点地区乡村，可按照就地取材原则，因地制宜推广户用成型燃料炉具供暖。乡村地区开展生物质能清洁供暖试点示范，要坚持因地制宜，推广"生物质成型燃料＋户用炉具"、集中式生物质锅炉供暖等不同类型应用。在居住分散、集中供暖供气困难、可再生能源资源丰富的乡村地区，建设以生物质成型燃料加工站为主的乡村能源站；在人口规模较大、具备集中供暖条件的乡村地区，建设以生物质锅炉、地热能等为主的乡村能源站，实现当地可再生能源资源集约开发和高效运营管理。同时，因地制宜加快推进县市区清洁供暖、农村电炕等工程，提高新能源消费在终端用能的比重。积极推广应用清洁供暖技术，鼓励新建建筑使用清洁供暖技术，鼓励清洁能源与电力用户采取直接交易的供电模式，保证清洁供热示范项目的有效实施和企业的合理效益，快速开展适应清洁供暖发展的配套电网建设，制定适应清洁能源供暖应用的电力运行管理措施，保障清洁供暖项目的可靠运行。

2. 加快发展生物天然气

在粮食主产区、畜禽养殖集中区等种植养殖大县，以县域为单元建立产业体系，可积极开展生物天然气示范。统筹规划建设年产千万立方米级的生物天然气工程，形成并入城市燃气管网以及车辆用气、锅炉燃料、发电等多元应用模式。

3. 推进乡村能源高效利用

加大财政对乡村能源的投资力度。加快农村节能炉灶技术推广，提高农村能源利用效率，减少农村生活用能污染物排放；加强秸秆、薪柴等生物质资源收、储、运体系建设，开展秸秆气化、固化、炭化等高效能源化利用。

（六）提升重点地区的碳汇巩固能力

坚持系统观念，统筹推进山水林田湖草沙冰一体化保护和系统治理，提高生态系统质量和稳定性，持续提升生态系统碳汇能力。结合全省国土空间规划编制和实施，完善黄河流域生态环境空间治理模式，构建有利于碳达峰碳中和的国土空间开发保护格局。巩固生态系统固碳作用。严守生态保护红线，严控生态空间占用，构建以河西祁连山内陆河、南部秦巴山地区长江上游、甘南高原地区黄河上游、陇东陇中地区黄土高原生态屏障以及中部沿黄河地区生态走廊为重点的"四屏一廊多点"林草生态保护发展新格局，筑牢国家西部生态安全屏障，统筹黄河流域生态保护、生态修复和碳汇能力提升，稳定现有森林、草原、湿地、土壤、冻土等固碳作用。

（七）提升乡村可再生能源普遍服务水平

统筹乡村可再生能源发展与乡村集体经济，通过集体土地作价入股、收益共享等机制，培育乡村能源合作社等新型集体经济模式，支持乡村振兴。强化县域可再生能源开发利用综合服务能力，积极开展乡村能源站行动，建设具备分布式可再生能源诊断检修、电动汽车充换电服务、生物质成型燃料加工等能力的乡村能源站，培养专业化服务队伍，提高乡村能源公共服务能力。结合数字乡村建设工程，推动城乡可再生能源数字化、智能化水平同步发展，推进可再生能源与农业农村生产经营深度融合，提升乡村智慧用能水平。积极探索能源服务商业模式和运行机制，引导鼓励社会主体参与，壮大乡村能源队伍，构建功能齐全、上下联动、自我发展的乡村可再生能源服务体系。

四、健全多元投入保障机制

（一）全面坚持规划引领，细化任务落实

各级各单位要高度重视乡村振兴战略规划的实施，强化主体责任，坚持农业农村优先发展，科学制定配套政策和配置公共资源，切实把规划各项措施要求落到实处。各市县要依照本规划科学编制本地区乡村振兴规划或实施方案，加强各类规划的统筹衔接，结合实际明确本地区乡村振兴的思路、目标、任务，细化实化工作措施，增强可操作性。省政府各有关部门要抓紧制定专项规划或指导意见，细化落实并指导督促相关市县区部门完成本规划提出的目标任务。建立规划实施和工作推进机制，加强政策衔接和工作协调。

以国家发展规划为统领，以国土空间规划为基础，强化可再生能源发展规划与中长期能源规划、现代能源体系规划和各分领域能源规划的衔接。建立健全能源领域规划会商与协调机制，协调可再生能源开发规模、布局、时序与系统调节能力、跨省跨区输电通道建设，保障可再生能源规划重点任务、重大工程实施。

更好发挥国家规划对地方规划的导向作用，各省级政府应将本规划确定的主要目标、重点任务和重大工程等列入本地区能源发展规划及相关专项规划，明确责任主体、进度要求和考核机制。

（二）完善可再生能源资源评估和服务体系

1.加强可再生能源开发生态环境保护关键技术研究

重点针对水电、风电等开发过程中对生态环境造成的影响，开展水生生态、

陆生生态影响基础研究及相关环境影响减缓技术研究。

2. 加强可再生能源资源开发储量评估

会同自然资源、气象等管理部门共同开展地热能利用、风电和光伏发电开发资源量评估，对全国可利用的风电和光伏发电资源进行全面勘查评价，按照资源禀赋、土地用途、生态保护、城乡建设等情况，准确识别各县域单元具备开发利用条件的资源潜力，建立全国风电和光伏发电可开发资源数据库，并及时将可再生能源资源的可开发利用范围等空间信息纳入同级国土空间基础信息平台和国土空间规划一张图，对重要的新能源开发基地、储备基地、抽水蓄能站点等进行前瞻性布局。会同建筑管理部门开展建筑附加和建筑一体化太阳能资源评估。会同农业农村管理部门开展农村生物质能等新能源资源评估，明确可再生能源发展空间。

3. 构建资源详查评估服务体系

发挥各级公共机构和各类企业优势，健全网格化、立体式新能源资源详查评估服务体系，通过政府组织等方式，实现各类新能源资源共享，科学引导新能源产业在乡村振兴中的投资与开发。

（三）加大可再生能源土地环境影响分析和支持保障

可再生能源开发利用可替代大量化石能源消耗、减少温室气体和污染物排放、显著增加新的就业岗位，对环境和社会发展起到重要且积极作用。水电、风电、太阳能发电、太阳能热利用在能源生产过程中不排放污染物和温室气体，可显著减少各类化石能源消耗，同时降低煤炭开采的生态破坏和燃煤发电的水资源消耗。农林生物质从生长到最终利用的全生命周期内不增加二氧化碳排放，生物质发电排放的二氧化硫、氮氧化物和烟尘等污染物也远少于燃煤发电。可再生能源尤其是风电、光伏发电设备批量退役与回收处理问题将制定具体的管理办法。随着全生命周期碳排放管理、全生命周期环境影响评价体系的建立和完善，可再生能源产业将积极构建全生命周期绿色闭环式发展体系。

依据国土空间规划，完善可再生能源空间用途管制规则，出台可再生能源空间布局专项规划，保障可再生能源开发利用合理的用地用海空间需求。统一土地性质认定，明确不同地类的用地标准，优化土地用途和生态环境保护管理，完善复合用地政策，降低不合理的土地使用成本。全面评估秸秆综合利用、畜禽粪污资源化利用、垃圾焚烧等的环境保护价值，强化生物质能利用与大气污染物排放标准等环境保护要求和政策的协同，加强生物质能的资源化利用，推进生物质成型燃料及专用设备标准制定。

（四）加强可再生能源财政政策支持和完善可再生能源绿色金融体系

加大可再生能源发展基金征收力度，央地联动，根据"以收定支"的原则，研究完善深远海风电、生物质能、地热能等对于碳达峰有重要作用的可再生能源支持政策。省级新增财力重点支持乡村振兴战略规划实施，各市县区新增财力也要重点保障和投入乡村振兴战略。优化地方政府债券资金使用结构，加大一般债券对脱贫攻坚和乡村振兴倾斜支持力度，鼓励市县试点发行项目融资和收益自平衡的专项债券，支持符合条件、有一定收益的乡村公益性建设项目。

加大金融支农力度，发挥国家开发银行、中国农业发展银行在乡村振兴中的职能作用，加大对乡村振兴信贷支持。发展乡村普惠金融，深入推进银行业金融机构专业化体系建设，指导大型商业银行完善专业化的"三农"金融服务供给机制，支持中小型银行优化网点渠道建设，推动农村信用社省联社改革，加大对乡村振兴信贷支持，鼓励证券、保险、担保、基金、期货、租赁、信托等金融资源聚焦服务乡村振兴。

提高土地出让收益用于农业农村比例。充分发挥财政资金引导作用，支持推进特色产业发展工程贷款和产业投资基金，健全完善农业信贷担保体系，撬动金融和社会资本更多投向乡村振兴。进一步深化"放管服"改革，优化乡村营商环境，引导和撬动社会资本投向农村。

完善绿色金融标准体系，实施金融支持绿色低碳发展专项政策，把可再生能源领域融资按规定纳入地方政府贴息等激励计划，建立支持终端分布式可再生能源的资金扶持机制。丰富绿色金融产品和市场体系，开展水电、风电、太阳能、抽水蓄能电站基础设施不动产投资信托基金等试点，进一步加大绿色债券、绿色信贷对符合条件新能源项目的支持力度。鼓励社会资本按照市场化原则，多渠道筹资，设立投资基金，支持可再生能源产业发展。

（五）强化乡村振兴人才支撑

深入实施人才强省战略，大力开发农村人力资源，培养造就一批有文化、懂技术、善经营、会管理的新型农民。充分发挥农村基层实用人才在可再生能源产业方面技术指导、技能培训等方面的辐射带动作用，采取结对子、师带徒等形式进行传帮带。推进乡土人才职称评价，建立完善体现乡土人才工作实际和特点的职称评价标准。放宽基层职称评审和事业单位招聘条件，鼓励各类人才向艰苦贫困地区流动。发挥政府投入的引导作用，吸引社会资本和社会力量广泛参与，鼓励地方根据人才需求实际设立人才扶持资金，加大对各类人才到贫困地区投资创办龙头企业的支持力度。

（六）强化贫困劳动力转移就业并动员社会广泛参与

坚持以市场需求为导向，充分尊重贫困群众的意愿，对有劳动能力的贫困人口，强化就业扶持。积极发挥用工单位作用，统筹各方面资源，集中资金、区分类别，就地就近开展菜单式、定点式培训，着力做好技能培训、生产指导、产销衔接，增强贫困群众自我发展能力，实现有输转意愿的建档立卡贫困劳动力应输尽输，提高转移就业组织化程度。

加强组织动员，构建政府、市场、社会协同推进的乡村振兴参与机制。创新宣传形式，广泛宣传乡村振兴相关政策，营造良好社会氛围。发挥工会、共青团、妇联、科协等群团组织的优势和力量，发挥各民主党派、工商联、无党派人士等的积极作用，吸引全社会各类资源要素向乡村集聚。切实发挥农民主体作用，充分尊重群众意愿，充分调动农民积极性、创造性，汇聚农民群众的力量和智慧，形成群策群力、共建共享新局面。及时发掘和总结典型经验，加强交流推广，带动各地区协调稳步发展。

参考文献

［1］邓国胜，钟宏武．乡村振兴蓝皮书 2020［M］．北京：经济管理出版社，2021．

［2］陈迎，巢清尘．碳达峰，碳中和 100 问［M］．北京：人民日报出版社，2021．

［3］杨燕青，程光．碳中和经济分析——周小川有关论述汇编［M］．北京：中国金融出版社，2021．

［4］中共中央，国务院．乡村振兴战略规划（2018—2022 年）［EB/OL］．(2018-05-31)［2023-11-20］．https://www.gov.cn/xinwen/2018-09/26/content_5325534.htm

［5］国家发展改革委，国家能源局，财政部等．"十四五"可再生能源发展规划［EB/OL］．(2021-10-21)［2023-11-20］．https://baijiahao.baidu.com/s?id=1734426980814940161&wfr=spider&for=pc

［6］甘肃省人民政府办公厅．甘肃省"十四五"能源发展规划［EB/OL］．(2021-12-31)［2023-11-20］．https://www.gansu.gov.cn/gsszf/c100055/202201/1947911.shtml

［7］中共中央 国务院关于完整准确全面贯彻新发展理念做好碳达峰碳中和工作的意见［EB/OL］．(2021-09-22)［2023-11-20］．https://www.gov.cn/zhengce/2021-10/24/content_5644613.htm?eqid=e09ef2710030e3ba0000000364573d6f

［8］国家能源局新能源和可再生能源司，国务院扶贫办开发指导司．光伏扶贫工作百问百答［Z］．(2019-10)［2023-11-20］．https://www.nrra.gov.cn/attach/0/2001151740009616268.pdf

［9］国务院．2030 年前碳达峰行动方案［EB/OL］．(2021-10-24)［2023-11-

20］.https://www.gov.cn/gongbao/content/2021/content_5649731.htm

　　［10］甘肃省人民政府办公厅.关于培育壮大新能源产业链的意见［EB/OL］.
(2021－05－31)［2023－11－20］.https://www.gansu.gov.cn/gsszf/c100055/202106/
1547867.shtml

　　［11］国务院.关于加快建立健全绿色低碳循环发展经济体系的指导意见
［EB/OL］.(2021－02－22)［2023－11－20］.https://www.gov.cn/zhengce/zhengceku/
2021－02/22/content_5588274.htm